张之江将军传

万乐刚 著

团结出版社
UNITY PRESS

图书在版编目（ＣＩＰ）数据

　　张之江将军传 / 万乐刚著. -- 北京：团结出版社，
2015.4
　　ISBN 978-7-5126-3409-1

　　Ⅰ．①张… Ⅱ．①万… Ⅲ．①张之江（1882～1969）
－传记 Ⅳ．①K825.2

　　中国版本图书馆CIP数据核字(2015)第 000611 号

出　　版：团结出版社
　　　　　（北京市东城区东皇城根南街84号　邮编：100006）
电　　话：(010) 65228880　65244790　（出版社）
　　　　　(010) 65238766　85113874　65133603（发行部）
　　　　　(010) 65133603（邮购）
网　　址：http://www.tjpress.com
E-mail：65244790@163.com（出版社）
　　　　　fx65133603@163.com（发行部邮购）
经　　销：全国新华书店
印　　装：三河腾飞印务有限公司

开　　本：170mmX240mm　　　1/16
印　　张：18.5
字　　数：264 千字
版　　次：2015年5月　第1版
印　　次：2015年5月　第1次印刷

书　　号：978-7-5126-3409-1
定　　价：42.00 元

张之江将军传

题字：民革上海市委主委　高小玫

1926 年张之江任国民军总司令时戎装照。

1927 年张之江戎装照。

沧州文化主题公园内武术文化园的张之江将军半身铜像。

1925 年张之江任察哈尔都统时将官服照。

张之江五虎上将照片。

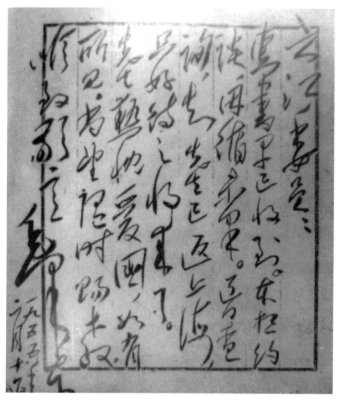

1955年毛主席致张之江亲笔信。

1925年张之江任察哈尔都统时修筑的清河桥。

任立法委员兼军事委员会上将参议

基督将军张之江。

张之江将军为《冯上将军传》题书名。

西北军老战友聚会，前排居中为张之江。

　　1936年，张之江代表国民政府赴北平、天津，动员老部下宋哲元和张自忠等人抗日时，与夫人子女及宋哲元、宋妻合影。
　　后排：右一为张之江妻庞淑芳、右二为张之江、右三为宋哲元、右四为宋妻。前排：右一为张之江女儿张润苏、右二为张之江儿子张润常。

张之江 1936（青岛与沈鸿烈胡家凤合影）中为张之江。

1936 年，冯玉祥就任国民政府副委员长，在南京干部学校毕业生欢迎会上合影。前排左 6 为张之江，左 7 为冯玉祥。

1964年张之江夫妇的最后一张合影。

1959年张之江夫妇怀抱乐刚、乐文，摄于沪寓花园。

1988年7月5日，联邦德国奥委会出具的文件，证明张之江1936年曾被授予奥林匹克运动会纪念章。

序

　　中国近现代史一直贯穿着战争，或者说战乱，有内战，有外国入侵，是一个特殊的年代，也是一个人才辈出的年代。

　　战争给民族带来了灾难，给人民带来了痛苦，需要有无数英雄挺身而出、前仆后继的奋斗来解脱这些苦难，给国家和人民迎来新生。

　　张之江将军是那个年代里一颗耀眼的将星，他的一生贯穿着一个主题思想，就是为国为民、爱国爱民、忧国忧民。

　　他参与三造共和，是辛亥革命之滦州起义的幸存者，出生入死，推翻帝制；反对袁世凯复辟，他一马当先，联络蔡锷，参加云南起义，讨伐洪宪帝制；北京廊坊起义，他任第一路军前敌总指挥，粉碎了张勋复辟。他三次参加推翻帝制的革命，为建立共和国立下不朽功勋。

　　他是一个爱国爱民的将军，为中国历史做出了卓越的贡献，芳泽人间，永载史册。1926年，他任西北边防督办和国民军总司令期间，亲自指挥南口战役，以寡敌众，以弱战强，顽强抗击北方所有军阀达半年之久，国共两党趁此机会发动北伐战争，一举消灭各派军阀，统一中国。为此两党都一致高度赞扬张之江领导和指挥的南口战役为中国革命做出的贡献。

　　张之江将军一生亲历大小战役战斗近百次，为创立共和，消灭军阀，赢得抗日战争胜利奋战不息。

　　张之江参加过的大战有：滦州起义、云南起义、讨伐张勋、陕西战役、扬名民国史的郑州战役、推翻北洋军阀吴佩孚统治的杨村战役、打垮奉军主力李景林的天津战役、有深远历史意义的南口战役、闻名中外的台儿庄战役等。

他是民国历史上罕见的两任陆军上将，由于他出众的能力和贡献，1925年北洋政府授予他陆军上将衔，1946年国民政府晋升他为陆军上将。

他在察哈尔都统任上，为察哈尔省铺路造桥，兴建工业，开办学校。他在1925年于张家口建造的清河桥，新中国成立后一直在使用，几十年来造福当地人民。

他任全国禁烟委员会主席期间，在全国范围内厉行禁烟，取得显著效果，被社会各界誉为"林则徐第二"。

他是中国国术的奠基人和倡导人，亲手创立了中央国术馆和国立体育专科学校，把中国武术升华到国术，第一个把中国武术推向世界。在他大力提倡下，中国武术代表团于1936年第一次参加柏林奥运会，轰动国际体坛，中国国术从此走出国门，走向世界，为了表彰他的功勋，国际奥运委授予张之江奥林匹克勋章。

张之江从各个方面积极投身抗日战争，曾担任第五战区高等军事顾问，亲自参加著名的台儿庄战役，为抗日战争的胜利立下了功勋。

新中国成立后，党和政府充分肯定他的历史功绩，特邀他为全国政协委员，民革请他担任民革中央委员。毛主席亲自写信给他，赞扬他："热忱爱国。"

他不仅是我们家的骄傲，更是国家的骄傲，民族的光荣。鉴于此，有必要为他著书立传，以启后人。

本书考证严谨，资料翔实，纠正了几十年来史学界因为各种原因而造成的很多错误，还原了不少真实历史，为民国史留下了一些有用的资料与见证。

我相信各界读者都能从这本书中获得有益的启迪和收获。

万乐刚

2014年11月16日

contents · **目 录**

第一章

青年时代的张之江

第二章

反对封建帝制的斗士

第三章

张之江在冯玉祥军事集团形成中的作用

第四章

察哈尔都统任上

第五章

居功至伟的天津战役

第六章

青史留名的南口大战

第七章

禁烟委员会主席张之江

第八章

任江苏绥靖督办的作为

第九章

创办中央国术馆

第十章

张之江与抗日战争

第十一章

张之江与基督教

第十二章

新中国成立后的张之江

附 录

后 记

第一章

青年时代的张之江

一、少年时代　侍读学文

　　1882年农历七月二十一日，在河北省盐山县留老人庄的一个农民家中，诞生了一个婴儿。他，就是一生经历了清朝、中华民国、中华人民共和国三个时代，不断寻求救国救民的真理，并为此而献出毕生精力的张之江。

　　"黑沉沉的天空"是他所逢的时代。那是清朝封建统治灭亡的前夕，西方列强用大炮打开了中国的大门。清政府由盲目自大而疑虑恐惧，进而屈服投降。中国人民则奋起抗争，掀起一场场革命风暴，使爱新觉罗家族的统治处于风雨飘摇、岌岌可危的境地。

　　"白茫茫的土地"是他生长的地方。这里古代是燕赵之邦，处于黄河北岸，一望无际的盐碱地泛出一片白色，盐山由此得名。因为水也是咸的，庄稼大都难以成活，老人们称之为苦水盐边，穷困逼得青壮年远走他乡，寻觅生路。留在家中的老幼妇孺则烧窑做砖，吃糠咽菜，生活在水深火热之中。

　　张家是于1404年（明成祖永乐二年）从滦州昌黎张家庄迁居盐山北留老人庄的，传到十三世是张之江的祖父，名张玉声，生有三女二子，长子名张凤池（字书堂），次子名张凤桐（字茂华）。凤池又生一女二子，长子即张之江（字子薑，号子岷），次子名张之湘（字会川）。弟弟出世不久，母亲因营养不良而逝世，幼小的之江便失去了母爱，靠长姐照顾着。婶母也像对自己孩子一样抚育他一天天长大，他后来回忆起，他还曾吃过婶母的奶呢！

　　祖父是一位乡村塾师，被延请到外乡去教书。因之江从小聪明伶俐，8岁时便被祖父带着去陪侍读书。他幼时顽皮淘气，读书并不自觉，常想法逃学。

在家乡时，一次他在外面嬉戏玩耍，忽听到大人们的脚步声，怕受责骂，便钻到一个筐子里面躲起来。哪知天不帮忙，正刮着旋风，大风吹得人几乎要跌跤，奇怪的是竹筐子却一动不动，引起父亲和叔叔们的怀疑，掀起筐子一看，赫然是一个逃学的孩子蹲在里面。还有一次，他写字潦草，歪歪斜斜，被祖父看见，训斥说这孩子不用心，光贪玩，不下功夫怎么写得好字？你看你写的字像屎壳螂爬的一样！"他听了疑惑不解，脑子里总在想："屎壳螂爬的是个什么样？"于是便好奇地捉了一个屎壳螂，蘸上墨汁，拿了一张大楷纸，让屎壳螂在纸上面爬了起来。这两件事成了他在少年时代不用功读书的笑柄。

在之江14岁的时候，祖父去世了，他失去了一位良师，也失去了那么难得的学习机会。起初他并没意识到，直到有一天，他一个人在房间里翻开爷爷以前教过的课本，饶有兴趣地读了起来，读着读着，遇到了生字、难解的词，想到要问爷爷，可是爷爷呢？他回顾茫然，不由得想起了和爷爷朝夕相处的日子，想到爷爷那严肃而又慈祥的脸，想到自己以往的逃学和淘气，如今又去问谁呢？一股强烈的思念和悔恨之情，使他悲从中来放声号啕。从此，他读书比以前更发愤和自觉了。

少年时代，之江也常下地干活，种地、烧砖、挑担、施肥等他都能干。可是土地贫瘠年成总不好，日子过得很艰难。他常暗自思忖："难道我就这样碌碌无为吗？大丈夫一世，当建功立业，何况而今是多事之秋，当像班超投笔从戎报效国家才是……"1894年甲午战争中国的惨败，使他义愤填膺。1900年京津一带的义和团运动波及盐山，易受感召的他已经形成了明确的念头："我绝不能在家乡终此一生!"

二、立志雪耻　报国从戎

1901年，清政府招募新军的差事派到了留老人庄。按规定这里应有两名青年应征入伍，可适龄又肯去的只有一名，这使当时担任里长的张凤池十分为难。之江见此情景怦然心动，要求父亲让他去应征："爹，我去吧，我能行!你老就把我算上吧，不要再去求别人了!"老父愕然，这个长子是他所钟爱的，还不到当兵年龄，由于营养不良，个子也矮了一寸，从小又没娘，竟会自动请缨。想到从军以后离乡背井，生死祸福实难预料，父亲犹豫不决，但经不起孩子再三请求，只得将之江的名字报了上去。不久，批文下来，之江的希望成了事实，父亲不由得老泪纵横。一个19岁的青年，就这样背上简单的行囊，离开了虽苦难却又令人留恋的家乡。他走出老远，回过头来，还看见父亲痴痴立在村头的孤独身影。这难忘的印象在他的记忆里保留了一生。

入伍后分配到武卫右军（总统袁世凯）先锋中路马队当兵，幼读诗书的之江所具有的文化程度使他成了新军中的佼佼者，1906年下半年便被选送到北洋讲武堂骑兵科学习，短期学习了三个月，回部队后，于1907年任马队第5标第2营正目。

张之江酷爱学习军事理论和技术，不满足短期学习所学到的知识。到了1908年，他又投考沈阳东三省讲武堂，希望学习更多军事理论。结果考上东三省讲武堂第一期骑兵科。

在讲武堂学习期间，他很讲义气，喜交朋友，爱打抱不平，又好学不倦，每次考试都名列前茅，因此很受同学们的爱戴。他常有些独到的见解，经他阐明的看法往往博得多数同学的支持，哪怕是违反常规，也照样有人跟着他跑。这引起了校方的注意，也招来一些趋炎附势无能之辈的嫉妒。他勤学好问，那些不学无术的教官往往难以置答。多数教官器重他，也有个别的视他为眼中钉。

讲武堂有一位军事教官曾留学日本，自诩深得日本军事技术的真谛，实际上只会死啃讲义，干巴巴地要求学生按他的思路来回答问题而不许越雷池一步。在期终考试时，这位教官要同学们设计一次军事演习。于是大家运用平时所学的军事知识，联系东北地形地势，设计了敌方进攻时我方军事司令部、炮兵阵地的设置方位，并绘制成图。但这位教官却将一幅明显相反的设计图定为标准方案，要大家修订原来的设计地图，这一武断决定使大家很难接受，有一两个同学小心翼翼提出问题请他解答。最后他理屈词穷，竟板着面孔逼出了这样一句话："这个方案是日本教官三木制定的!"教室内空气凝固了，一片寂静。这时，张之江站起来说："教官! 如果这个方案是你制订的，我们还可以接受并进行讨论；如果这个方案是三木教官定的，那就让它滚到一边去。因为日本鬼子就是要我们钻坑洞!"他的话激起了大家的共鸣，有的叫好，有的鼓掌。这位教官窘得脸色红一阵白一阵。这句顶撞教官的话，显示了张之江的爱国心、胆识和耿直的个性。他的直言，当时确是大快人心，可日后却给他的人生道路带来了许多意想不到的麻烦和挫折。

1909年1月，从东三省讲武堂毕业后，之江升任马队第5标第2营哨长，1910年9月所部编入第二十镇第一混成协马队第20标，升任左队队官，20镇的统制是陈宦，从此他和陈宦成了上下级关系，为日后劝说陈宦在四川起义打下基础。

此时的他踌躇满志，雄心勃勃。他黎明即起，和军士一起操练、射击、驯马、练骑术，凡战争中需要的战术无不从严要求，又从生活上关心军士，因此他带出的弟兄都像小老虎似的，团结紧密，朝气蓬勃。他自己又酷爱骑烈性马，好胜心强，那些烈马被他制服得俯首帖耳，待他骑上马背，两腿一夹，便疾走如飞，这样，他骑术高超的名声逐渐传扬。

之江为人正直，除了练兵、驯马，就是读书。士兵越是拥护自己的排长，他就越是遭到那批兵油子的排挤和压制，擢拔升迁根本没有他的份儿。他也没把这些放在心上，仍是埋头苦干。当然，他也有感触，于是和一些对现实强烈不满的青年军官们成了密友。他们无话不谈，意气相投，相互鼓励。在骑兵营中，和他最合得来的是张宪廷、张树声，这两位一个年长于他，称为大哥，一个比他小，成为三弟，之江便是二哥，三人结拜为兄弟，逐渐在马队中有了一定的影响，被称为"马队三张"。

转眼八年过去了，之江仍是排长。有的上级去管带处为他说情，讲他带兵驯马颇著劳绩，是个人才。管带却不耐烦地打断说："他是条龙，我这块地里用不着他下雨！"当这位朋友将此话转述给之江时，气愤得放声大哭，之江反而宽慰说："咱们练兵不是给他练，这里不需要我，自有需要我的地方。"他看透了清廷的腐败，与盟兄弟联络了更多不满现实的义士们，以结社读书的形式，交流革命新思想，那就是"武学研究会"。

武学研究会最初是由驻扎在奉天省新民府的一些青年军官组织起来的，他们从爱国的愿望出发，意识到抗日必先反清。为了掩饰上峰耳目，他们采用读书会的方式，联络一部分志同道合的青年志士，从事推翻清政权的活动。武学研究会开始由冯玉祥、王金铭、施从云、郑金声、王石清、岳瑞洲等组成，冯玉祥任会长；后来很快扩大到各营各连，陆续参加的有骑兵营的张之江、张宪廷、张树声，工兵营的高震龙、孙谏声、戴锡九，其他还有李炘、龚柏令、李鸣钟、石敬亭、刘骥等百余人。武学研究会经常讨论如何扩大会员人数、在军队内部宣传鼓动革命等具体行动，互相传播清廷丑事。他们个个摩拳擦掌，立志要推翻腐朽的清朝，建立一个新的民主共和政体的国家。终于，辛亥革命的伟大风暴来临了！

第二章

反对封建帝制的斗士

一、滦州起义　一造共和

1911年武昌起义打响了推翻清朝的第一枪，全国各地陆续爆发了反清起义。那年的秋天，武学研究会的革命志士们也正秘密策划在滦州举行起义。

根据清朝陆军章制，每隔三年举行一次秋操，目的不外是检阅新军创办以来的成绩，作为支撑清朝统治的工具。辛亥年春，清廷规定新军中的三支在这年八月赴直隶省永平府向滦州集中。当时，陆军第二十镇统制张绍曾（张之江在他属下，日后他对张之江有很大的帮助。）、第六镇统制吴禄贞和第二混成协协统蓝天蔚三位都是新军中杰出的维新人物，他们事先暗中约定相机起事。武昌起义爆发后，清廷有所戒备，临时命令军队停止调动，中止秋操，只留七十九标王金铭、施从云、张建功的一、二、三营驻扎滦州，其余军队各回原防。

在滦州的第二十镇统制张绍曾，在革命派的要求下，致电清廷，要求实行立宪，不许讨伐民军（此时清廷起用袁世凯镇压起义，袁世凯调动新军去讨伐民军）。接到这电报，清廷极为震惊，表面上假意敷衍，暗中却将张绍曾调任长江宣抚使，削其兵权，名升实降；接着就要清理军营里的革命党人，气氛骤然紧张起来。革命党人如不采取行动，只有任人摆布。于是，王金铭、施从云在滦州车站的文庙内，召集张之江、张树声、张振扬、刘骥等七十余人举行会议，要求清廷收回成命，挽留张绍曾。清廷不予答复，反而更加严密监视第二十镇革命党人的动态。这时，白雅雨受同盟会委派，从天津到滦州，和王金铭、施从云等联系，认为京奉线一带革命势力薄弱，主张相约烟台民军由海道自秦皇岛登陆，张之江带骑兵一支在秦皇岛西南山咀响应，郑金声在右，王石清在左，冯玉祥为预备队，准备一举占山海关，进击北京和奉天省城，牵制清廷兵力，和武昌革命政府遥相呼应，配合夹击。

计议已定，各方正要全面展开突击，烟台民军却迟迟尚未登陆。有些革命党人沉不住气，很快就在滦州街头张贴文告，声称11月12日在滦州成立北洋军政府，宣告独立，推王金铭为大都督，施从云为总司令，冯玉祥为参谋总长，白雅雨为参谋长，张之江为骑兵司

参加滦州起义时的张之江。

令。他们还拟好电文发至北京，大意是促成南北和议，主张共和政体。滦州地近京畿，直如后院起火。

袁世凯得知，急忙派镇守使王怀庆前去抚慰，实为瓦解和镇压这次起义。王怀庆曾和王金铭、施从云二人的哥哥有结拜之谊，便利用这一关系来做说客。王金铭对此缺乏戒备，还要王怀庆和大家一起干，并情愿让出大都督位置。王怀庆假意应允，在半路上却寻找机会逃走。王金铭、施从云等决定趁势直攻京津。而王怀庆已探知他们的行踪，派兵截击，又佯装讲和，将受骗前去谈判的王金铭、施从云、白雅雨等十余位同志全部捉住。这些同志遂被害，壮烈牺牲。其时张之江按计划将骑兵组织起来，静候烟台民军登陆，没想到却传来王金铭、施从云、白雅雨几位同志遇害的噩耗，悲愤异常。滦州起义为首的十几位同志壮烈牺牲以后，清廷不敢过于追究，便将其余革命同志或软禁，或递解回籍，分散瓦解革命党在军队里的力量。

张之江属于被递解回籍的。为免遭不测，他立即告别弟兄们。此时他手下

一批最接近、最坚定的同志都装备齐整，一定要和他一起出走。之江恳切推辞再三，才将他们劝留下来，互道珍重后会有期，抱头痛哭而别。离开了军营，孤身一人，他不甘心就此回乡。那时南方已是革命军势力范围，他便决心去上海寻找陈其美，投奔军政府，报效共和国。

滦州起义火苗刚被扑灭，清廷在码头车站上三步一岗、五步一哨，盘查往来旅客，搜捕革命党人。之江在离开皇秦岛时，为了掩人耳目，化装成一个商人，身穿长袍马褂，头戴瓜皮小帽，压住脑后的那条假发辫。他随身带着一只箱子和一个行李卷，里面装有他平时爱读的兵书，军装也舍不得丢掉。临上船时，他雇了一个扛行李的小厮，自己大摇大摆走在后面。走近码头时，他发现清军戒备森严，如临大敌，墙上贴着缉拿革命党人归案的大布告，不远就有被杀的革命党人的尸体。一见如此情景，他后悔不该把兵书和军装带在行李里面，而且脑后的那根假辫子一拉就会掉下来的……可是后退无路，没有犹豫的时间了，只有向前。这时一个军佐开始对他盘查：

"站住!干什么的?"

"做买卖的。"

"到哪里去?"

"去上海办货。"

"行李里有什么?"

"换洗衣服及被褥。"

"打开看看。"

"你自己打开吧!"

这时之江已横了心，自忖打开一看，身份暴露，就会立即被处决，何必自己动手呢！便做出一副坦然的样子，不经意地回答着。行李捆了三道绳子，军佐只解开了两道，便不耐烦了，抬起头来看看之江，用脚将行李一踢，说声"去吧"！

这一声，就放走了一个清廷正要捉拿的革命党人。之江简直不敢相信自己的耳朵，立即叫小厮扛上行李就走。他幸运地安然脱险，登上去上海的轮船。

船上舱位已满，他托茶房买了一个铺位，是轮船上堆煤的地方，权当睡铺，虽只能容得下单身一人，却因远离客舱，避人耳目，更为保险。他又买了一张草席铺好，那时的心情远比坐在沙发上更为舒适轻松。

就这样，之江思念着失散的战友，憧憬着美好的前景，开始了终生难忘的航程。

自秦皇岛脱险至沪，张之江便向上海都督陈其美投书，表述了自己的革命经历及要求，愿继续投效革命政府。都督府见文后，经予批示："千里来投，大义昭然，着人事部门存记，听候任用……"但时日持久，杳无音讯，之江身边盘费已不多，只得回老家留老人庄一行。

回到家乡，张之江见到老父及叔婶家人，想到从军十载，建功立业的理想并未实现，孑然一身，便备些纸钱去母亲坟前祭奠一番，借机痛哭一场，发抒心中郁闷。而此举又遭到家中长辈讽嘲："之江啊！你赚了多少钱去给你娘烧纸上坟？"听了这样的话，看看自己所带的简单衣物行装及几本兵书，年届而立壮志未酬的他，萌发了再次离乡的强烈愿望。

中华民国成立，孙中山先生就任临时大总统，之江兴奋得再也待不住了，又一次离开了家乡。1913年6月，他邀集好友张振扬、张树声，同往老上司张绍曾处投效。张绍曾此时任山西督军，热情地接纳了他们。张之江被任命为晋北东路司令部二等参谋。次年九月，张绍曾与阎锡山失和，离开了山西，张之江亦随之离去。这期间曾至天津小住，适逢袁世凯任命陈宧为四川督军，张之江遂于此时入川往投陈宧将军，被任命为川督行署上尉差遣。

1914年，张之江在成都川督行署眼见官吏争权夺利，军纪败坏，内心极为不满，他等待机会脱离官场。四川督军陈宧进川时率领两个旅的部队，一为中央第四混成旅，另一个就是冯玉祥第16混成旅。1915年，张之江在成都与冯玉祥不期而遇，滦州起义老战友再次重逢，特别高兴，畅诉别情，张表示乐意参加16混成旅，冯也一直在寻找罗致当年滦州起义的革命同志，两人不谋而合，冯玉祥当即欢迎，不久就向陈宦陈明此事。

1916年1月，张之江调到第16混成旅本部，受到重用，任职为上尉参谋，3月25日晋授陆军骑兵中校并加骑兵上校衔，3月30日晋授陆军骑兵上校并加少将衔。从此，冯玉祥和张之江成为上下级关系，他们亲密无间，言听计从，配合默契，患难与共，终此一生亦无改变。

二、反袁复辟　二造共和

辛亥革命，推翻清王朝，但是帝制阴影不散。1915年，袁世凯复辟称帝，云南蔡锷护国军首先兴兵讨袁，反对复辟帝制，袁世凯派兵镇压，由四川督军陈宦带冯玉祥第16混成旅等几支主力部队进攻蔡锷护国军。

1915年底，蔡锷率护国军第一军入川，实际兵力仅为三个梯团，很是薄弱。袁世凯派入四川的军队人数众多，为三个师三个混成旅，俱精锐部队，兵力大于护国军数倍。所以蔡锷的护国军根本无法和袁世凯部队抗衡，成功希望渺茫。

在宜宾纳溪，护国军屡战屡败，形势很不利。冯玉祥的第16混成旅也被派去镇压护国军，被指派与护国军刘云峰部作战，第16混成旅经过冯玉祥多年训练，战斗力很强，护国军绝对不是对手，如果第16混成旅全力以赴作战，蔡锷护国军必败无疑，但是16混成旅上层军官都是滦州起义志士，岂能附逆？

他们计议：一、和刘云峰停战，携手合作；二、以全力支援护国军，和蔡锷取得联系；三、积极策动陈宦宣布四川独立，作釜底抽薪之计。

冯玉祥先遣蒋鸿遇参谋长偕同宜宾美籍罗教士前往横江与刘云峰接洽，不得要领而返，刘派了一个上尉副官伍彪来联系，窥探虚实。

看到这种情况，冯无计可施。这时张之江正在边上，于是对冯玉祥说："目前能毅然响应护国军，宣布起义，讨伐叛国的袁逆，就以我们所部实力，援助蔡松坡军，最为直截了当。否则，亟宜向护国军切实接洽，万不可再次兵戎相见。蒋参谋长为人固属长厚，又与刘云峰系同乡同学，但究非革命同志可比，所以隔靴搔痒，刘绝对没有真心话和他谈。必须重选派具有革命历史的同志为代表，再向刘云峰洽谈，当能取信。如一时无适当人选，我愿效毛遂自荐，前往横江一行。"冯玉祥想起了张之江的口才，觉得张正是最佳人选。命他为第16混成旅的全权代表，赴前线与刘云峰联系，共商讨袁大计。最后张之江不辱使命，显示了非凡的外交才能，凭着极其出色的口才，说服了蔡锷，使蔡、冯二军缔结盟约，共举大事。

张之江领命后和刘云峰部副官伍彪（百锐）由宜宾驰赴横江，会刘云峰，彼此推诚相见，两人一见如故。刘邀集梯团支队长邓泰中、杨蓁诸位畅谈后，张之江连夜赶回宜宾，见到冯玉祥，面陈一切。冯极为满意赞许，张之江陈述当前形势说，要抓紧时机，速与蔡锷总司令取得联系，以全部实力支援护国军，并赶快促成四川独立。只有这样，才能推翻袁世凯的帝制。冯完全同意，命令张之江为代表，立刻动身再赴纳溪一行，代表冯玉祥面晤蔡锷（松坡）。

他们再度前往纳溪，途中，遇一英籍唐教士，他也是受冯之托与蔡锷谈判的，手中执一蔡致冯之信。双方攀谈时，伍彪问："可否看看蔡将军写的信？"唐教士面现难色，张之江开玩笑说："内容我已知道，不必看了。"于是大家互相告别。伍彪问："大哥，你怎知是何内容？"张之江说："你看那封信有多薄？肯定无什么话可说，一言以蔽之，不得要领，等我们回去问冯公便知。"

这时，蔡锷顶不住张敬尧第7师的进攻，已经退到纳溪以南70里之大州驿，并将护国军总司令部行营设在那里。

这时，蔡锷正处于极度困难的失败边缘。蔡锷因为兵力单薄，后方接济缺乏，受到曹锟、张敬尧的进攻，战事失利，屡受挫折，为维持士气，保全声势，迫不得已，在铁筒里燃放鞭炮，来迷惑敌军。

蔡锷虽然向梁启超诉苦，一面请求唐继尧增援，但是都没有结果。前有劲敌，后无援兵，孤军奋战，蔡锷护国军危在旦夕，反袁复辟运动危在旦夕。

正在这时张之江赶到，给绝境中的蔡锷护国军雪中送炭，带来了希望和光明。

张之江于此时代表冯玉祥趋前联络，以精兵万余声援，给蔡锷以强有力的支持，蔡锷喜出望外。双方会谈两小时许，张之江畅叙冯玉祥及所部的革命历史、实力装备、组织训练等，开诚布公，极为详尽，表示此后一切行动悉听蔡锷节制指挥。蔡锷亦将起义护国大计与进行步骤畅叙靡遗，并十分赞同张之江所提出的促成四川陈宦宣布独立的主张，当即指定川南巡阅使陈铭竹与张同行，一以回访冯玉祥，二则与张同往成都协助策动四川陈宦宣布独立，冯玉祥所部，拟暂编为护国军四川讨逆挺进军。

于是蔡锷立即致函冯玉祥，亲手书写大八行信笺约20页。启程前，伍彪持一巨封套书信交与张之江，张说："这封信和路上遇见的唐教士那封信是不同的，这封信才真值得一看。"彼此相视而笑。

伍彪说："蔡总司令对你的热诚和意见极为赞许，并说自古燕赵多慷慨悲歌之士，这位张之江先生可算一个。"

张之江和陈、伍两位告辞蔡锷后，由大州驿至宜宾，五日后抵达复命。冯玉祥对这一任务的完成十分满意，完全同意蔡锷之计划安排，携手合作讨伐袁世凯。张之江又询及唐教士出使结果及那封信之内容，果不出所料，付之一笑。

次日，张之江和陈铭竹同赴成都，约三昼夜兼程行进，见到老上级陈宦。他们以大义相劝，分析当前形势、人心向背，指出袁倒行逆施之不得人心。张之江抵成都后还调动一切力量去影响陈宦，得到湖北刘一清之配合襄助，促成此举。经过两星期左右的努力，陈宦终于下了决心，通电宣布四川独立。

冯玉祥率护国军四川讨逆挺进军移防成都。蔡锷的第一梯团进驻宜宾，由挺进军抽调精锐兵力编为狙击兵团，任张之江为兵团司令。张之江受命到任，做好战斗准备。

袁世凯获悉四川独立，大为震动，立即下令撤职查办陈宦，命四川陆军第一师师长周骏接替陈宧川督之职。周骏率兵由重庆出发，进犯成都。张之江率狙击兵团抵龙泉驿，与周骏部相遇。讨逆将士士气高涨，奋勇痛击，周骏部队不支败退，张之江部大胜，战后张之江率部驻龙泉驿待命。次日，袁世凯猝死的消息传来，讨逆将士无不欢欣跳跃。

张之江在讨袁护国运动中，衔冯玉祥之命，联络刘云峰，会晤蔡锷，促成四川独立，击败周骏逆军，仆仆风尘，奔走革命，为再造共和立了大功。他生前常以在斯役中得以发挥才智，为国为民，效忠共和，告慰家人。并认为此役之胜利可作为成功范例之一。

李烈钧在世时，每见到张之江，辄呼："大州驿，大州驿来了！"是对张之江在护国军大州驿驻地与蔡锷会晤中之关键作用的充分肯定。

1927年4月南京国民政府成立，冯玉祥与张之江先后成为国府委员。一次委员会议散会，冯、张一同走出会场，冯玉祥忽发感慨，拍拍张之江的肩膀说："若不是当年之江先生会晤松坡先生成功，哪有今天我们的出入国门啊！"

说明张之江在大州驿面见蔡锷，联络各路部队支援护国军对建立共和、推翻帝制的重要性。

如果说：滦州起义，张之江只是参与者之一，所起作用有限，而在云南起义过程中，张之江则起到决定性作用。可以这么说，没有张之江的努力，联合各路部队共同起义，响应蔡锷，云南起义就不可能成功，帝制就不可能推翻。

三、痛击辫军 三造共和

袁世凯败亡以后，黎元洪继任大总统，段祺瑞出任国务总理，冯玉祥部从成都取道绵阳、剑阁回到汉中，后又调驻廊房。段祺瑞排除异己，视冯玉祥为眼中钉，及冯部抵达廊坊后，处心积虑分化改编不成，遂调冯玉祥为正定府第六路巡防营统领，意将冯玉祥和滦州、云南起义的同志们分开，削弱冯的实力，消灭第十六混成旅。当时诸将洞悉其奸，均不服，通电抗议，请段祺瑞收回成命。段祺瑞等请陆建章出面调处。碍于陆的面子，冯玉祥只得离去，旅长由杨桂堂递补。后来段祺瑞又同黎元洪发生摩擦，利用张勋逼黎下野，由此导致1917年张勋复辟的闹剧。

第十六混成旅全体官兵听说张勋又捧出溥仪登上傀儡皇帝宝座，个个义愤填膺。而当时的旅长杨桂堂正为张勋奔走帝制，并未到过第十六混成旅。于是全旅官兵召开军官联席会议，做出两项决定：一是派出军法官薛笃弼前往正定，迎接冯玉祥回旅主持讨逆大计；二是反对张勋复辟，积极做好战斗准备。

张之江为骑兵营营长，率讨逆先锋队首先出发，向丰台万庄方向前进。并同时与讨伐张勋的陆军第八师取得联系。第八师正由马厂开来，言明以京汉路为界划分战区，铁路以东由第十六混成旅负责，以西由第八师负责。张勋得知此讯，派出兵车五列开赴廊坊。

张之江处于讨伐张勋的最前线，知辫子兵已派出，立即准备还击。他选择有利地形，筑好工事，同时破坏铁路，阻止敌人列车前进，骑兵并先行出发，占领阵地。此时，得知张勋复辟的冯玉祥也赶了出来，正好在丰台和前往迎接的薛笃弼相遇。在吩咐薛安顿十六旅官长的眷属、检查枪支弹药和筹措官兵伙食费等事宜后，冯玉祥赶至廊坊。张之江与邱斌、李鸣钟、鹿钟麟等率队迎接于车站。在离别了一个阶段，时局又发生着急剧变化的时刻再相会，大家悲喜交集，有如亲人重逢，抢着诉说委屈，别后离情。冯玉祥受到感动，遂好言安慰这批忠心为国的子弟兵，接着一面部署战斗，一面通电讨伐张勋："誓以铁血，保卫民国！"

此时老上级张绍曾将军亦赶至旅本部，对张之江倍加鼓励、慰勉。冯玉祥赞同之江所做一切，定于次日拂晓进攻万庄之敌。万庄距廊坊很近，在廊坊可听到万庄调动兵力的电话。他们从电话中得知，张勋的部队仅三个营抵达万庄，且不曾筑好工事，必须及早进攻。张之江受命为讨逆军第一路前敌总指挥，据守廊房正面进攻张勋部队。他率骑兵奋勇出击，激战一小时许，辫子兵溃不成军。他又下令追击，至夜晚已越过丰台、黄村一线；旋又会同段芝贵部协同北进。张勋逃入北京城，避入荷兰使馆，复辟丑剧告终。张之江率所部骑兵在此役中战功卓著，战后因功升任第十六混成旅炮兵团团长，不久改任步兵第二团团长。

为了推翻帝制，建立人民民主的共和体制，张之江参加了三次革命，辛亥革命的滦州起义、反对袁世凯复辟的讨袁战争、反对张勋复辟的战争。为了建立一个人民民主的共和国，三造共和，做出不朽贡献，居功至伟。

第三章

张之江在冯玉祥军事集团形成中的作用

一、常德练兵 冯军初兴

1918年初，护法战争爆发后，冯旅又奉命南下，执行段祺瑞"武力统一"政策，师次湖北武穴，即通电反战。段祺瑞大怒，撤销冯16混成旅旅长职务，但是段竟然愚蠢到任命冯最忠心耿耿的部将张之江接替旅长，张自然不会接受，相反张之江前往保定游说曹锟反对段之武力统一政策，段不得不妥协收回成命。

1918年，张之江任第16混成旅步兵2团团长少将礼服照片。

1918年6月，在这个晴好的夏日里，第十六混成旅总算有了一块立脚的地盘，他们占了常德，并在那里一住就是两年。从1918年6月—1920年6月，两年里部队得到进一步训练，人员和装备得到进一步加强。在1916年于四川讨袁期间，部队只有3600多人，到了1918年驻常德期间，兵员扩充了一倍，扩大到7200多人，可谓人强马壮。

冯玉祥军事集团从这个时候开始形成。

部队进行了扩编，第16混成旅辖4个步兵团，一个炮兵团。另外还有机枪营和骑兵营，张之江老部下韩多峰任机枪营长，两人友情从那时就开始了。旅还设立了教导队和军佐队，开办了学校和工厂，部队初步形成了规模。

步兵有1、2、3、4四个团，张之江任步2团团长，下辖三个营，1营长宋庆霖，2营长宋哲元，3营长李云龙、韩占元。自那时起宋哲元就是张之江手下忠心耿耿的战将。步一团团长是老战友李鸣钟，步三团团长是结拜兄弟张树声，步四团团长是张维玺，炮兵团团长鹿钟麟。部队在常德二年，进行了严格的训练和教育，举行了读书讲解会和运动会，设立了系列化的奖惩制度。张之江从第16混成旅开始就在军官教导队任教官给军官教授战术原则，经常给他们讲课。

步2团负责常德城内治安管理，张之江把常德城内治安之责交给第二团第二营宋哲元部负责。看到张之江把常德城管理得井井有条，冯玉祥深为赞许，他评论说："第二团团长张之江，有胆有识，甚有才干；2团2营长宋哲元，忠实勤勉，遇事不苟。"

常德是湘西重镇，为兵家必争之地。自南北战争以来，南北军阀在常德进行"拉锯"战，商家常遭到溃兵的抢掠。因此要求日本兵舰保护，许多商店门前悬挂着日本国旗，街头张贴着日本兵舰保境安民的布告。第十六混成旅进驻常德后，命令部队负责保护全城工商业的安全，要求大家撕毁日本布告，取消日本国旗。同时去找日本兵舰舰长，宣布不许他们再有这种肆意侵害我国主权的行为。

为了维护治安，城门口有张部2团士兵把守。遇有可疑的人经过，都要盘问检查。一天，沅江中日本兵舰上下来几个日本海军士兵，摇摇摆摆地从南门进城，把守城门的士兵即要加以检查。日本兵在中国境内放肆惯了，哪里肯受这个，表示不受检查。张部士兵训练有素，爱国爱民，坚持非检查不可。其中一个日本兵逞起横来，给我们弟兄一个巴掌，弟兄不能容忍，当即用刺刀与之搏击。结果，日兵中三名受了伤，只好愤愤地抬回兵舰上去。

张之江严惩挑衅日军，维护中国军队尊严，因功获三等嘉禾章，晋升陆军少将。

1920年夏，张随部移驻河南信阳，16混成旅受北洋政府歧视，粮饷军饷都断绝，部队几乎无法维持，不得不闹出拦截运给交通部的运钞列车事件来维持全军生计。为此张作霖借机猛烈攻击冯玉祥，由于吴佩孚出面给冯讲了些委婉的说辞，总算把事情对付过去。

在这个阶段里，部队极端艰难困苦，半年中士兵每日以盐水和杂粮勉强度日，张之江任劳任怨，与士兵同甘共苦，同吃同住，受到全体官兵一致爱戴和拥护。

河南督军赵倜一直是奉系在关内的支持者，始终是直系隐患，直系保定派曹锟等人一直设法铲除他。曹锟召集各方在保定开会，商量对策，冯玉祥由于有了上次直系帮助缓颊劫夺中央款项一事，脸面上抹不开。派张之江到保定参加会议，计划由赵部师长程慎首先在彰德动兵讨伐赵倜，而以冯军从信阳策应进攻。

张之江回到驻地后，即按冯的命令，进攻赵部宝德全于确山。宝德全部平时勾结土匪，鱼肉百姓，多行不义，为祸地方百姓，人民恨之入骨，战斗力很弱。张之江发起进攻后，宝部一触即溃，张之江缴获枪械弹药无数，宝德全人马被张之江部彻底击溃。张之江为冯军立下战功，为民除害，百姓交口称快。可是因为直系内部矛盾，曹吴两人意见也不统一，进攻随后只能停止，赵部得以苟延。不过从此冯军与赵倜结下梁子，无法在河南继续相处，吴佩孚只能寻找机会将冯派往其他地方。

二、进军陕西　之江建功

就在冯军为难之际，忽然喜从天降，1921年5月，冯玉祥突然得到了一个率兵进占陕西的机会。

直系与皖系军阀当时发生了战争，直皖战争的结果，直系打垮了皖系，皖系官僚随着段祺瑞的倒台纷纷下台。陕西督军陈树藩因属皖系，也被撤职，改由直系的第二十师师长阎相文担任。陕西省长刘镇华一方面向直系首领曹锟、吴佩孚输诚，表示欢迎阎相文督陕；一方面又支持陈树藩，怂恿他抗拒免职的命令。陈树藩受到鼓动，于是拥兵自卫，拒不卸职。北京政府即授权阎相文率兵入陕，武装驱陈。阎相文乃率第二十师、第七师及冯部第十六混成旅等部分道入陕进攻陈树藩。

阎相文深知冯玉祥的第十六混成旅训练有素，战斗力强，于是令第十六混成旅作为先头部队。1921年5月下旬，阎相文电令第十六混成旅全部开驻河南阌乡、灵宝。冯玉祥奉令后即率领所部全部人马，于5月29日乘火车"分四梯团陆续出发。"6月初阎相文令冯玉祥率部与吴新田的第七师同时发动对陈树藩的进攻。

在这次为冯军在陕西扎下根基的战斗中，张之江一马当先，又一次立下汗马功劳。陕西多山，道路崎岖，进军困难，冯玉祥知道张之江最能吃苦耐劳，把最艰巨的任务又交给了他。

第16混成旅分兵三路，分3个纵队进攻，张之江的第2纵队是先锋部队，中路人马，由华阴绕秦岭出奇兵直捣西安。那秦岭是最难走、人迹罕至的森林山路，非但没有后勤供应，还得逢山开路，遇河搭桥，艰苦备尝，张之江这一路是三队中最困难的一路，但是张之江不叫苦，不叫累，率部克服所有困难，率先赶到西安外围灞桥，陈树藩将主力部队集中于西安城外灞桥守卫西安。张之江一到，即率部与陈军主力展开决战，经过激烈战斗，张之江率部大败陈军，缴获大批武器、弹药、粮草物资，挥师猛追陈树藩残部，占领西安。陕西战役，张之江立下首功。

这次战役由于自然条件恶劣，没有后勤供应，各部都多少闹些矛盾和意见。李鸣钟手下营长谷良友不服从指挥，和李鸣钟闹矛盾。看到这种情况，冯玉祥甚为不满，对各部多有批评。而张之江任劳任怨，不发一句怨言牢骚，部队团结一心首先到达，立下战功而没有矛盾意见，冯玉祥大为感慨称赞道：

"饿死不做一声的要数张之江。"

陕西战役，第十六混成旅立下首功，但是北洋政府对冯有成见，什么奖赏都没给予他，陕西督军阎相文却对这支部队印象很好，为冯玉祥竭力争取。

1921年8月5日，第十六混成旅因功扩编为中央陆军第十一师，张之江因功勋卓著，由团长升任第22旅长，获二等嘉禾章。李鸣钟同时也由团长升为21旅旅长。按北洋军编制，一个步兵旅辖两个团。张之江的第22旅下辖第43团，团长宋哲元（原2团2营营长宋哲元晋升为团长）；第44团，团长刘郁芬（原第16混成旅参谋长刘郁芬改任44团团长），共两个团。

冯借此机会大力扩军，又成立卫队团，团长赵席聘；炮兵团，团长鹿钟麟。

张之江和李鸣钟是患难与共的老战友，友谊极为深厚，两人从营长、团长、旅长、混成旅旅长、师长直到各升为管理一方的都统，一直共同作战，并驾齐驱战斗和晋升。新中国成立后两位老友又相约定居在上海，因此张李两家后人的友谊也一直持续到现在，代代相传，是为一段佳话。

1921年秋，原陕西督军阎相文因故去世，冯玉祥升任陕西督军。冯上任不久，以张之江为总检阅使，代表他去检阅陕西各地驻军。张之江按计划巡视检阅各地驻军，其中包括驻在凤翔的原郭坚部将党拐子，在即将到达凤翔的前一夜，忽见快马送来冯玉祥的一封带鸡毛的急信，拆开一看，上面写了几个大字："凤翔万不可去，速回！"速回的旁边还画着圈，以示加重语气。见此急件，张之江沉吟良久，颇费思索，脑海里浮现出不久以前剪除郭坚那颇富戏剧性的惊险一幕……

郭坚打着靖国军旗号，驻军凤翔，奸淫掳掠，无恶不作，百姓苦不堪言。冯玉祥为消灭这个罪恶累累的匪徒，定下计谋，声称于西关讲武堂设席，请郭坚赴宴。解决郭坚时，张之江率本部人马包围西关讲武堂，任总的警戒和保卫任务，这一切郭坚的部下事后都知道。

郭带了左右随从，欣然前往直入前厅。此时外面埋伏的一连人本应伺机而动，没想到这些士兵好奇，争着要看郭坚和冯玉祥见面时的情景，在墙外推推搡搡，把本来不太结实的一堵墙挤倒了。事出意外，郭坚及其手下人便要掏枪。冯玉祥急中生智，从背后一把将郭坚拦腰紧紧抱住，使他动弹不得。埋伏的精兵一拥而上，迅速解决了其余随从。接着，冯玉祥对郭坚进行审问，宣读了郭的罪状并阎相文督军的命令，将郭坚就地枪决。事后慑于第十一师的威力，郭坚的部队接受了改编，但实际上是一支不可靠的军事力量，随时都有叛变的隐患。8月间，阎相文督军就因受不了来自四面八方的压力而自杀。如今，张之江作为总检阅使正要前去检阅郭坚旧部党玉琨的部队，所以冯玉祥赶快派人送来了万分火急的鸡毛文书。

张之江又记起了临行前一位好友的提醒："去凤翔可得当心，党拐子（党玉琨绰号）并非善类，是个厉害角色，对咱们除掉郭坚这事不会不记恨的，最好借故撇开凤翔。"

"难道冯先生听到了什么风声？党拐子这次会为郭坚报仇而加害于我吗？我们的人不多，一切都难说。不去则平安无事，也是先生的命令，前去则吉凶未卜……"张之江反复思考着，"不行，人人都知道我这次是检阅陕西各地的军队，独独撇开凤翔不去，岂不太孬了？若我突然返回，明摆着不信任党拐子，反而会激起他哗变。一路上他派手下留心我对部队检阅之要求，并随时报信，看来颇具诚意，若轻易改变路线，岂不失信于人，又何以得人心？若激起党拐子叛乱，将会使整个陕西局面不稳，影响大局，岂非前功尽弃。还是去，明知虎穴也得要闯一闯。"

经过紧张激烈的思想斗争，张之江下了决心，将个人安危置之度外。他写了一封简短回信，命来人带回交给冯督军："照计划行事，凤翔一定要去，先生放心。"

张之江带着不多的随从，直趋凤翔。只见党玉琨早已列队等待多时，他自己全副武装，胸前挂满了两排勋章，站在欢迎队伍的最前面，军乐队鼓乐齐鸣，响起了接官号。作为总检阅使的张之江，精神抖擞，目光炯炯，从容不迫地将马放慢缓缓前行，接受了党玉琨的敬礼报告和仪仗队的欢迎仪式，一切按计划正常进行。稍事休息后，举行了盛大的阅兵式。张之江按规定逐项检阅，党玉琨手下士兵均已充分准备，用心操练。最后，张之江对全军作了训勉讲话，抚慰有加，给予肯定。在整个检阅过程中，党玉琨一直陪侍左右，倍加小心。其间，张之江诚恳地与党玉琨交谈，勉励他为国为民多做好事。离去时，党玉琨列队恭送，尽善而返。

任务完成，见到了冯玉祥，张之江一一复命，并着重提起自己为何决定去凤翔，及至凤翔后党玉琨的谨慎态度。冯玉祥对张之江智勇兼备的胆略和气度，极表钦佩。

在陕西期间，刘镇华、吴新田和郭坚余部都不是真正依靠和合作对象，而要管理好陕西一个省，仅仅靠11师一个师显然是不够的，当时唯一可以争取的对象是靖国军胡景翼部。胡景翼部在当时是陕西境内势力最大的部队，原是于右任先生靖国军主力，如果把这个部队争取过来，不但陕西全境可以安定，还为今后发展奠定良好的基础。

对于这个重要的争取同盟军、在陕西站住脚的工作，冯考虑再三，决定还是派遣张之江前去，张之江的口才和综合能力在云南起义说服蔡锷和陈宦的过程中给冯留下极深刻的印象。张之江的口才已经被社会公认，当时有"南汪、北张赛诸葛"之说。这个"汪"，就是汪精卫，"张"，便是张之江。

张之江和张树声受命前往抚慰联络胡景翼，张之江以其过人口才做了大量工作，阐述了冯军的抱负和理想，爱国爱民之情怀。胡对于冯氏之抱负与行谊，非常钦佩，对张之江的诚恳又非常感动，随后派人回访冯玉祥，双方感情逐渐融洽。最终胡决定取消"靖国军"名义，改编为陕西正式军队，冯给他的番号为陕军第一师，服从冯的指挥。自此之后胡景翼与冯玉祥、张之江结为知己之交，生死不渝。胡部后来最终成为国民军的台柱之一，也就是后来的国民二军，胡率领二军在日后的郑州战役、首都革命、杨村战役、河南战役、天津战役等都发挥了重要作用。

张之江争取胡景翼部为盟友，在国民军历史上意义极其深远，极其重大。国民军从此有了自己的盟军，不再像过去那样孤军作战了。其作用重大，在不久后郑州战役中得到验证。

三、郑州战役　洸威扬名

1922年4月，直奉矛盾尖锐，爆发了第一次直奉战争，奉张派兵入关进攻，吴佩孚亦调兵备战。冯玉祥也决心讨奉，于19日会衔通电列数奉张八大罪。冯在西安召集干部与部队当众宣布主张。在此"讨奉援直"大会中，他现出本色，当众脱去所穿之鞋，用足使劲当空一踢说："我们出关去打奉军，我弃去这陕西督军，就像这破鞋一样！"于是，即将督军职权交省长刘镇华代理，而亲统自己之十一师全部，与张锡元旅出关应战。十一师的两旅分成两路，以李鸣钟率一旅及张锡元旅先行，张之江一旅继之。冯氏自率卫队团跟随向洛阳东进，而张之江争取的盟友胡景翼也决心随冯军出动，参加讨奉战争，胡军全师任后路。

战争开始时，奉系兵分两路：东路沿津浦线，取攻势，张作霖自兼总司令；西路沿京汉线，取守势，张作相为总司令。直系兵分三路：东路彭寿莘为司令，争夺津浦线；中路由王承斌任司令；西路吴佩孚自任司令，争取保定以北的京汉线。冯被任命代行直、鲁、豫巡阅副使职权，节制后方各军。

本来吴佩孚对冯有成见，不想给他有出头露面的机会，但是直系在长辛店失利，吴不得不向冯军告急。接到吴佩孚的告急电，冯军于接电三小时内，即动员向潼关东进。

军次阌乡，又接吴求救之急电，自4月28日奉直两军开火后，直军各路均战败，吴不得不紧急求援。冯氏乃令李鸣钟、张锡元部星夜北上听吴指挥。

不久又接吴急电，以豫省后防空虚，请其速行东来坐镇洛阳。冯氏以李旅既已北上，郑州空虚可虑，乃令张之江率两营编为一混成支队，率先赶往郑州驻守，以防赵倜异动。冯玉祥自己率领卫队团日行百六十里，于5月3日赶到洛阳代行巡阅使职权，布置后防。

冯军这次进军河南给了张之江一个建立卓越战功，蜚声军界的机会。张之江22旅共有宋哲元和刘郁芬两个团，张之江从部队中抽出两个营亲自率领赶往郑州驻防，而宋、刘两团则被冯控制于洛阳作为预备队，随时准备增援前线李鸣钟旅作战。

冯军李鸣钟旅赶到前线后，率领孙良诚、赵席聘两团和孙连仲炮兵团绕向戒台寺附近之大灰厂，抄袭奉军右翼，出敌不意，大败奉军，直系反败为胜。而赵倜消息不灵，竟然接到完全相反的消息，以为直军大败，奉军大胜。赵事前接奉方来电，谓直军已败退，促其急攻郑州，前后夹攻直系。（这封电报其实是交通系叶恭绰所拍发诈胜，骗赵参战）。

赵倜原本亲皖系，皖系失势后，他表面上讨好直系，实际和奉张暗中勾结，赵和冯军原来就有恩怨，张之江曾经率部痛打过赵军宝德全部，只不过因为冯部战斗力太强而不敢轻举妄动。直奉战争初起时，他口头上向直系表示友好，暗中随时准备响应奉军。

冯玉祥出潼关后迅速抵开封，使赵倜不敢妄动。可是当赵倜以为奉军得势，派人侦知十一师在郑州只有张之江率两个营驻守，还有直军王为蔚一个团及靳云鹗所率领的一个学兵营，赵认为冯军兵力薄弱，直系部队兵力也很少，没有什么战斗力。郑州唾手可得，便倾八十营兵力向郑州突然发动突袭，妄图一举而下，响应奉军，收前后夹攻之效。

战争爆发的前一日，冯玉祥曾赴郑州视察防务。靳云鹗是原驻防郑州的第8混成旅旅长，便准备西餐为冯玉祥接风，张之江应邀作陪。但尚未入席，就见靳云鹗神色仓皇来找冯玉祥，报告刚刚探得之赵倜军情动静：赵倜部下一团长太太已被那团长派人接走，说郑州即将发生战事。那位太太平时和王为蔚太太交情很好，在离去之前匆匆告知此情。根据这一情况汇报，大家推测赵倜将有所行动，于是无暇吃饭。冯玉祥展示地图，研究应变作战方案，任命张之江为前方总指挥，统一指挥所有部队，保卫郑州。决定铁路以南，也就是郑州正面由张之江负责；铁路以北也就是郑州后方由王为蔚负责；靳云鹗驻郑州城内策应各方。

事情安排完毕后，冯玉祥立刻赶回洛阳抽调援兵增援，急调张之江部刘郁芬、宋哲元两团及胡景翼部来援。

河南督军赵倜派其弟赵杰于5日晚上，带兵八十个营（有种说法是四十个营）由开封直趋郑州，发动了突然袭击，倾全力猛攻张之江部。同时，赵部宝德全又以十余营沿黄河南岸，从后夹攻郑州，进攻王为蔚部，王部团长彭开乾阵亡，情势极其危急。

正面赵军以40倍以上的兵力优势，暴风骤雨般猛攻郑州，张之江调动自己两营部队迎战，沿陇海路往东，到达郑州东南二里岗时，便和赵杰军队发生了遭遇战，两军在二里岗和魏庄一带从半夜起恶战直至黎明。

友军靳云鄂部发现巨大的危险来临，就是40多倍敌人攻来时，他的学兵营都是新兵，根本无法抵挡，就自顾自逃进郑州城里，而让张之江孤军迎战敌人。

由于战前根本没有考虑到会在后方作战，郑州根本没有做战争准备，没有任何工事、战壕、鹿砦、铁丝网，两军在二里岗和魏庄一带相遇，就是一个遭遇战。这时赵倜部队人数优势起决定作用，赵军漫山遍野黑压压一片人群往上涌，两面战场都因敌众我寡，渐渐支持不住，纷纷后退。张之江正在督战，见此情景紧急万分，自忖若不想法顶住，势必兵败如山倒，郑州难保。这时，机枪连正全部撤回。他遂问机连连长刘兆凤：“你要往哪里去？”

刘答：“我往旅长这里来。”

“你听谁的命令？”张之江再问。

“我听旅长的命令。”

于是，张之江下令：“好，全连向后转。”他命令六挺机枪隐蔽于有利之地形掩体，重新布置了阵地。并下达任务：“无目标不放枪，目标不明显不放枪，目标接近才能射击，要弹无虚发。”在旅长亲自指挥下，战士们勇气大增，进攻之敌死伤甚众，未敢贸然前进。这种情况没能持续多久，敌人不久就从守军火力中探出了虚实，知道守军人数少，火力弱，武器差。根本不可能抵挡大部队的进攻，于是又发起人海战术进攻，攻势一波接一波，越来越猛烈。

张之江的兵力和火力居于绝对劣势地位，但是有张之江将军亲临前线和官兵一起战斗，每个官兵都充满了勇气、决心与阵地共存亡。他们反复加修了工事，英勇沉着地在战壕里迎击敌人一次又一次进攻，等到敌人冲锋的部队密密麻麻地接近战壕时，机枪、步枪才突然开火，瞬间数百上千颗手榴弹飞向敌群，在密集的冲锋队形里爆炸，扬起漫天火海。敌人一片一片地倒下，尸横遍野，损失极大，余部扔下尸体和伤员，鬼哭狼嚎般退了下去。但是他们拥有绝对优势兵力，并不因此停止进攻，督战队的枪口抵着冲锋队伍，敌人过了一会又蜂拥而上。

敌人一次又一次发动进攻，张之江手下许多官兵都受伤，阵亡也不少。能够战斗的越来越少了，看起来形势绝望了。这时张之江本人也想到了撤退，然而他心里涌起了一个念头；上帝是正义之神，他绝不会允许他的基督军队被邪恶的土匪一般的敌人所摧毁。

他鼓励自己要坚持住，但是他手下一些军官要拉着他离开，说："守下去没有任何希望。"张把他们甩开，并说道："如果我们撤退，郑州将会失守，张作霖的军队会再次回来，局势将会真的绝望。上帝和我们同在，他们一定更多地站在我们一边。如果再有人说撤退，我就枪毙他。"

于是他们在阵地上坚守了7天7夜，他运用了犹太勇士的计策，把手下士兵散开得到处都是，使得他们看起来像一支大部队。

那些天，天气很恶劣，天很阴冷，下着雨，刮着风，部队刚到，没有后勤补充，粮草弹药都很缺乏。幸运的是他的士兵都经过长期训练，能吃苦耐劳，战斗经验丰富，沉着地坚持在阵地上。但到了后来，弹药粮草都用尽了，巧妇也难为这无米之炊。正在此时，鹿钟麟将军派了一个士兵送了一车弹药和馒头到达阵地，全体官兵欢呼雀跃，有了弹药和粮食，他们决心坚持战斗到底。

赵倜部队把铁路破坏了，援军进展缓慢，火车开开停停，幸亏工程师迅速修复了铁路，援军列车终于到达了郑州。张之江将军的部队于是能够继续战斗下去，他的小部队伤亡已达400多人，但是他仍旧坚持不退。援军即将到达的消息使战士们信心倍增，正在此时，起了大风，卷着飞沙走石吹向敌军阵地，迫使他们不得不后退两英里，张趁机指挥仅剩几百人乘势发起猛烈反攻，敌军以为他们后面还有大部队，于是惊慌失措后退，战线暂时稳定下来。

在张之江率两营人马独立支撑，形势岌岌可危时，张之江在陕西争取的盟军，胡景翼部的部将将邓宝珊终于率部在张之江的盼望中赶到。当左右报知胡军增援前锋已到时，张之江单骑只带传令兵一人前往迎接，见远远一支人马风尘仆仆来到近前，为首一人高声呼喊："是子岷大哥吗？"

张之江答："你是宝珊弟吗？"

两人以前虽未见过面，却有如老友重逢，分外亲切。未及寒暄，邓宝珊立即问起何处兵力单薄，情况紧急，两人研究好作战行动，便指挥邓部投入战斗。

胡军邓宝珊部的及时增援，使张之江实力大增，整个阵线稳住了。张之江永远忘不了那次万分危急时刻的有力增援。他们在战场上相会的情景，在张之江日后的回忆叙述中曾无数次地再现。

靳云鹗告急电如雪片般飞往冯玉祥处，张之江部刘郁芬、宋哲元两团也先后到达战场增援。当张之江手下团长宋哲元率部抵达靳云鹗处时，靳云鹗给张之江通了一个电话："张旅长那里情况如何？"

张之江答："我这里还能支持。"

靳说："我这里很紧张，现贵部宋团长及部队全在这里。目前黄河北岸吃紧，王旅长已撑持不住，是否请宋团长增援王旅长一下？"

张之江想，宋团长本应增援本旅，这样对战争尽快结束更有利，但又想到王为蔚旅须支持，更应顾全大局，便答应了靳云鹗之求，同时要宋哲元团长听电话："你是明轩弟吗？一路辛苦。我这里问题不大，放心吧，你先用不着到我这里来了，因战事需要，从现在起，你暂由靳云鹗旅长指挥调度，就这样吧！"

张之江这种不顾自己，照顾友军的高风亮节深深感动了靳云鹗，使他永远都铭记在心，这在日后起到了重要作用。1926年初，张之江接任西北边防督办和国民军总司令，总管国民军，指挥历史性的大决战——南口战役之时，靳云鹗绝不愿与这样的朋友为敌，果断地决定反对军阀阵营，要和张之江联合，下文有叙述。

宋哲元忠勇兼备，他放下电话，二话不说，立即服从战局需要，向黄河以北之敌军发动攻击，赵倜军已经到了强弩之末，经不起张之江麾下这支生力军的猛烈冲击，纷纷败退。接着，冯玉祥又派冯治安、张自忠的学兵营增援上阵。这一批年轻人更如初生犊儿，勇敢拼战，声势大振。

张之江思忖本旅43、44两个团都已经到达，胡景翼部增援部队也已经到达，全线反攻时机已到。便以本部第二十二旅为中路，在召庄、卢行庄一带布置，准备发起总攻。王为蔚之四十七旅为左翼。胡景翼之第一师为右翼。炮兵阵地设在凤凰台一带，以鹿钟麟为兵站总监，筹措给养。

当时赵杰司令部设于古城，计分五支队，主力皆在七里河、八里湾及常庄一带。九日张之江下令总攻，适西北风起，尘埃蔽天，全线乘势猛攻，赵部凭借兵力众多进行顽抗。

张之江下命令：中路本部刘、宋两个团向七里河、八里湾赵军主力进攻，蒋鸿遇炮团以野炮向赵总部古城和七里河、八里湾等处轰击。宋哲元团营长谷良友率所部冲入赵部阵地者数次，赵以密集兵力迎击。谷失去后方联络，所部被围，幸有手枪队掩护，始得退回原阵地。右翼胡景翼部有两万余人，进攻赵部左翼姚店、金台子，胡部缺乏训练，缺乏武器，很多士兵没有枪，腰里别颗手榴弹就猛烈冲锋。但是勇气十足，不顾生死冲杀，官兵赤手夺获很多枪支弹药。赵部则凭借沟垒村庄为防御，步步为营，所以胡部伤亡特别多。左翼王为蔚部本来就不是国民军部队，战斗力一般，没有进展，原线未动。那天全线猛攻数次，赵部恃众顽抗，并未动摇。

当晚赵率部反攻，乘夜偷袭冯军，当面守军为张之江属下刘郁芬的44团之1营营长刘汝明，刘汝明就是后来坚守南口的主将，那时就初现才华。刘汝明带本部一个营固守祭城阵地，阵地四面受围，敌人六七个营来攻，连续猛扑多次，刘手已经受伤，仍旧死守不退。他沉着勇敢，还很有计谋，故意设下圈套，诱敌深入，等敌人深入后，突然率部四面围攻，赵部冲进来的数百人无一生还。自打了那一仗以后，赵军士气低落，勇气全无，只想保守，无力并且再也不敢反攻了。从此刘汝明这个青年营长给旅长张之江留下了很深的印象。

十日拂晓，张之江告诉部下："敌人已经动摇，我们要继续进攻，胜利在望。"先用炮兵猛轰赵军总部古城，激战至午11时，赵军主要防御阵地七里河、八里湾战线都被22旅突破，张之江挥军猛追，午后3时，占领古城，乘胜前进。

赵部全面崩溃瓦解，赵本人逃往开封，赵倜全军被消灭。

张之江挥师追击，直越过中牟县，于13日占领开封，全面肃清残敌，控制了河南全省。

这次战役，张之江以两营人——约一千之数，与敌赵部80营4万余众，苦战数日，宁死不退，直到援军到达，转入反攻，最后获得全胜，彻底消灭赵倜几万大军，自身损失极小，仅伤亡六七百人。

不但是冯军战史上至为光荣之一页，也是民国历史上以少胜多最经典一战。（见简又文《冯玉祥传》）这个以少胜多光辉战例超过民国史上蒋世杰守信阳，杨虎城和李虎臣守西安。由于郑州战斗是遭遇战，守方没有城墙、工事、战壕、鹿砦等障碍物可以凭借，难度要远远大于信阳和西安城市守卫战。

郑州战役对冯军来说是一场没有任何获胜希望的战役，但是在张之江个人的奋战和坚持下，变成了一场空前的胜利。

郑州战役，张之江立下民国史上奇功，誉满全国。战后北洋政府授予他

"洮威将军"称号。

事后，张之江自撰《证道一助》小册子，详述此役经过。

这次战斗自始至终在众寡极度悬殊的情况下进行，张之江临危不惧，顶住了赵倜的突然袭击。在最危急时，他苦战七天七夜未曾合眼以致战后大病一场，眼睛肿如核桃，调理多日方才复原。战斗结束后，当张之江见到冯玉祥时，他强抑制住自己感情，很久一句话都讲不出来。

从此，冯玉祥越发信任张之江，直到1926年初把西北军总司令和西北边防督办的职务都交给张之江。他知道重大任务、艰苦任务交给张之江不会有问题。

战后张率部进驻省会开封后，担任5个城门之守卫的重大任务。

冯玉祥因功升为河南督军，张之江因为战胜赵倜有功，不久就升任为陆军第7混成旅旅长。老战友李鸣钟同时升任第8混成旅旅长。

为什么说张之江从11师22旅旅长升混成旅长是又一次晋升呢，因为根据北洋军的编制，步兵旅只辖两个步兵团。而混成旅辖三个团，前两个为步兵团，第三个团是特种兵团，含工兵、炮兵等单位，所以混成旅编制比步兵旅大，而且有特种兵配合，是一个独立作战单位。

如张之江的第7混成旅辖三个团，第一团为步兵团，团长葛金章；第二团也是步兵团，团长刘玉山；第三团为混成团，由一个机枪营、一个工兵营、一个山炮营组成，团长韩多峰。

冯军在河南，又得到一次大发展，冯利用河南督军的权利，利用罚没赵倜、赵杰的巨额家产，大力扩军。冯军查抄的赵倜家产非常惊人，如古玩、字画、金银器皿、绸缎幛料就装满两辆列车，都运到北京和天津卖掉，得款30多万元，全部购买了手枪、步枪、子弹、交通器材和军装等，大大扩充了部队，新成立了5个补充团和一个学兵团。另外还有一个炮兵团、一个骑兵团，近万人的部队一下发展到三万多人，真可谓兵强马壮，士饱马腾。

冯玉祥在有了一省地盘，人马得到大发展，又设法从汉阳兵工厂搞到不少枪械，武装了新部队。但是没有正式番号，于是冯想到派张之江、李鸣钟等人前去北京找老上级张绍曾去疏通，张绍曾当时正任国务总理和陆军总长，权势通天，张之江见到老上级，把部队情况介绍后，告知目前困难，希望予以解决。张绍曾听后想了个变通办法，不通过内阁决议，而由陆军部直接批准，准许冯部成立三个混成旅，直接属陆军总部。（张绍程著《冯玉祥与张绍曾的关系》）

这样一来冯部名正言顺扩充成为1个师3个混成旅，原补充团都编入新成立的混成旅。除原来11师2个旅外，新成立的3个混成旅分别为张之江第7混成旅、李鸣钟第8混成旅、宋哲元第25混成旅。从西北军演变和发展的过程中，可以看出张之江不但是军事家，攻城略地，斩关夺将，功劳最大。而且是杰出的外交家，折冲樽俎，壮大国民军于谈笑之间。在西北军中，起到了举足轻重的作用。

四、回师京城 通州练兵

冯军的迅速发展壮大使吴佩孚坐卧不安，一心要铲除他。

吴佩孚一向视河南为其主要根据地，如今冯军占去，让他坐卧不宁，他向冯推荐与自己关系密切的人担任要职，均遭冯拒绝。冯不用吴佩孚推荐的人员，而任命督陕时原班人马担任各重要职务。吴要求冯为他在河南筹饷80万元，并提出以后每月由河南缴军费20万元，冯一口回绝。

吴佩孚为削弱冯玉祥的兵权，企图将冯部李鸣钟旅扩编成师，留驻保定，脱离冯的管辖，但遭冯坚决反对而未能实现。冯在河南大力扩充部队，吴屡电制止，冯均不听。吴再也不能容忍，于是通过内阁阁员高洪恩迫使黎元洪于10月31日下令，调任冯为陆军检阅使，调往北京，河南督军裁撤，另改派吴之亲信张福来督理河南军务。

冯玉祥督豫不到半年就失去了河南这块地盘，新任命的陆军巡阅使只是一个虚名。冯被迫遵令北调时，吴佩孚又命令他将新成立的3个混成旅留下交张福来改编，并派其参谋长驻郑州监视冯部开拔。冯不顾吴的阻拦，将新成立的3个混成旅的部队均佩戴第十一师符号于11月3日夜至次日午间与第十一师一道迅速全部运到北京。

吴佩孚未能在编制上削弱冯部，又企图在军饷上限制冯军。冯部调京时，吴原应允每月由河南协助军饷20万元（另说36万元），但冯到京后，吴拒不履行诺言。北京政府也不能按时拨发军费，使冯部官兵饷项没着落而陷于极端困难的境地。冯深知吴意在置他于绝境，使其部队"即不饿死，亦必瓦解"。到了这个时候，冯吴之间的矛盾已很深了，爆发只是早晚的事了。

冯军入驻北京后，大部驻南苑，由于南苑地方有限，住不下那么多人马。冯于是派驻最可靠的张之江第7混成旅驻通州，其余部队驻南苑，抓紧时机练兵。

为了提高军官的指挥水准，冯玉祥特意开办中高级军官训练班，任命张之江为监察官，由张之江给全体中高级军官讲授战术课程。

可见冯军从常德练兵一直到北京通州练兵，两次大练兵都是以张之江为主讲授战术的。

练兵主要分学科、术科两大方面，每科分别将士兵、正副目（正副班长）、初级、中上级军官，分别不同班次，按不同要求进行训练。

在学科方面，正副目所学的是：《军人教科书》、《八百字课本》、《各种兵教科书》、《简明军纪》、《军人教育》、《军歌》、《军士战术》、《军事勤务》等；初级军官所学的内容增加：《初级战术》、《军人宝鉴》、《军人读本》、《典范令》、《曾胡治兵语录》、《左传摘要》等。

中级军官所学的内容再加：《高级战术》（聘请法、日教官讲授）、《兵器学》、《欧洲战史》、《国文》、《易经》、《书经》及《子书》一两种。学科方面除以上内容外，又特别注重精神教育。

精神教育的内容相当广泛，可分为爱国精神、舍己救人的精神、为社会服务的精神、刻苦耐劳的精神等。此外，在学科方面还常进行《军史》教育，向部队讲述这支队伍建立以来所经历的艰难险阻，以及行军、作战的经验与教训。

在术科方面，主要的训练项目为：刺枪、劈刀、器械体操、应用体操、八道栏阻、沟垒比赛、挖掘起伏地等项。其中特别重视体力锻炼、射击训练和夜战训练。其夜战训练和刺枪、劈刀等白刃战训练在日后作战中起到特别重要作用，对后来的中国抗日战争也有重大的贡献。

张之江驻通州期间，除了大力练兵外，还给地方人民做了很多好事。1924年8月，永定河水暴涨，十分危险。冯军当即派两个团前往护堤。发动部队抢救百姓，并以军粮供给灾民喝粥解饥，令部队在河务局人员指挥下，以麻袋盛土，打木桩堵决口。第二天早上，冯又亲自率领5个旅长及团营长到现场参加抢护，终于战胜了洪水，堵上了决口。部队在防洪抢险中有百多人受伤。永定河两岸的百姓，对冯军十分感激，准备将堤名改为"冯军堤"。永定河堤内有荷花池，荷花盛开。老百姓传说荷花是为冯军而开，所以经久不凋谢。

水势下降后，冯部刚撤离。老百姓前来报告，通县北运河河水又涨六七尺的险情报告，随时可能决堤，冯又派最能吃苦耐劳的张之江部前往，张派所部七旅二团前往抢护。由于水势仍很凶猛，张之江随后亲率全旅官兵，日夜不停地抢修堵漏，守护在堤岸上，苦战多天终于战胜了水灾。百姓为感谢张部这一义举，特立碑铭文，以志纪念。

冯军抢护河险的事迹，"誉满京华"。

在北京期间，冯军传教事业更加努力推进，成绩特出，张之江是有名的基督将军，比冯玉祥还坚信基督教，在军内大力推广，新受洗礼者猛增。至1924年春，全军三万人中，统计信教者半数，军官信教者十居八九。这种精神教育对巩固部队，提升部队的战斗力起到极大的作用，后面还会专门介绍。

驻北京期间，国民军得到进一步发展，北京政变前，冯玉祥所部分编为5个旅外加3个补充旅，即第七混成旅、第八混成旅、第二十五混成旅、第11师的第二十一旅、第二十二旅，分别由张之江、李鸣钟、宋哲元、鹿钟麟、刘郁芬任旅长。从这个时候开始，这5个人一直被称为冯军的五虎上将，张之江为五虎上将之首。冯军这5个旅加上3个补充旅，总人数扩充到5万多人。

吴佩孚在第一次直奉战争中获胜以后，驱逐黎元洪，支持曹锟贿选总统，建立起号称中央的北京政府，实际大权掌握在吴佩孚手中。曹吴统治腐败专制，冯玉祥不肯苟且投吴所好，致使第十一师的粮饷经常受到克扣，官兵生活极为困难，冯玉祥与吴佩孚矛盾不断尖锐。冯玉祥及其将领对曹吴政权极度不满，随时待机而动，准备起事推翻曹吴政权。

五、北京政变　杨村战役

1924年第二次直奉战争爆发，机会终于来到了。当时直系的军事安排是这样的：吴佩孚为三军统帅。第一路军总司令为彭寿莘，第二路军总司令为王怀庆，这两路约63000余人，攻山海关，是主力。第三路军总司令为冯玉祥（第十一师师长），下辖第一路司令张之江（第七混成旅旅长）、第二路司令李鸣钟（第八混成旅旅长），还有宋哲元的二十五旅、鹿钟麟的二十一旅、刘郁芬的二十二旅，共约55000人。这一路北出热河，攻黑龙江，因地势险峻，天气严寒，大军前进异常危险，且服装、给养和弹药毫无接济，越走得远危险就越大。吴佩孚企图将冯部消耗削弱于塞外，使之与奉张接战而两败俱伤，如胜则功归己有。加之，吴对冯玉祥防范特别严密，派王承斌为监军，并密嘱胡景翼部侦察冯部，若发现冯军有越轨行动立即将冯部当场消灭。

可吴佩孚未想到，胡景翼在陕西时期就被张之江争取过来，成了冯军的同盟军，他的精心的安排全由胡景翼告知了冯玉祥。冯和胡相约，时机成熟，配合行动，发动政变，推翻北洋政府。

冯玉祥获悉吴佩孚的恶毒计划，便在表面上敷衍拖延，并不积极进军。

但吴不断催促，并派人至旃檀寺驻地送行。冯不得不命令部队陆续开拔，拉开距离，迤逦而行。张之江率部队为先锋，最先抵达承德，与奉军激战，颇有斩获。而李鸣钟的第八混成旅距北京仅百余里。冯玉祥进至古北口，接到段祺瑞派人送来的亲笔信，对当前内战表示反对，希望冯能对贿选的曹锟政权有所行动；同时又接待了一个奉系方面的代表，奉张向冯致意，表示不愿与冯为敌，只要推翻曹吴，他们保证不向关内进军。冯玉祥当即请他带信回去，不久即有主和息争的通电发出。王承斌也与冯玉祥互通心曲，王表示不向吴佩孚报告冯之行动，也不参与冯之行动。一切安排就绪，冯玉祥从古北口进驻滦平，要胡景翼派代表前来会商班师行动。

10月中下旬，冯玉祥在滦平的行军帐篷中召开高级将领会议，参加的有张之江、李鸣钟、刘郁芬、宋哲元、鹿钟麟、邓宝珊（胡景翼代表）、刘骥、熊斌等。大家本来就对曹吴贿选独揽大权、穷兵黩武的做法义愤填膺，又痛恨吴借机消灭十一师的险恶祸心，个个摩拳擦掌，必欲除之而后快。经过热烈讨论，会议做出几项决定：

一、回师北京，迫使曹锟下野，免除吴佩孚本兼各职。

二、清除故宫紫禁城里的小朝廷；

三、部队改称为中华民国国民军；

四、拥护三民主义，欢迎孙中山先生北上主持大计。

冯玉祥此时非常兴奋，因为得以按计划稳妥地实现酝酿多年的理想。在会议过程中，每一部分的行动都详细策划研究过，较难的方案是如何将走得最远的张之江、宋哲元两旅尽快拉回北京对付吴佩孚。张之江和李鸣钟商定采取一应急措施，即将离京较近的第八混成旅改为前队，而将走在前面的第七混成旅改为后队，由张之江担任前敌总指挥，指日可抵北京、天津一带，打吴佩孚个措手不及。解决了这个难题，冯玉祥愉悦万分，用手搭住坐在两旁的张之江和李鸣钟的肩膀，大声地说："这是我的左右臂啊！"会议结束后，全体将领合影留念。

首都革命滦平班师会议。

接着，紧急行动开始了。胡景翼率领开赴喜峰口及通县的军队，星夜南下，攻占京奉路之军粮城、滦州一带，截断京汉路直军之联络，并防阻吴军西归；鹿钟麟率部兼程返京，会同孙良诚、张维玺两旅开往北苑；再与蒋鸿遇旅会同入城；李鸣钟率兵一旅直趋长辛店，截断京汉、京奉交通。然后将第八混成旅改为前队，号称第七混成旅，已抵承德之张之江、宋哲元两旅即日班师，变为后队回京，由张之江任前敌总指挥，去应战吴佩孚。这次军事行动，执行了孙中山先生于1923年10月在广东大元帅府所下的讨伐曹锟及通缉贿选议员的命令。

从10月19日国民军滦平会议后动员班师，到22日午夜部队返抵北京，计程300里左右，徒步行军，不可谓不神速。23日清晨，北京全城贴满了国民军的安民布告，国民军哨岗臂缠白色袖章，上书"誓死救国，不扰民，真爱民"字样，北京市民惊疑地观看着这支神速的军队。直系要员纷纷逃入东交民巷，请求外国使馆保护。

张之江奉命班师后，迅速带本部由承德返回，直插北京外围密云，然后绕过北京东部赶往天津外围杨村，修筑工事，准备迎战，平时张部的严格训练在战时得到淋漓尽致的展现，行军作战迅速果断，一夜之间从承德前线回到天津。

吴佩孚最初在北京坐镇指挥，后因九门口失守，亲自率部开到山海关一带与奉军交战。他听说冯军前部张之江旅已抵达古北口与奉军接战，忽又得到冯玉祥班师回京发出讨曹令的情报，心急火燎，急忙赶回天津，命令在后方的第一混成旅潘鸿钧等两旅，及陆续由山海关退下来的残部赶到天津参战。当他获悉张之江已经任前敌总指挥，在杨村严阵以待，深感意外，怎么这支开拔得最远的第七混成旅居然一夜之间神出鬼没逼近北京，回师如此迅速，不啻从天而降。

但是事已如此，他不得不调集大军向张之江部发起进攻，企图一举消灭冯军。10月25日，吴佩孚在秦皇岛发出讨冯通电，指责冯玉祥"倒戈相向"，"在国法为大逆，在个人为不义"，其"倒行逆施，反道败经，应与张作霖同科"。因此，他宣告："一面激励前敌将士东讨外叛，一面分领大军会师畿辅，清除内奸。"26日，吴佩孚率临时拼凑的万余人赶到天津，在杨村一带掘壕备战，会同驻廊坊之曹瑛第二十六师，驻保定之曹士杰等十六混成旅，集中在杨村、北仓、军粮城一带共同进攻国民军。同时他密令豫、鄂、苏、浙等省直系军阀迅速调集援军北上相助。

吴佩孚作困兽斗，将他的精锐炮队、铁甲车队全部用上了，与张之江第7混成旅接上了火，战况剧烈。

碰上大战恶战，冯玉祥总是将张之江推到第一线，无论是进攻张勋辫子军，占领陕西，恶战郑州，都是用张之江。这次也不例外，冯军方面为了彻底消灭吴佩孚，也全力以赴，冯玉祥任命张之江为前敌总司令，除了指挥张本部第7混成旅外，还指挥刘郁芬、李虎臣两旅，在廊坊、落垡一带防御。冯玉祥、胡景翼、孙岳三人于10月30日通电讨吴，下令进攻。

杨村、落垡为此次主战场。张之江之第七混成旅任铁路正面进攻，李旅任右翼，刘旅任总预备队。当时，地势过低，河水泛滥。吴军凭借沟垒抵抗，作战不易。张于是调遣预备队刘郁芬、蒋鸿遇二旅，进行大迂回以进攻吴军之背后，李鸣钟旅之一部也适时赶到增援，协助猛攻吴军正面。刘、蒋的迂回部队于十一月一日赶到吴军后方，全力进攻杨村右方。因为吴军有备，且援军增加，相持不下。这时正好一军之李纪才旅开抵河西务。刘、李告以吴已回津反攻，请速行夹攻之。2日黎明，李部全部赶到参战，迂回进攻杨村后方，将铁路截断，吴军遂被包围，吴军仅得一列车冲回，余部均为国民军截获。等迂回部队发起进攻时，张之江乘势率部正面进攻，两面夹攻，吴军崩溃，损失惊人。

此战有关直军生死存亡，吴佩孚势在必得，听到败讯后，他亲自到前线督战。但是部队不敌张之江所率大军猛攻，全军溃败，第一混成旅旅长潘鸿钧被张之江部俘虏，部队被消灭。26师程旅长也率部溃退，被吴佩孚当场抓住，杀头正法，悬首天津新站，就是这样严厉的督战，吴佩孚也没法阻止部队的总崩溃。张之江乘胜率部穷追猛打，于11月3日占领天津。

此战，张之江战果极其丰硕，俘虏吴军第一混成旅旅长潘鸿钧及其残部以及26师和暂编第一混成旅残部共4000～5000千人。这是张之江军事生涯中第一次攻占天津（1925年底，张之江又率部击败奉军劲旅李景林，第二次占领天津）。

攻占天津后，又收编直系败军归降者万余人，缴获大量武器、弹药、物资。（引自丁文江《民国军事近纪》）冯军再一次得到一次大规模的扩充，各部都由旅发展成师，张之江为北京政变的成功和冯部的扩大再次立下赫赫战功。

吴佩孚见大势已去，于1924年11月3日率残部由塘沽乘运输舰"华甲"号南逃。

当张之江派人将俘虏的吴军第一混成旅旅长潘鸿钧送到北京旃檀寺交给冯玉祥，冯玉祥听到喜讯，十分高兴地从高台阶上走下来，与潘热烈握手，给潘1000元养家费，然后释放。

战争结束后，吴佩孚部队在天津车站抛弃的弹药枪械堆积如山。张之江派人前去接管存放，却引起了胡景翼部下的不满。因胡部久居陕西穷乡僻壤，部队缺乏武器装备，平时没有补充机会。见到那么多大炮、枪械、弹药物资不免眼红，没拿到手几乎引起纷争。张之江以大局为重，竭力解说，妥为处理，才使误会冰释。国民军进入天津后，地方上秩序井然，未出一点乱子。冯玉祥对这两点极为赞许，将领们也都钦佩张之江平时治军有方。（注：冯玉祥《我的生活》）

张之江处理完天津战后事务，即将天津交给国民军盟友、直隶省督军王承斌，天津剩余战利品和直系武装完全由王承斌全权处理，由王恢复成立第23师。自己率部前往新的战场。

北京政变成功，推翻军阀统治，张之江因为功勋卓著，升为国民军第五师师长。冯进北京后总共扩充为3个军，冯自任第一军军长兼总司令，第二军胡景翼、第三军孙岳。

由于兵力扩充过快，国民一军很快又作了调整，战争胜利后，冯军收编大量吴军败兵，国民一军的编制和兵力有了极大的扩充，鹿钟麟旅扩编为第一师，下辖韩复榘第一旅、过之纲第二旅、刘汝明警备第一旅、门致中警备第二旅；刘郁芬旅扩编为第二师，下辖孙良诚第三旅、张维玺第四旅；绥远第一混成旅旅长郑金声率部投冯参与讨吴战争扩编为第三师，下辖宋庆林第五旅、李西峰第六旅；原第十一师则由宋哲元升任师长，下辖佟麟阁第二十一旅、陈毓耀第二十二旅，后改称第四师；原由张之江节制的刘玉山暂编第五混成旅、葛金章中央第七混成旅，合编为第五师，由张之江带往察哈尔；原由李鸣钟节制的石敬亭暂编第四混成旅、石友三中央第八混成旅，合编为第六师，由李鸣钟带往绥远。另有冯治安卫队旅，孙连仲炮兵旅、张之江还兼骑兵第一旅旅长，王镇淮骑兵第二旅（后骑兵两旅合编为骑兵第一师，师长张树声），魏福升察哈尔第一混成旅。此外，还有军官教导团，团长段其澍；机炮团团长徐廷瑗，骑兵教导团（团长王镇淮兼）。由于首都革命的成功和巨大胜利，国民一军全军一下扩充到78000余人。

北京政变后，冯军正式改名为国民军。冯玉祥任西北边防督办后，社会上又习惯将国民军称为西北军，因为国民军后来以西北为主要驻军之地。

所以冯部有国民军和西北军两个名称。

第四章

察哈尔都统任上

一、惩治叛兵　为民除害

张之江把天津交给王承斌后，自己率部队返回北京，准备下一步行动。张率部回到北京不久，12月15日，驻张家口第四混成旅哗变，纵兵抢劫商号和百姓。翌日，政府派张之江率军前往镇压。18日，段祺瑞下令罢免察哈尔都统兼第四混成旅旅长张锡元，升任张之江为察哈尔都统，并令在察驻军编入张之江部，从此张之江成为西北军首位方面大员，掌管一个省。

当时，第四混成旅在张家口哗变，纵兵烧杀抢掠老百姓和商店，社会极不安定。消息传来，冯玉祥出于关心，提醒张之江不必急于去张家口，免生意外，等事态稍缓和些再去。张之江的意思正相反，便向冯讲清理由，请求以最快速度挂一辆专列，直奔张家口，及时制止叛乱和抢劫，救民于水火。冯玉祥听后深以为然，并建议张之江多带些人马去。张说不用，只带宋哲元一旅人便可，专列派到，张之江、宋哲元即时启程。途中，他们商量好，在张家口市郊南端留下一半部队，在外包围乱兵；另一半部队进入市区，宣布戒严军管，任何人未经许可不得离开张家口车站，凡

1925年张之江任察哈尔都统时将官服照。

遇到形迹可疑不遵守戒严令者，立即拘捕，送上级指挥部。

次日午后，列车已近张家口市，但见市内火光冲天，凡遭到抢劫的地方均被乱兵放火烧屋，消灭罪证。他们没有想到新都统会这么快就赶到张家口，毫无顾忌地以为抢完了可以大摇大摆地带着赃物离去。张之江一见此情景，满腔怒火，为民除害的决心更为坚定。

张之江到达办公室，立即派卫队前往乱兵兵营，限时要他们将兵器弹药捆好上缴，不得私自保留，上缴之武器由专人清点，开付收据；并造成大部队在后即将赶到之声势，镇住乱兵，使他们不敢妄动。派出去了解情况的便衣来报，此次乱兵抢劫财物是由军官带领干的，有组织，分地区，避免在抢夺中出现冲突；兵士抢到财物后规定要交给长官，上交财物多的还有重赏。

张之江随即发出通告：新都统已经到任，凡商店银行被抢，百姓们有冤情者，尽管来投诉。于是都统办公署门前一下子挤满了人，大家诉冤叫苦，有的还号啕大哭。张之江善言安慰，告诉大家：

"我们自有办法，否则也不会这么快来到这里。我来不是为了抢官做，一是为国整饬纲纪，二是为民申冤除害，为保护大家而来。你们将所损失之物造出清单，交给善后小组，届时会组织你们有秩序地前来认领。这项工作要你们配合，先回去吧！"

百姓们听了，情绪逐渐平定下来，各自回去清点损失财物，静候佳音。

张之江派人仔细调查，彻底查清，这次变兵抢劫是有计划的，有领导的，有组织的，从上而下的统一行动。如分区、分段、防止重复，避免他们内部冲突。并且还有官长佩戴着值日带子，亲自在现场指挥的，而没有制止和阻拦的人出现。他们罪恶的严重性必须依法惩处，否则不能平民愤。

他决心严惩这些犯罪分子以正法纪国纲，马上就召集部下开紧急会议，秘密部署兵力，安排埋伏；部署完毕后就派人送请帖给张锡元手下的营级以上长官，请他们前来都统府吃饭。

"新来的都统张之江请吃饭啦！告别宴会，送咱们离任。"张锡元的变兵中传着这样一个好消息。于是，接到请帖的营级以上军官欣然赴会。

待客人到齐后，张之江说了声："开饭吧！"

霎时间伏兵四出，将来人一个个绑了，从他们身上搜出不少金银财宝，有的人手上的金镯子甚至从手腕一直戴到肘部，张之江立即吩咐升堂，军事法庭审讯开始。此刻，这些为非作歹的军官们见人赃俱获，无法抵赖，不敢不低头认罪。于是，军法无情，一个个被拖出去就地处决。

营长以下官兵则领取路费，随即上车，说明是发给路费遣送回原籍。火车站上早已准备铁棚车一列，一车满后马上把铁门锁上，再装第二辆，官兵一个也不留。把一列车装满后（约五百人）开到距车站约三里处停下，便开始叫变兵一个一个的下车，先搜腰包，把抢来的财物搜出后（好家伙每个人腰包都满满的，金、银、珠宝、玉器、钞票珍贵细软的东西），搜完一个枪毙一个，所有参与抢劫的官兵一个也没跑掉，抢来的财物一点也没拿走。这样一来，轰动了张家口，百姓同声称妙，直呼大快人心。最后百姓收到都统署发还被抢走的财物，原数收回，不少分毫时，异口同声地称张之江是第二个包青天，包公再生。

张锡元所属部队，所有之武器弹药一律交由戒严司令部点收管理具报备案。

叛军中有一人是张锡元某营的司务长，在兵变的那两天，他正出差去北京购物，兵变后第五天，他才由北京回到张家口，此时正逢给变兵发放路费，他也领了，随即他也随大家上了铁棚车。当把他拉下来搜查时，仅搜出给他的路费，没有任何财物。他表明没有参加抢劫，苦苦哀求，主持人找到他的连长（约姓郝），证明他确实未参加兵变，昨天才回来，经此人一再求饶，因此路费照样给他，当场把他释放了。

张之江依法量刑，不冤枉一个好人，公正廉洁、功德无量，所以才获得万民称赞。

这事办得如此干净利落，百姓们闻知无不拍手称快，传说"张之江的饭不好吃"，指的就是这个故事。

乱兵上交的金银财物，统由戒严司令部、军法处、善后小组会同商会代表一起严格管理，并出布告给市民，各区、各段、各户按照丢失的财物，请百姓前来核对认领。此项善后工作十分细致复杂，所有参加这项工作的人员都兢兢业业竭尽忠诚，尽量做到物归原主。使商店、银号、百姓们的损失减少到最低限度，得到大家的好评。为了表示酬谢，商会一再央求善后小组留下两箩筐黄金和银圆，请张都统收纳，任其支配。但张之江命人贴好封条，着军法处璧还，绝不收百姓一分一毫。

张之江部开到张家口后，当地人民耳目为之一新。张之江一向治军有方，纪律严明，恩威并施，与士兵同甘共苦，张部军容、风纪极为严格整齐，士兵们都是二十岁上下的小伙子，服装整齐，精神饱满，对人态度很和蔼。每人左臂上都有一个白色袖章，上面写着"真爱民、不扰民、誓死救国"十个大字，行军时不吹号不打鼓，而是高唱军歌，此起彼伏，接连不断。买卖公平，语气和气，态度文明。人人都说从来没有见过这么好的队伍。（见《宋聿修回忆录》）

张之江部留驻张家口期间，给当地人民留下极好的印象，所以日后人民踊跃参军支前，支持国民军搞地方建设。

叛军处理完毕后，张之江就任察哈尔都统、中央陆军第5师师长兼国民军第一骑兵旅旅长，驻节张家口，随后收编了察哈尔第一混成旅和骑兵第一、第二旅共三个旅并入国民一军，大大扩充了国民军，为国民军扩大和发展，张之江再次立下不朽功勋。

这时的张之江第五师辖暂编第五混成旅，旅长刘玉山，中央第七混成旅，旅长葛金章，中央第四混成旅、旅长宋玉珍，共3个旅。

二、治理察省　芳泽民间

张之江在察哈尔都统任上，一干就是一年多，在这一年来，张之江给当地百姓做了无数好事，给国民军发展做出了大量贡献。

他积极进行该地区经济建设，首先整顿财政税收，清除积弊。随后修筑马路，开通张家口至库伦等地的公路，同时兴建长途电话和电报线，并提倡畜牧，移民垦荒等，开始改变察哈尔的落后局面。

其中最主要的贡献是一件修铁桥、兴水利、利国利民的大事。

张家口有一条河流，由大境门流经市内。原来河上有一座木桥，年久失修。因河床堵塞，每逢暴雨或山洪暴发，河水漫出河道，淹没居民房屋田园，财产损失非常大，但过去的地方官并不以此为意。张之江来到张家口不久，一次暴风雨过后，河水又猛涨，四处漫溢，路上积水逾尺，行人淌水及腰，百姓房屋有的被冲、有的被淹。张之江心急如焚，紧急组织部队士兵抢救受灾居民财产，将灾民妥为安置。当时国民军经费不足，士兵们自己都没有足够雨具，赤着脚在水里忙碌，张之江此时和士兵们一样赤着脚，指挥抢救，安排善后，慰问灾民。百姓见此状无不感动。暴风雨过后，他仍寝食不安，日夜思索着如何修浚河道，根绝水患，才对得起张家口的父老百姓。

为此，张之江特意邀请专家、工程技术人员商讨研究治水，还同他们一起实地观察河流的走向。专家们建议，旧桥已完全失去作用，应拆去，重新建修一座上下分行的新型铁桥，桥基地点另定，与此同时疏浚河道，使流水通畅，不致淤塞而泛滥。张之江完全同意这项建议，下决心要修一座铁桥。可是，经费又成了难题。察省都统是个清苦的差事，国民军经费本来就拮据，哪来这么多钱修建一座新的铁桥。

这时，有人出了一个主意，将张家口的水患及修建铁桥的规划向各界人士公开，呼吁有实力的知名人士慷慨解囊。张之江一听不错，就将募捐信印成宣传册，以都统公署名义寄往各地。令人感动的是，当地商会一听都统要修桥，便积极捐献财物；百姓们也非常踊跃。募捐信发出后，也先后接到各地的复信和汇款，均对此举表示同情。特别要提到的就是张作霖。他接到张之江的信后，说道："别看我和张之江打过仗，我佩服他的为人，何况我们都姓张，五百年前是一家。他这是修桥铺路，为民造福，我也要参加一份，捐款是件好事。"于是他回了张之江一信，捐助银圆10万元整。这是一笔不小的款项，再加上地方开支尽量节省，这笔修桥的经费总算凑足了。

在建桥工人夜以继日的努力下，铁桥工程很快提前完成，因为铁桥的兴建人和主要捐款人都姓张，张之江将此桥题名为"清河桥"，据说黄帝的第四子封在清河，姓张，故此得名。在1926年元旦铁桥通车之日，张之江亲笔以隶书题写的"清河桥"三个大字的牌子悬挂桥上，车马行旅安然通过，万民欢呼雀跃。从此河水不再为患，百姓称道感激不已。

关于这"清河桥"字牌，后来还有一番曲折。传说日本帝国主义进攻华北时，"清河桥"字牌失落了。后得知是张家口当地百姓怕兵荒马乱而使张都统的题字遗失，便把它们藏了起来。及至抗日战争胜利，当地百姓又把"清河桥"及"张之江题"的字牌找出来挂上。新中国成立后，张之江的老友吴觉民先生（时为山西省林业厅厅长，是林业专家，张当年在西北时甚为器重他）路过张家口市，抱着旧地重游的心情去看了看铁桥，见铁桥完好，而"清河桥"字牌又经人民政府油漆一新。吴觉民甚为兴奋，在信中告知张之江："你老为人民做的贡献，人民政府是肯定的，现在你老写的清河桥三字经政府油漆一新，我经过此桥，亲眼见到悬挂在桥上的三个红色大字，更为醒目。"张之江见信后，感到莫大的安慰。是非功过，人民和历史自会做出公正的评论，种的善因，一定会得善果。

在修建清河桥的同时，张之江在张家口又办了一系列具体工作，福泽百姓和地方。

一是修筑马路。以前张家口并无马路，主要大街也高低不平，车马行人混杂乱走。1925年初，张之江修筑了边路街直达都统署前的马路。这是张家口第一条光滑平坦的大道，畜力车和胶轮自动车分道行走，秩序井然。接着，他又开辟了大河套东口至上堡东河沿南口的长青路。张家口南北狭长的街市有了两条南北通衢并行，方便多了。他还在新辟的大马路两旁种植树木，并派专人每日两次用水泼浇马路以防尘土飞扬。

二是加固河坝。张之江在张家口大境门外加固了西沟护坡拦河坝，杜绝了洪水泛滥，保护住数百家旅蒙商业及其客栈、货院的安全。

三是建成公园。在都统署前废弃的练兵场上，张之江建造了一座占地百亩的"上堡公园"，广植花草树木，遍布亭台楼阁，堆砌玲珑假山，挖成环流小溪，为张家口居民开创了一个娱乐游玩场所。

四是社区治理。察哈尔警察署把张家口分为四个区，每区设一个警察分署管理地方治安，每个警察分署又在各个区内的街巷设置派出所及警察分驻所。派出所是警察署的基层组织，办理民间琐事；分驻所是警察分开住宿的地方，居民有事可以随时去找他们。1925年春，张之江按警察分署及各派出所的管辖范围，建立了统一的户口登记管理制度。分署都建立户口登记底册，每个家庭都发户口簿。从此，张家口有了比较系统的人口、职业、年龄等项目调查统计依据。

五是建立卫生检查管理制度。张之江在每个警察分署下设专业清扫队，由清道夫一天两次清扫大街，保持路面清洁，清除多年堆积的陈腐烂土，不准随地倾倒污物，违者处罚，大街小巷由此焕然一新。同时，他动员群众消灭苍蝇，由警察分署收购，打死50只苍蝇付现钱一大枚，打死1万只苍蝇可得一元银币。这办法一时效果显著，尤其是儿童们拍打苍蝇更为积极。

六是创建专业消防队。由于当时无自来水，消防队无机动水车，只备有勾连枪杆、长柄斧等破火道的工具，出现火情只能控制火场，不能迅速扑灭。后来聘请专人训练灭火救人技能，消防队员从十余人发展到数十人，装备上一律穿着厚帆布制服加大铜盔。张之江还开展群众性消防知识宣传，所有临街商店门前必备太平桶一两只，平时满贮清水，遇火灭火，无火泼街除尘，可谓一举两得，造福民间。

七是普及平民教育。张之江在大搞市政建设的同时，还十分注意提高平民百姓的文化水平，特别是开展识字运动。他动员识字的人教文盲，并派人随时检查督导。识字运动采用入户、连户的互教方法，同时在街巷开办平民识字班，由官方印制识字课本，每晚准时开课。识字班教师上课时还经常讲述历史故事、历史人物和大自然现象，以提高兴趣增加常识很受人们的欢迎。

八是筹建工厂，旧张家口是个在手工业生产辅助下的商业城镇，除了国有的铁路、邮政系统外，只有一个民办的电灯公司。1925年春，张之江创办了《西北日报》，同时建立了设备比较齐全的西北印刷厂，还筹建制革、缝纫、被服等综合性生产的"复旦工厂"，厂里工人多达数百人。张家口从此开始出现正规的官营集体生产性工厂，很快培养出大批产业工人，改变了当地单一小手工业生产方式。

张之江在任期间给张家口和察哈尔省带来了巨大的变化，造福人民，造福百姓，口碑载道。

张之江率部在张家口驻军不到两年，给人民留下极其美好而又深刻的印象，从张宝音先生的回忆文章中，可见张家口人民对他的钦敬和爱戴之情。张文记述如下：

"张之江将军在施政方面，重视休养生息，真正贯彻了国民军的真爱民、不扰民的优良军风；治军方面，恩威兼施，与士兵同甘共苦，吃的是粗茶淡饭，穿的是粗布军服，对犯有一般错误的官兵，不是用军阀式的打骂方法，而是以情感化。张部的军容、风纪，极为严格、整齐，大街上见不到官兵闲逛，娱乐文化场所更无踪迹。在街上见到的士兵，都是班排长率领，列队行进，概不逗留。官兵除必修的军事操练外，就是到处劳动，为公共事业做工。驻在坝上各县的部队，把县城的马路修得整整齐齐。张北县的城门和城墙就是这支军队修建的。

张之江将军出行，不受属下的丰盛接待。记得1926年张出巡各县，轻骑简从，仅带一连骑兵后随。张也一同乘马前往。到商都县时，不设行辕，不受招待，下榻县立完小学校，在校长办公室住宿、办公。官兵在校院搭设帐篷。当时笔者正在该校上学，亲见张将军高身材、瘦体型，一副大将风度。他出出进进，不戒严，很随便，仅有两名护兵随侍身边。士兵们与同学说长道短，和蔼可亲。张将军等信基督教，早晚祷告。当视察完毕起程的那天早晨，士兵整装齐集在校操场上，环站一个圆圈，中间放一高桌，张将军身着两肩有穗的戎装，头戴有长缨的将校帽，高统马靴，手按洋刀，站在高桌上，作简短讲话后，领导官兵俯首祷告，最后齐呼'阿门'，就整队出发，由全县官兵、士绅、商民、学生、警察列队欢送，张频频向欢送者招手致谢而去。"

三、创建军校　培养干部

除了给地方做贡献，张之江任察哈尔都统期间给国民军做了一样重要贡献，就是创办了西北陆军干部学校，给西北军以及中华民族培养了大量人才。由于多年征战和驻地辗转，国民军没有自己正规的军校，一直以模范连、学兵团等战时单位进行临时训练，培养干部。这次在张家口安顿下来，并有了察哈尔都统名义后，张之江按酝酿已久的计划创办一个察哈尔陆军干部学校，费用全部由政府支出的公费军校，这样不论贫富家庭子女都能进校学习。正式地大规模地给国民军培养军官和干部，因为深通兵法的张之江知道，兵随将转，军官、干部强弱和好坏是一支军队决定的因素。

决定成立军校后，都统署通令各县保送中学毕业生前去投考，由于国民军给人民留下极佳印象，接到通知后，学生们踊跃报考，学生们拿着县政府的保送公函，纷纷到张家口投考。张之江号召大家：帝国主义加紧对我国的侵略和欺压，国难深重，只有拿起武器，才能对付帝国主义的侵略。而国民军，是一支反帝救国的军队，请爱国青年都积极投入这个部队。

当时冯玉祥已到张家口就任西北边防督办，听到张之江这个想法特别高兴，觉得搞察哈尔陆军军官学校，还不如搞西北军全军的干部学校，建议将学校改为西北陆军干部学校，由督办公署管辖，并分别在张家口和北京两地招生

（见《宋聿修回忆录》及《文史资料存稿选编》专题文章）。

西北陆军干部学校完全是在张之江的带头发起和建立的，而绝不是如孟进喜在其《冯玉祥》书中所说是采纳某人某人建议开办的，那完全是应景生造出来的历史。

那时正当"五卅"惨案之后，学生们反帝爱国热情十分强烈，因而投考该校者甚为踊跃。结果，两地共录取学生约700名。大约在1925年7月上旬，学生们就进入西北陆军干部学校。学生中多数是中学才毕业的，也有一部分是大学毕业或肄业的，极少数是中学肄业的，其中还有一些蒙古人和朝鲜人。

这个学校设在张家口上堡，也就是张之江的察哈尔都统署南面的营房里。第一任校长陈琢如，陆军大学第四期毕业，浙江桐乡人，原为张之江察哈尔都统署的参谋长。教育长是陈凤韶，与陈琢如是陆大同期同学，又是浙江瑞安同乡，是陈琢如请来帮助他办教育的。

受训学生分为六个大队，计步兵三队，骑、炮、工兵各一队。每队分三个分队，每分队分为三个班。大队长和分队长，都是经由各部队中选拔来的有经验的指挥官，班长是由学生中挑选的。教官多数为保定军官学校毕业的，有少数是陆大或其他军事学校毕业的。各兵科设主任教官一人，教官三五人不等。预定学习期限为一年半，前半年，学科以各种典范令为主，术科以制式教练为主。后一年，学科以各种教程为主，术科为战斗教练和各种技术训练为主。

学生入校后，每人发灰色土布军装及衬衣鞋袜等，并把留长发者一律剪为光头，各人自己带来的衣物，一律交仓库封存。经过稍加整顿和初步训练，便于8月间举行了隆重的开学典礼。

开学典礼是在张之江都统署对面武装库大礼堂举行的。礼堂以木板为墙，房顶覆以洋铁瓦，前有主席台，下面是一排排长板凳，能容近千人。房子虽很简陋，而内部布置却庄严肃穆，礼堂主席台横幅上悬有"上帝临汝，勿二尔心"八个大字（因为当时国民军信仰基督教），四周则悬挂一些爱国爱民的口号。冯玉祥督办偕夫人李德全，以及张之江等高级将领出席大会。首先由冯督办讲话，他对同学们来参加国民军表示热烈欢迎。主要内容是："我们四万万人的国家，被几千万人的国家，几百万人的国家，欺负得连猪都不如，连狗都不如，连孙子都不如。我们还不该觉悟吗？我们的出路只有一条，就是发愤图强，拿起武器，打倒帝国主义，铲除卖国军阀，以救国家，以救人民。"

接着张之江都统也讲了话，他鼓励同学们服从命令，遵守纪律，努力学习，互相竞赛，取得优良成绩。

开学典礼后，就开始了基本教练。张之江非常重视学校教育，经常去学校讲话，主要讲训练注意事项，以及带兵、练兵、用兵等注意事项。如讲"三礼二要"，说你们现在是学生，毕业后就要当军官。军官必须当士兵的表率，要求士兵遵守的，军官先要遵守，要求士兵学会的，军官先要学会。要吃苦在前，享受在后，才能得到士兵的崇敬和信仰。古人说为将之道，须遵守"三礼二要"。所谓三礼是"夏不挥扇，冬不服裘，雨不张盖"。就是说"夏天如果士兵没有扇子，军官也不能扇扇子；冬天如果士兵没有皮袄，军官也不能穿皮袄；下雨时如果士兵没有雨伞，军官也不能打伞"。当然如果士兵都有这些东西，军官也就可以用了。二要是："兵未入室，将不敢入舍；兵粮未熟，将不敢就食"。就是说"当行军或作战大家十分劳累时，军官不能不顾士兵，而先入室休息，或者自己先吃饭，必须先把士兵安顿好，吃上饭，自己再入室休息吃饭"。这"三礼二要"，对于一个军官来说，非常重要。你们是未来军官，要牢牢记住。

讲话之后，都要唱歌，并先讲解歌词。这时候常唱的歌，是新兵歌、爱民歌、悔改歌等。

以后又教学生唱三大军歌，即《战斗动作歌》、《射击军纪歌》、《利用地物歌》，并按歌词要领，教官亲身做示范动作，教给同学们练习。

唱歌之后，才算结束了一天的训练，各队带回营中休息，刚开始每天训练生活基本这么安排的。

每天课程安排得很紧。每天早晨六点钟起床，起床后点名，唱国歌。当时北洋政府国会通过的国歌是："卿云烂兮，纠缦缦兮，日月光华，旦复旦兮。"然后到操场跑步约一小时，回来后洗脸及整理内务，七点半吃早饭。每次饭前必须唱《吃饭歌》，唱的歌词是："粒粒辛苦，来之不易；民膏民脂，感谢主（上帝）赐。历年国耻，饮忍国痛；复仇雪耻，万死不辞。"早饭后八点半钟，正式出操，进行各种基本教练。教练要求很严，必须做到整齐划一，准确熟练。大约11点钟，就把六个队集合起来，由校长或教育长对当天的操练情况进行"讲评"，11点半收操回营，12点钟吃午饭。下午1点半起，上课两小时，由教官讲解各种典范令。下课后再到操场练习各种技术（打拳、刺枪、劈刀、攀杠子等），骑兵队还练习马术及马上使用刀、矛等项技术。下午六点钟吃晚饭，饭后七点至八点，由队长讲解《精神书》、《简明军律》、《曾胡治兵语录》等项有关精神教育的课程，或教唱军歌，或作精神讲话。八点以后自习，读《精神书》、《曾胡治兵语录》等（因为这些书必须背诵如流），九点半点名唱《早起歌》，当时的歌词是："男儿好汉立奇功，全凭精力比人充。为报国来从戎，热血我最浓，懒惰非英雄，闻鸡起舞月当空，中流击楫志长风。勇往直前灭寇！"然后就寝，10点熄灯。

星期天不出操不上课，其实也很忙。上午要到武装库礼堂做礼拜，仪式一般是先唱《颂主诗歌》（每人发一本），常唱的有两首歌：一首是第二颂，歌词："普天之下，万国万生，齐声赞美，父子圣灵。三位一体，同荣同权，万有之主，万善之源。"另一首第一百四十六首，歌词是："前进，基督雄狮，为耶稣力战。高举圣教保旗，胜仇敌千万。"唱诗后，就"查经"，就是挑选《新旧约全书》某一章节为题目，借题发挥耶稣基督为救人救世而牺牲自己的精神。

从建校一直到天津战役开始前，都是张之江将军亲自领导做礼拜，张将军是一个虔诚的基督徒。他自费印刷三万本精装袖珍本《新旧约全书》，扉页上有他题写的"此乃天下之大经也"八个字，除了送给全体官兵外，还发给军校每个学生一本，命令必须经常装到上衣口袋里，以便随时查阅。天津战役后，张之江军务越来越繁忙，后来就由随军牧师领导做礼拜。当时国民军中的西北基督教协会，主席就是张之江，他请来一些牧师，分别到各部队去宣传教义。陈崇桂总干事负责具体事务，亲自领导干部学校做礼拜及"查经"，并极力劝说学生们受洗入教。最后由一个人出来做祷告，祷告后礼拜仪式结束。

张之江虽是行伍出身，但曾读过很多古书，曾在北洋讲武堂和东北讲武堂受过系统教育，又在第一混成协王化东协统创办的随营读书班系统地学习过军事学术，是一位品学兼优的将领，冯玉祥将军说他"足智多谋，见义勇为"。由于他是干部学校的创办人，他的都统署又离学校很近，所以他对于干部学校非常关心，实际上是学校的监督。他常常利用做礼拜的机会，对学生作长时间讲话，主要论点，大体上可分两类：一类是他阐述基督教与中国儒家学说是相通的。他说，基督教认为上帝是天地之间的大主宰，是万有之主，万富之源，富贵在天，天鉴在上，天网恢恢等等。只有尽人事，听天命，才是人间正道。另一类则是主张维护中国传统道德和传统文化，他说：礼义廉耻，国之四维，四维不张，国乃灭亡。

做了礼拜之后，就要整理内务，擦拭武器，大搞扫除卫生，迎接学校领导的检查评比。下午洗澡，洗衣服。如出去买东西必须有官长带领，不准个人外出。晚上有时搞些文娱活动。

学校的管理非常严格，而且多数队长是行伍出身，学生犯了错，轻者罚立正，受申斥。重者罚跪，打军棍。有时全班，全排或全连操作部不整齐，就几天罚跪或各打一棍子。

干部学校没有政治课程，但经常邀请一些知名人士来演讲，如国民党要人李烈钧、徐谦等。曾多次到校讲演。李烈钧主要讲他参加革命战争的一些经过，徐谦则主要讲国内革命形势，以及孙中山先生的三民主义和三大政策等。并且说参加国民革命应当加入国民党，冯督办不反对同学入党，入党完全自愿等等。苏联的加伦将军和印度一位革命领袖到张家口访问时，也请他们到校讲演，主要讲些国际形势等。

国民军的高级将领，如赵守钰、李炘、门致中、高镇龙等，都给学生们讲过话，其中赵守钰讲话很有见解，给学员留下深刻印象。

他说：我屡次向冯督办建议，劝他不要在中原争夺，要去开发西北，建设西北，西北能藏能养，地域宽广，物产丰富，大禹划九州就有肃州，新疆天山南路气候和江浙差不多，每年能产两季大米，如果能修条铁路，与西伯利亚铁路连接，欧洲的先进文明可以直接输入，比由海路输入还快。

到了1925年10月间，因为酝酿对奉军作战，人事有所调动，校长陈琢如是张之江原来的察哈尔都统府参谋长，这时因为战争需要，随张之江到天津前线指挥作战去了。

新校长丁汉民集合同学宣布说："你们已经受训三个月，基本教练已经完成。按照一般军事学校惯例，要有一个入伍期。因此，冯督导觉得，把你们下放到同兵种的部队里，下连当兵，与士兵共同生活，共同训练。三个月之后，再回学校复课。大家知道，你们毕业后就当军官去带兵，而带兵首先要知兵，入伍当兵是很好的知兵机会，对你们的前途是至关重要的，希望你们到连队认真锻炼几个月，取得优良成绩。"

这样学生们都入伍当兵参加张之江正在指挥的天津战役去了，这些学生兵在战场上英勇战斗，表现非常好，得到了实战锻炼，进步很快，伤亡也不小。

1926年元月，学生们从前线回校复课后，由于战争越来越临近，课程更接近实战训练，以作好实战准备，如训练改为：单人战斗教练，班、排、连的战斗教练，并结合进行野外战斗演习、野外勤务演习、射击教练、夜间演习等项科目，除了一般都进行步兵训练外，各兵种也分别进行特种教练。如骑兵科加紧了马术教练、乘马教练、骑兵战斗教练、野外演习等。炮兵科则由炮兵部队借来了山炮、野炮、迫击炮等项重武器，练习操作、射击、观测及射击指挥等项科目。特别是工兵科学习的技术较多，如阵地构筑、副防御设施、地雷敷设、公路建筑、桥梁架设、电话通讯等，都进行了多次演练，成绩显著。

到了1926年4月，由于张作霖联合吴佩孚向国民军进攻，南口大战开始。国民军总司令张之江委任黄克德任校长，训练仍照常进行，未受影响，但由于前方战线过长，战况激烈。有战斗力的部队都开到前线去了，张家口只留下西北陆军干部学校，因而军校学生又担负起了警备任务，每天除照常出操上课以外，夜晚还要轮流到路口站岗放哨及在大街巡逻，有时还在白天，打上某师某旅团的旗号，到大街上来回行军，借以虚张声势，安定民心。

南口战役最激烈期间，前线吃紧，兵员奇缺。鹿钟麟建议用干部学校学生补充，开到前线增援。干部学校的学生于上一次进攻天津李景林的战役中已经伤亡200多人，张之江觉得不宜再这么使用军校干部了。他对鹿钟麟说："本校学生乃今之精华，未来之干部，目前尚未训练成熟即赴锋镝，不教而诛，岂不可惜？"鹿钟麟只得作罢。

为了培养学生实战能力，有一次张之江还安排全校同学到南口前线去参观，学生们坐火车到南口下车，然后到主阵地看了一大段。南口正面是刘汝明的第十师防守，深沟高垒，前有各种副防御设施，阵地非常坚固，士兵们住在掩蔽部里，敌人来攻时就起而抵抗，敌人不来时就学习和操练。战壕后面就是铁杠等项体操器械。学生们去参观的那一天，前线很平静，天气也很好，士兵们有的练杠，有的练劈刀和刺枪，如同平时一样，向下看可以看到敌人的阵地远近不等。学生们从战争中学习战争，提高都很快。

回到张家口学校后，由于战争形势对国民军日渐不利，学校更加紧进行各项训练并打算在8月末提前举行毕业考试，但到8月中旬，由于多伦失守，前方粮弹俱缺，督办署下令向绥远撤退。

当奉命撤退时，有极少数同学看到国民军败退，认为前途不妙，想脱离学校，留在张家口不走。但是大多数学生跟随学校行动，撤往包头。

经过长途跋涉，经过千辛万苦，同学中有掉队的，有逃走的，到达包头时还有四百多人。

这时张之江总司令也到了包头，把督办公署设在包头东面的营房里。过了几天，他召集干部学校全体师生到督办署集合，听他讲话，他说："此次撤退，同学们备受艰苦，这是对你们的一次考验，就作为你们的毕业考试好了。

凡是来到包头的，考试都及格了，不再举行任何考试了，今天就算是毕业典礼，你们都毕业了，我祝贺你们。希望你们分到各部队后好好工作，对国家做出贡献。"会后发给每个学员一张由张之江督办署名的毕业证书。

干校在艰难困苦环境中创办了近两年，张之江从倡议开办一直到学校解散，一直全力以赴支持这所学校，西北干部学校为西北军培养了很多高中级将领，成为西北军骨干的摇篮，被誉为"西北黄埔军校"。

干部学校也为国家培养了许多人才，其中著名的有空军中将傅瑞瑗、陆军少将宋聿修、联勤总部重庆补给区司令崔贡琛，国民政府少将师长、解放军34军副军长过家芳、30军27师师长欧耐农，宁马81军少将参谋长杨遇春（后任中国人民解放军西北野战军独立二军参谋长）、原黑龙江省副省长王梓木等等。

张之江在任察哈尔都统期间，无论是扩充部队，训练部队，治理地方，培养干部等多个方面都做出了重要贡献。

由于张之江在任察哈尔都统期间所做的一系列贡献，北洋政府在1925年授予张之江陆军上将衔。

第五章

居功至伟的天津战役

一、逼友为敌　援郭打李

国民军北京政变，致使英美卵翼下的直系土崩瓦解，不久郭松龄与国民军密谋联合起事，准备推翻张作霖的统治，又使日本多年培育的奉系军阀也濒于覆灭。同时，北洋反动政府的所在地——北京处在国民军的控制下，而群众爱国运动风起云涌。在10月下旬北京市民的关税自主示威游行之后，接着又掀起了规模宏大的国民革命大示威的运动，群众包围了段祺瑞的住所，捣毁了媚外分子的住宅，因此军阀们大起恐慌，共同谋求对付国民军的办法。

郭松龄的倒戈对奉军威胁最大，对日本帝国主义在华利益影响也最大，日本帝国主义于是公然干涉中国内政，直接以武力扶持张作霖，扼杀郭松龄东北国民军的运动，又陈兵大沽口为奉军军阀声援。段祺瑞反动政府与关外的张作霖因出卖国家利益换得英日美等帝国主义的大量武器和金钱，重新装备残余势力。帝国主义和军阀勾结为一体，集中来对付国民军，已是箭在弦上，势在必发。这是当时北方政局的形势，也是国民军后来与李景林冲突的主要原因。

国民军与奉军历史上的水火关系，是无法调解的，当1924年北京政变前，奉军与国民军有约表示只要推翻吴佩孚，奉军绝不入关，结果战争一结束第二天奉军就大举入关。11月3日，张之江击败吴佩孚占领天津，11月4日张之江将天津交给盟友王承斌，撤回北京。

就在张之江离开天津的当天，11月4日晚李景林就进驻天津，11月10日李景林突然解除北仓国民军第三、第四混成旅的武装。11月11日，李景林公然解除冯玉祥的盟友，直隶督军王承斌23师的武装，逼得王承斌逃入天津英租界。

同一天，李景林又将冯玉祥收编的孙积孚20师缴械，抢去了直隶的地盘，这些行为就是公然向国民军宣战，由于利益的直接冲突，国民军和奉军关系自此恶化，不可调和。

和国民二、三军的摩擦更是由来已久。奉军首先和国民二军在冀东争缴直系的武器，发生冲突；依附奉系的段系大将吴光新则造谣说孙岳是共产党，则另有他恶毒意图的，就是要给所有国民军安上赤化的帽子。他当了段祺瑞执政府的陆军总长，马上提出取消国民军的称号。而李景林和张宗昌，在天津拟趁张作霖邀宴冯玉祥的时候，要下冯的毒手；后来张作霖到北京，岳维峻、邓宝珊也要扣他。

其后李景林逼索保、大的防地，使二、三军无地存身。当二、三军向河南发展，与刘镇华、憨玉昆冲突的时候，张作霖在背后支持刘、憨，当憨部溃败，二、三军乘胜追击的时候，张宗昌又出兵压境，阻挠二、三军的行动。胡景翼死后，岳维峻继任河南督办，本来是国民军内部问题，张作霖横加干涉，主张由孙岳接替。当孙岳赴陕，陕西易督，张又提出反对意见，处处与二、三军为难，彼此结下了不解的怨仇。

1925年10月，孙传芳与岳维峻会于徐州，孙因已经取得了五省的地盘，到此再无意北进，而岳维峻则急于谋取山东，竟将北进对奉作战的重任一手承担下来，除需以大部兵力进攻山东外，仅以邓宝珊部分兵北上直隶。

此时陕督孙岳的国民三军，感到在陕与二军不易相处，急欲出兵相助，乘机恢复直隶，乃决定以邓宝珊为北路总指挥，徐永昌、李云龙等副之，二、三军合力次第由京汉路北进，进攻保定、大名。奉军由苏、皖撤军北来，失去两省地盘，正迁怒于国民军的牵制，遂由蓟东向京畿进兵，同时派许兰洲、郭仙桥两人到包头面迫冯玉祥表示态度，并提出国民军出兵去打孙传芳，或是沿京汉路南下去打湖北的要求。许等在包头纠缠了几天，最后以奉军让出保定、大名，达成了共同对吴佩孚的合作办法九条。

冯玉祥深知奉军的实力雄厚，不能轻启战端；又因为当时与郭松龄已经签订了密约，共同推翻张作霖奉系统治，所以表面上保持镇定，主张联奉抗吴维系和平，实际是等待郭松龄行动，观察结果后再相机行动。冯派熊斌、鹿钟麟出席段祺瑞召开的和平会议，明知会议不会解决问题，却虚与委蛇；又派熊斌、王乃模驻津与李景林经常联系，观察动静，随时报告。

冯玉祥知道二、三军的战斗力和军事实力完全不是李景林的对手。国民军在与郭松龄签订的密约中，李景林因为家属在沈阳，虽未签名，但是李坚决参加反奉同盟，与国民军和郭松龄共同行动，一军不能不顾大局与盟友李景林开战，破坏好不容易形成的统一战线。

冯玉祥为此多次发电报给二、三军的将领，并屡派李建亭、徐树森、丁博霄等代表叮咛劝告："我军器械尚不如人，李景林部未可轻视，须俟孙传芳部队进至德州、保定集结10万以上的兵力，方可出击。现在奉军内部即将发生变化，万不可于此时与李景林部发生冲突。……"

国民军是个松散的联盟，二、三军对于时局的看法与冯并不相同，不完全听命于冯玉祥，二、三军认为李景林、张宗昌正在与吴佩孚进行勾结，应乘奉军不能兼顾关内之际，首先歼灭李景林部，以免腹背受敌，不宜拘于密约小节，坐失时机。

国民二、三军终于未听冯的劝阻，对李景林步步紧逼发动进攻，逼得李景林完全站到国民军的对立面，誓死与国民军为敌，犯下了战略上不可挽救的大错误。

自从北京政变，吴佩孚倒台后。国民军在北方唯一劲敌就是张作霖的奉军，奉军无论是军事实力还是经济实力都远远超过国民军。张作霖野心勃勃，咄咄逼人，早就想挥军入关，这次乘吴佩孚倒台机会，大举入关，抢占北方各省。其前锋甚至推进到江苏上海一带，最后被孙传芳击败，不得不狼狈逃往北方。冯玉祥早就感到这个巨大威胁，由于还不具备争雄实力，只能隐忍不发。

而这时，千载难逢的好机会终于来了，郭松龄已经准备起兵反奉，推翻张作霖反动统治，并且和冯玉祥秘密签订了协定，联合反奉。李景林也站在国民军和郭松龄一边，如果国民二、三两军能够顾全大局，不去进攻李景林，一旦郭松龄推翻张作霖。则国民军可以一举确立在中国的绝对优势，消灭各路军阀，统一中国。

当时国民一军完全按照与郭松龄密约所约定做与奉军作战准备，宋哲元部进入热河，张之江率三个旅进驻丰台、落垡一带，两部随时准备出关，支援郭松龄对奉军作战。

国民二、三军则一意孤行，执意进攻李军防地保定。但攻了很久，屡攻屡挫，一点进展没有。李景林部队的官兵素质、训练水平、武器装备，也就是综合战斗力远比二、三军部队强。李景林为了顾全大局，不愿和国民军发生冲突，自动把据守保定部队撤出，让给二、三军。而二、三军却错以为是李军败退，紧追不舍，兵临天津，准备进攻李景林，终于把李景林彻底逼上了对立面。

这时张之江率部驻在天津外围准备支援郭松龄，也引起李的极大疑惑。他当面质问冯的代表宋式颜："国民军的军事行动，意欲何为？"宋虽出示冯的回电，向李解释误会，但剑拔弩张的事实，也非口舌所能掩盖。李景林决心和国民军开战，12月2日，李景林释放郭松龄交其看管的奉军师、旅长，将他们送回沈阳，并与山东张宗昌联合组织直鲁联军，由李任总司令，张任副司令，准备抵抗国民军。

同日，李景林通电声明："职在守土，保卫地方，此后倘有对于直隶扰害秩序，破坏和平者，景林戎马半生，自信尚可周旋，唯有率我健儿捍卫疆土。"

12月3日，熊斌等奉冯玉祥指示到天津直隶督署要求李景林对合作援郭反奉表示态度，做最后的努力争取李景林。李当即拍案大喊："我表明态度，就是讨伐冯玉祥。"同时下令将熊斌等人扣压，声言要处死他们，后经其部属劝阻，才将他们释放。

李随后于12月3日派出有力部队，对南线马厂方面的国民二、三军采取攻势，对北线落堡方面的一军采取守势，并于4日发出"讨赤"的通电。

熊斌、王乃模驰返张家口（冯已由包头到张家口）向冯报告："如果不是二、三军一味进逼，李的态度尚不致马上转变。"

大好的统一战线由于二、三军的蛮干彻底破裂，盟友变成敌人，国民军前途一下变得暗淡。

国民二、三军战斗力很差，根本不是李景林的对手，很快被李部击败，邓宝珊和徐永昌两部战败之后，损失很大，反过来责备张之江按兵不动，说道："你的队伍既然已经集中好了，为什么还袖手旁观，不去进攻天津应援我们。"

张之江集中的队伍是准备支援盟军郭松龄的，当然不能卷入对天津的进攻。

此时，由于二、三军的不顾大局的行为，国民军与李景林之战已不可避免。12月6日，冯玉祥决定，完全放弃对郭松龄的支援，改为全力对李作战。在冯玉祥内心深处，虽然不想和李开战，但是一旦卷入，确实就想大干一场，国民军因为地处西北，武器弹药物资供应极其困难，发展空间极小，早就想拿下一个出海口，解决海路的武器、弹药、物资供应问题，这次冯就想趁此机会解决问题。

李景林如果不是被逼的太厉害，他是绝对不愿意和国民军作战的，郭松龄起兵后，国民二、三军发动进攻前。他派李凤楼进京，表示愿意与国民军合作，拥护中央，与奉军脱离，并电张作霖劝其下野。他派张树声向冯表示善意，在国民军大军压境的最后时刻，他还特别派亲信韩玉辰到张家口去见冯玉祥，希望和平结盟，共同反奉。但是这时冯已经下定决心和李景林开战，他告诉韩："由李腾出天津、河北地盘，率所部移驻热河，沿途当予以便利，国民军待在内陆，需要一个出海口。"

李景林的代表韩玉辰很中肯地告诉冯，如果郭松龄失败，张作霖不倒，国民军就是拿下天津也保不住。但是事到此时，冯已经听不进去了，他说："事

在必行。"（《文史资料选辑》总第51辑韩玉辰文）

李景林的代表韩玉辰将谈判结果和冯玉祥的态度汇报给李景林，这才促使李景林下了最后决心和冯军开战。

二、顾问干涉　初战受挫

冯命令张之江撤销原定援助郭松龄计划，进攻天津，至此，张之江不得不仓促和自己盟军开战。

张之江部原无对盟军李部作战的思想准备，没有做进攻天津的攻坚战物质准备，部队原准备出关，做的是野战的准备工作，支援郭松龄。因此无论是训练还是物质配备，都是针对性为野战作准备，突然莫名其妙地改变了作战对象和作战方式，去打自己的盟友，并且从野战变成攻坚战，莫名其妙被二、三军拖入一场不应打的战争中去。

就是要进行攻坚战，按军事常识，攻方的兵力、火力要超过守方一倍以上，才可以进行。但是天津李景林守军有7个师、3个混成旅和一个卫队旅，共7万～8万人，张之江率3个旅只有1万多人，炮兵火力更弱。这李景林绝非等闲之辈，李景林部在奉系当中，是一支强悍的部队，部队训练有素，装备精良，战斗力旺盛，被李调教得很有战斗力。

在国民二、三军咄咄逼人向他进逼之时，他已经做好充分的物质和思想准备，于一星期前在日本和德国军事人员的指导下，于杨村东南汉沟、小于庄、南王平、韩盛庄之线，构筑成坚固的野战阵地。由天津运到大量各种钢材、器材，所构防御工事都是有掩体的坚固战壕，战壕上用钢板作壕沟盖，并加强了阵地的纵深，其纵深之厚，在北仓和杨柳青附近修筑堑壕有四五重之多。而国民军炮兵少，炮弹更少，其少量的炮火根本无法摧毁其强固的重重设防的工事。

为了策应二、三军在青县失利的部队，国民军只得对李军宣战，1925年12

月5日，冯玉祥任命张之江为进攻天津国民军前敌总指挥，在张家口面受冯的作战指示后驰赴前方，次日发起向天津的进攻。

当时到达前线只有张之江部三个旅，即过之纲、葛金章、韩复榘三个旅1万多人。面对超过自己兵力6～7倍，训练有素，武器精良的李部，张之江不得不率领这1万多人仓促发起对守军的进攻。

由于时间仓促，连李军的阵地和工事都没有进行详细侦察，即发起进攻，以为李军阵地构筑不久，不堪一击。

8日张之江的先头部队攻占杨村，9日拂晓，苏联顾问气势嚣张的指挥张部按照苏联顾问的传统作战方式进攻，苏联顾问指示先开炮，然后步兵发起进攻，第五、第七两旅沿铁路两侧向前进攻杨村东南小于庄李军阵地。

这种教科书式刻板进攻方式完全不符合中国国情，注定要失败。因为国民军的大炮数量少，尤其缺少重炮和炮弹，比如国民军全军只有火炮129门，其中30门服役已超过50年，老掉了牙，故障百出，根本无法正常使用。其余的炮都没有准星，全凭目测瞄准，射击准确性极差。由于缺乏供应，各种炮弹更是奇缺。

配备给天津前线的大炮和炮弹更是缺少，没有一门炮达到一个基数的炮弹，连一场小规模的战斗都无法满足，根本不可能破坏李军修筑成的坚固工事，对防守的部队杀伤极小。

炮弹既不能穿透工事，没有效力，那就是等于放礼炮，提醒敌人，装门面的炮声一响，李军全部躲进掩体，炮声一停，李军就全副武装从掩体、掩蔽部进了工事，严阵以待，进攻部队冲到工事前面，被守军各种火力大量杀伤，部队损失较大，只得后退。李军趁势反击，一举攻入张军炮兵阵地，张之江急忙下令以手枪团驰援，才将李军击退，夺回了几门大炮。初次进攻由于以上所述各种原因，张军伤亡较大，小受挫折。

张之江果断下令停止进攻，停下来做仔细侦察，方才了解情况比想象中要艰巨得多，张之江认为目前兵力火力均不占优势，敌情不明，不具备攻坚条件，不可以猛冲猛打，打无把握、无准备之仗。

于是命令在敌前筑起工事，以深沟高垒围困敌人，严密侦察敌情、地形，等待援兵再攻。1925年12月11日，鹿钟麟第一师第一、第二两旅赶到，次第向左翼延伸增加包围李部，李军派出两团之众由韩盛庄出击，抄袭鹿部第二旅罗之纲部的左侧背，该旅不支纷纷后退。适值郑金声第三师第五旅赶到，才把李军击退，转危为安。接着李军又以一旅的兵力，向张军的左后方燕庄方面袭来，夺取杨村西北的张庄车站，情势亦颇危急。恰巧李鸣钟的第四混成旅石敬亭部列车开到该站，当即下车与李军接火，激战5小时，李军没有防备大败，被俘虏一团。

随后孙连仲的骑兵师来到，乘胜绕攻李军的左翼，但因到处是泥地积水，限制了骑兵的行动，仅占领东泊口、平安庄等地。嗣后双方虽各以小部队出击，均无进展，因为国民军兵力火力都不占优势，两军只能暂时对峙，形成胶着状态。双方在此段时间，调兵遣将，侦察敌情，都做了最后决战的准备。

三、不退而攻　大获全胜

张之江的前线司令部设在离廊坊车站不远的一个单独庄园里。庄园的周围安置了警戒哨。军部院子里和大门口，站着许多非常勇敢善战的警卫。

张之江将军身穿灰军装，坐在屋内炕上一张圆漆桌旁，桌上放着一张比例为十万分之一的中国天津地区平面图。由十名军官组成的将军的参谋部，一部分人蹲在铺着棉被的砖地上，另一部分人坐在一张点着蜡烛的大桌子旁边的凳子上。张之江不眠不休、日日夜夜和他的参谋们从早到晚商量着各种对策和战术，酝酿最后总攻的方案。

就在张之江对第一次进攻做出总结，等待援兵，考虑下一次总攻的方针对策时，苏联顾问叶戈罗夫俨然以太上皇身份命令必须在某个日期之前拿下天津，这完全是不切合当时国民军兵力和火力实际情况的，在敌人强大炮兵、步兵火力网下，蛮干猛冲猛打，势必造成更大伤亡和失败，不符合国民军军情。

顾问这样的做法也完全违背冯玉祥当时引进苏联顾问只单纯做军事训练工作的原则的，苏联顾问这明目张胆企图控制国民军的行为，就连苏联驻华大使加拉罕事后总结也说："我们的人做的过火了，他们表现出一些没有分寸的地方，他们没有分寸是逼人太甚。我们使一些将领与我们疏远了，我们干预的太厉害了，他们开始斜眼看我们。"（引自《加拉罕在联共（布）中央政治局使团会议上的报告》俄罗斯现代史文献保管与研究中心）

爱国将领张之江当然坚决抵制顾问的瞎指挥和控制国民军的野心，一口拒绝顾问提出的无理要求，依然坚定按照国民军实际情况，即现有的兵力和火力能够做得到的，来制定更为实际可行的方案。由于张之江不听顾问的无理指挥，不让顾问控制国民军，引起顾问及其仆从极大的不满，随后他们想方设法编造了无数谎言来污蔑中伤爱国将领张之江，苏联顾问普里马科夫所作《一个志愿兵的札记》（以下简称《普里马科夫札记》）就是一个明证，里面充满了随心所欲想象编造出来的谎言，后世很多历史学家和作家也不辨是非，不辨真假，照抄照搬，是我国史学界的悲哀。

张之江随即将情况汇报冯玉祥，冯玉祥本来就对顾问十分警惕，自然坚决支持张之江的决定，他一面坚嘱张之江稳扎稳打，多方侦察敌情，待命再攻；一面调原准备增援郭松龄的驻热河宋哲元的第十一师赶赴天津支援，这样一来，为了对李景林作战，完全放弃了对郭松龄的支援。一面命令绥远李鸣钟部的第八旅兼程前进，奔赴天津增援。

当两军战争开始后，京津火车停驶，各帝国主义都出面干涉，支援李景林与国民军作战，他们借口条约规定，要求恢复所谓国际列车。其中日本帝国主义做得最露骨，居然派遣工兵到前方动手修复铁路，国民军严加制止，并告以两军阵前不能保证安全。日军蛮横不听劝告，仍派通信兵接修电线。据前方部队报告："日军接通电线后，用日语向敌方通话，将我军情况告知敌方。"张之江总指挥部也发觉敌人几次出击，都巧妙地钻入我军的空隙，是有原因的，当即命前方部队派人监视日本通信兵的行动，随修随予割断。

张之江经常在前线骑马指挥作战，走到哪里，对方炮弹跟到那里爆炸，忽左忽右，忽前忽后的爆炸。张非常纳闷，对方的炮弹怎么长了眼睛，命令全线搜查，结果在桥洞下面发现两个日本间谍正在发报，报告张之江和国民军情况和动态。对于这样的帝国主义间谍，张之江毫不手软，立刻下令装进麻袋活埋。

日方马上派人到张之江总司令部和张家口督办公署，声称有两名日兵失踪，要求派人会同到前方查找。

张之江回答："我军有话在先，对于这种在战场上自由行动不能负责。"

其后各国外交使团照会段祺瑞政府，限国民军24小时内答复国际列车通车问题，张之江答以军事行动出自双方，请先通知对方停止军事行动，我军当保证恢复交通。

两军相持六七日之久，在这期间，冯玉祥认真听取了各方面的情况汇报。12月20日，丁搏霄从河南归来报告："孙传芳对于三民主义不赞成，对北方战争持观望态度，屯兵不进；三五日内，我军如不能将天津攻下，吴佩孚即将攻河南，与李景林、张宗昌会合。"

天津方面有日舰20多艘满载日兵由大沽口驶入内河；东北方面郭松龄的部队由于日本关东军出兵保护张作霖，被阻于巨流河西岸，不能前进。冯玉祥综合方方面面的消息，认为都对国民军不利。

特别是丁搏霄的这个报告和方方面面情况使冯玉祥的战略思想发生了很大的变化。

冯玉祥决心全线撤退，并制订了详细撤退计划。冯派宋式颜到前方密告张之江、李、鹿、宋诸人："我军如短期不能攻下天津，应即全线迅速撤退。"

随宋式颜之后，冯玉祥特意从张家口派出一个火车头，派遣特使持有冯的手令一道和详细撤退计划，专程开往天津前线通知张之江，张之江拆阅来函后，才知道这是冯玉祥手书的亲笔信，信中写道："见令后，可即实行总退却，以保存实力。"

信中以笔锋画成箭头，指示各个师旅详细退却路线，对于这样详细的明确的退却命令，按理只有遵照执行，毫无通融商榷余地。

由于后续部队相继到达，张之江正在积极策划总攻，这时兵力已经达到10个混成旅、两个骑兵师，加上国民二、三军策应部队，兵力已经超过守军，进攻的时机基本成熟了。

忽然接到冯玉祥这个指示，张之江将军感到很突然，他心里很清楚，如果无功撤退，局面会彻底颠倒，国民军将无法在直隶立足，形势将急转直下。目前战局虽然由于苏联顾问错误指挥，无理干涉，略有挫折，但是全局对我军有利，各路援兵全部到齐，对敌人形成了三面包围。敌人情况和工事构造已经全部摸清，敌人虽然工事坚固，火力猛烈，但是外无援兵，粮弹供应困难，只是困守待毙。我方只要出奇制胜，扬长避短，可于短期内结束战斗。因此张之江将军完全不准备实行这个命令。

至于怎么打法，张之江经过战场观察和长期思考，也有了成熟的方案。国民军在北京南苑练兵期间，冯玉祥曾经派夜战专家张之江到南苑，向教导团学员讲夜间作战教育，当时教导团教官、学员大集合，凡驻南苑的师、旅官兵，都集合到教导团来听讲。

对于夜战，张之江最有心得，他在演讲中讲道："夜间作战最要紧的是不许有火光、冒烟，绝不准抽烟。无论防御或进攻，都不能有声音。骑兵不许骑着马，只能拉着马走。夜间作防御工事，即使把手打断，也不许叫嚷。一句话，什么声音也不能有。夜间眼睛不成啦，就全凭两耳的听力。

夜间演习，一听到紧急号音，在十分钟内就得整队出发，教官事先也不知道。夜间急行军，纪律要求很严格。演习还要辨别方向，纵令是阴天雨天，没有北极星、紫微星可辨，也要利用树、庙等来识别南北东西。要求大步走，步子大身材就矮，以减少目标。有时还要演习夜间行军做饭等等。"

国民军不仅讲习夜战，而且在日常训练中还经常进行夜战训练，所以说夜战是国民军拿手好戏，张之江是夜战专家，常利用夜间作战出奇制胜。

夜战、白刃战是国民军根据中国国情，国民军经济十分困窘，供应特别困难而制定的一项行之有效的方针政策。也是西北军平时训练的强项，刺枪、劈刀等都是每日操练的课程，既能够克敌制胜，又有效地解决了西北军弹药供应极度缺乏的大问题。

西北军士兵通常每人步枪只有20～30粒子弹，连一个基数都远远达不到（通常一支步枪子弹基数为200粒），还不够打一场小仗，根本无法进行阵地战。炮弹供应更是奇缺，无法支持任何规模，哪怕是最小规模的作战。以这样武器弹药装备情况，怎么进攻设防严密的天津？

而夜战、白刃战则都是国民军强项，这次张之江决定扬长避短，避开自己部队缺少炮兵，缺少炮弹、子弹的实际情况，用夜战加白刃战战法发起总攻，一举拿下天津。

腹案定下后，张之江心中有了底，于是在庄园司令部里召集团长以上的军官开紧急会议，出示冯总司令的退却令，征询意见。众将面面相觑，不置一词。张之江便将自己的想法和盘托出，分析利弊，他分析给大家听："前几次进攻在白天，先用炮火准备，随后步兵进攻，炮火没有能够摧毁敌人的工事，敌人听到炮声就从掩体出来进入战壕，做好充分准备，以优势兵力和火力压制我们的步兵，我们的炮火压不住敌人的工事和火力，步兵在敌人的密集火力下展开，犯了兵家大忌。敌人充分发挥了长处，所以造成了失败。我们这次进攻要突然，出其不意，进行夜战，进行白刃战，使敌人没有准备，措手不及，使敌人优势炮火在漆黑夜晚完全失去目标，失去作用。我军在混乱中冲进敌方阵地，运用国民军苦练的夜战本领，白刃战本领狠狠打击敌人，充分发挥自己长处。

总之，我的意见与退却命令大相径庭，我们应当决心总攻击，绝对胜算很有把握，大家以为如何？"大家听后，鹿钟麟以及众将领皆表同意，一致主张与李景林决一死战，说："我们听总指挥的，你就下命令吧！"

张之江从战争中学习战争，坚决抵制苏联顾问瞎指挥，迅速纠正了苏联顾问犯下的错误，制订了正确的作战方针和战术。

各位将领统一意见后，张之江请大家暂且休息一下，自己走到隔壁房间要通了张家口长途军用电话，请冯玉祥亲自通话，陈述自己看法和意见：

"总司令吗？我是之江，总司令的手令业已接到，按目前一般战况研究，不能实行，请总司令原谅。我的意见和你正相反，我们决定最快的进行总攻击，熟筹胜算确有把握，请总司令放心。"

冯玉祥听后，哦了几声，接着以他浑厚的嗓音回答了这样几句话：

"好！我离前线较远，所见所闻多难确实，完全按照你的报告照办，照办。"

张之江应声说："这就算是总司令最后的更正和决定，我们接受遵照实行。"

冯玉祥同意张之江决定后，张之江立刻回到会议室召集众将领继续开会，将与冯玉祥通电话内容告诉大家，决定明天拂晓发动总攻。

时间定在次日（22日）天不亮时，即凌晨三点以前实行总攻击，张之江特别强调三要点：

1．一枪一炮一弹不准放；

2．对于杀敌完全使用白兵（大刀与刺刀组合并用）；

3．冲锋陷阵力求无声（采用偷袭战术，出其不意，攻其不备）。

为慎重起见，张之江手书命令，并特别在"不放一枪一弹，不开一炮，用大刀队，进行白刃战"的字眼下面画上圈圈，以示加重语气，这个命令的意义在于突然袭击，不要惊动敌人，突然接近敌人，用自己特长消灭敌人。

为了增强白刃战的突击力，张之江特意组织了一个大刀敢死队，以武术名家马英图为敢死队队长，武术名家王子平为大刀队队长，马英图率大刀队带头冲锋陷阵，杀敌无数，立下赫赫战功。马英图、王子平后来一直跟随张之江，马英图曾任中央国术馆的枪棍科主任，王子平任少林门主任，可谓得其所哉，人尽其用。

张之江对这次作战运筹帷幄，对每个细节都极为细心，除在会议时对各将领说明必要外，会议完毕，每颁布总攻击令，张之江都一一亲眼看过方可发出，以防疏忽遗漏。

前敌总指挥张之江下令：由李鸣钟指挥石敬亭旅、孙连仲骑兵师，担任北运河以西右翼方面的进攻；张之江的第五师仍在铁路线的正面；鹿钟麟的第一师和第三师第五旅，担任左翼方面；宋哲元指挥北京警卫第一、第二两旅，从最左翼绕攻敌人的侧背。各部队均采取纵深的配置，每旅选一团作先锋，组成两三个敢死队，加强冲锋装备，担任突击任务，全面同时总攻；并规定在出击时每越一道战壕、占一据点，即燃放"起花"（当时尚无信号枪的装备），通知邻近和后续跟进部队。

会议结束后，张之江和众将领一一握手告别，用充满信任和鼓励的目光看着他们。平时张和这些将领感情极好，不少是曾参加过滦州起义的同志，都以兄弟相称。故每次开会或分配任务，大家都认真对待，信心百倍地去完成。

1925年12月22日凌晨三点，天空漆黑一片，地上白雪皑皑，铺满了大地，河北平原上积雪盈尺，国民军各部悄悄进入阵地，士兵们每人都在手臂上佩戴白布带，以免误伤。全体官兵都反穿着老羊皮袄，在雪地上匍匐前进，一直运动到敌军的阵地前，突然全军发起攻击。

这次进攻前没有做任何炮火准备给敌人报信，规定不准放枪，全拿大刀、刺刀拼，分三道战线，前边拼完了，第二道上去，第二道完了，第三道上去。

李军官兵呼呼大睡，没有任何战斗准备，国民军官兵秘密地一直摸到敌人阵地前面，突然发动了总进攻。士兵们趁敌人没有防备之机，勇猛冲进敌人阵地内部，四面八方散开展开突击，端着白花花刺刀、挥舞大刀的国民军如天兵天将降临，横冲直撞，大砍大杀。只听到阵地内喊杀声四起，李景林部都分散住在各处睡觉，遭此突然袭击，猝不及防，失掉指挥，东跑西窜，狼奔豕突，乱成一团。

在床上睡觉的被刺死，跑出房门的被大刀砍死，藏在掩体里被打死，躲在战壕里被砍倒，敌军死伤遍地，尸横遍野。在国民军大刀、刺刀劈杀突击下，边战边退，逐步丧失抵抗能力，李军阵地被全线突破。

两军近十万官兵混战在一起，西北军无法开炮，敌人的优势炮兵也无法开炮，完全失去作用。

张部官兵大刀、刺刀在这次战役中大显神威，杀敌无数。如战斗英雄魏凤楼，是个武术高手（冯玉祥访问苏联曾经带他做保镖。魏还是现代史上著名人物，后来率部起义参加共产党。），率先冲进敌阵，英勇杀敌，一人用大刀杀敌60多人，威震敌胆，闻名全军。

韩复榘部于凌晨四时左右首先突破了南王平阵地，放出了第一个"起花"（起花就是节日里燃放的烟花焰火）。其他各部队相继冲入敌阵。国民军充分发挥其大刀、刺枪和近战的威力，英勇搏杀，两军完全短兵相接，杀声震天，战斗至为惨烈。一小时后，"起花"齐飞，李军全线崩溃。

西北军将领多篇回忆文章，如张之江本人回忆录、刘汝明回忆录、吴锡祺回忆录《国民军与李景林的天津之战》［文史资料存稿选编，晚清北洋（下）］，西北军边防督办航空处副处长曹宝清回忆录《西北军的空军建设》［文史资料存稿选编，军事派系（上）］，李泰棻《国民军史稿》，文公直的《最近三十年中国军事史》220页。都有记录，有的证实进攻是在凌晨进行，有的证明不放一枪一弹，凡此种种都证实这次进攻是凌晨黑夜间突然进行的，事前没有发一枪一弹，更没有做任何炮火准备。

但是苏联顾问普里马科夫在其所著《一个志愿兵的札记》第154、155页里，竟然完全捏造事实，凭空根据污蔑的需要捏造出国民军总攻前作了大量炮火准备，还煞有介事描写炮击在天亮时开始，炮击后张之江不让步兵冲锋等等，对进攻时间和进攻情况作了全面篡改，完全歪曲历史事实，污蔑和抹黑不听他们指挥的张之江将军。

除了大量文史资料证明这段史实外，当时还有两个具体条件可以作为佐证，证明国民军根本不可能，也无法开炮：

1．总攻是凌晨3点开始的，北方12月底凌晨3点，天色一片漆黑，炮兵完全失去目标，无法射击。

2．大军悄悄摸到李军阵地面前，一下子冲进李军阵地展开白刃战、肉搏战，双方近十万人马混战在一起，双方都根本无法使用炮兵。

苏联顾问普里马科夫等人随意捏造的历史，流毒极深极广。

因为是老大哥苏联顾问所说，后世历史学家也竟然把它作为信史采用。如刘敬忠所著《国民军史纲》竟然不加考证采用苏联顾问纯属编造的谎言，居然全盘引用说："天津战役的总指挥张之江就没有指挥近代战争的经验及才能。他不会使用炮兵，在炮击时让步兵在原地不动，认为敌人会逃跑，等炮击后才让步兵发起冲锋，从而坐失战机。"

这个说法完全照搬照抄苏联顾问普里马科夫捏造的内容，使刘敬忠的著作带上很大的瑕疵。

刘敬忠的作品在国民军研究中还算是比较好的，但是无法突破苏联顾问等等给他们造好的窠臼，使他始终在孙悟空画好的白圈里打转，竟然会不加考证引用完全捏造的历史。作为严肃的历史研究，问题是明显的。在他的作品里，还有很多照搬照抄苏联顾问的纯属宣传资料的内容。

当日上午国民军占领北仓，李景林困兽犹斗，企图做最后挣扎，亲到穆庄子督战，一度夺回北仓。但大势已去，兵无斗志，将无战心，无法保持两翼的阵线，北仓得而复失，李全军崩溃。23日国民军长驱直入，克宜兴埠。24日宋哲元部沿西堤头、范家庄进入天津河北，韩复榘部占天津车站，李鸣钟的孙连仲部经王庆坨、杨柳青、韩家墅进至天津郊区。东路驻滦州的唐之道部攻占塘沽、军粮城。李景林见大势已去，逃入日租界，寻求日军庇护，最后在日军的保护下，仓皇逃出天津，乘日舰经青岛转济南投靠张宗昌去了。

南路配合包抄敌军后路的二、三军的邓宝珊、徐永昌等部，经马厂、唐官屯逼近天津，由于急于和一军抢时间占领天津，抢夺胜利果实。他们无心也没有及时阻击逃窜溃散的李部，使得李部有很大部分得以南窜鲁北。

1925年12月25日，张之江指挥国民军占领天津，俘虏大批李部士兵，缴获大量武器弹药物资和其他战利品，仅缴获步枪一项就达到两万多支，战果极其丰硕，同日郭松龄在关外兵败被杀。

此战，国民军伤亡也很大，总损失为伤亡2000多人，失踪百余人，为国民军历来战事中损失最大一次。

张之江率部占领天津后，总指挥部移驻中州会馆，受到天津各界人民极其热烈的欢迎，天津各界人民选派代表群集中州会馆内庆祝西北军大捷，将近一万多人集合到中州会馆向张之江祝贺，全市悬灯结彩，锣鼓喧天，盛极一时，直人欢迎张之江督直及攻下天津后的措施。

天津总商会等九十一个团体，由雍剑秋等代表，赶往中州会馆拜见张之江，张与代表对泣，张之江感动地说道："敝军此番兴师，乃本上帝抑强扶弱之旨，铲除国贼，拯民水火，非为敝军争地盘，乃为人民求福利。

查李景林督直年余，纵兵殃民，暴敛肥己，语其罪恶，罄竹难书。迩者大憝既除，民庆更生，敝军素志已偿，他复何求，弟还顾国内军阀专横，诛求无厌，敝军仍当本除恶务尽之精神，努力奋勉，用符上帝赏善罚恶之至意。"

各位代表又请举行欢迎大会，追悼阵亡将士，并且要发动各界募捐发饷。张之江不愿打扰人民，一一婉言谢绝。

河北人民多年来深知张之江部队是真正爱国爱民，爱护百姓的人民的队伍，这次又亲眼目睹张部官兵秋毫无犯的良好风范。张之江部队官兵臂上戴有"不扰民，真爱民"之符号，而且是真正做到，所以所到之处百姓非常爱戴。这次攻占天津，张之江和李鸣钟又出力最大，天津各界非常希望他们主政河北。

张之江本来就是河北人，当张之江刚攻克天津，天津各界就派省会张士魁为代表，欢迎张之江主管河北政务，各团体接二连三打电报给中央政府，坚决要求张之江担任直隶督办，并兼省长。

下面举各界给中央电报如下：

如天津各界、各县代表及全省国货维持会电云：

国民军俯顺民意，兴吊民伐罪之师，救我直省于水火，无任感戴，千请钧座，即任命张总指挥之江为直省长，以顺舆情，而苏民困。国家数经变乱，我直省人民，久处水深火热之中，已达于垂死地步。非得一贤良爱民长官，休养生息，实无以为生。

张总指挥之江勤政爱民，素为直人所敬仰，此次驱逐李景林出境，救民于水火，尤为人民所爱戴，即请特任张都统之江，为直隶督办兼省长，使我人民得重赌天日，倘对我直敬仰爱戴之人而不与，是直弃我直省三千万人民如草芥，勿视我直隶人民为可欺也。

从这个电报看出，河北人民对张之江有多爱戴。

全省国货维持会电：

本会代表直隶省万五千会员，泣恳于执政之前，请即任张之江为直省长官。张之江爱国爱民，人所共见，不可再以直省为试验区，重苦吾民。

河北各县联合电报则说：

顺从民意，还政于民，我直人所欢迎于公者在此，公能否坚吾民之信用亦在此。此次战事，我人民受莫大损失而不惜，所盼望者，即得一贤长官，已休养我垂毙之人民也，张都统之江，夙为人民所爱戴，确信其能救吾人于水火之中，倘对此爱戴之人而不与，不知公所谓顺从民意，还政于民者。作何解释，我直人民从此亦认公为欺民之人，希望从此断绝矣。

从以上几份电报可以看出，河北各界人民多么欢迎热爱张之江将军，他为人民做的好事在人民心目中印象多么深刻，永远不可磨灭，正是是非自有公论，公道自在人间。人民殷切恳求一个清正廉明的将领为他们做主的意识从来没有如此强烈过。

张之江指挥国民一军，浴血奋战，做出重大牺牲后占领天津。冯玉祥为了照顾盟友国民二、三军利益，最后把直隶督办兼省长职务让给国民三军孙岳。

孙岳进驻天津后，1925年12月27日，张之江率部离开天津，进驻廊坊。

由于张之江在天津战役期间指挥正确果断，敢于纠正、敢于抵制苏联顾问的错误指挥，领导国民军经过18天的浴血奋战，最终取得"民国建立以来最激烈的战斗之一"的胜利（美国天津领事致美国公使文电），占领天津，控制直隶省，功勋卓著，战功巨大，得到冯玉祥和国民军全体的极大的信任。

　　1926年1月14日，在张之江将军的客厅里举行的祷告仪式。（感恩天津战役的胜利，1925年底张之江将军任总指挥指挥天津战役，天津战役胜利结束，彻底击败李景林。）
　　右一为刘芳牧师、右二为张之江将军、右三为林博士、右四为陈崇桂牧师、右五为亚当博士。

李鸣钟在战后向冯玉祥汇报此战能够取胜主要原因之一就是："出其不意，攻其不备。"也就是说张之江制定的战略战术非常正确。

一个星期后，冯玉祥自己辞职，准备前往苏联，由张之江接替他的所有职务。1926年1月9日，察哈尔都统张之江升任为西北边防督办，张之江很快又被国民军全体将领公推为总司令，总管国民军军政。如此一个简单史实，所有历史文献都有明确记载。

结果在苏联顾问普里马科夫回忆录里，被肆意歪曲成："冯玉祥不满意张之江在攻打天津的指挥，把他召回军部，授予冯玉祥的副职称号以示奖励。"（《普里马科夫札记》156页）

冯玉祥对张之江指挥不满还把所有军政大权统统交给他，顾问编造故事时不顾基本常识，只能是笑柄。

这种颠倒事实，混淆黑白的描写在苏联顾问及其代理人的著作和回忆录里屡见不鲜，原因在于凡是敢于不听顾问命令，抵制顾问控制西北军的将领都会被顾问们扣上各种各样的帽子，加上各种无中生有的罪名，符合苏联文宣部门多年来整人害人的一贯手法。

那个时代苏联顾问盛气凌人对待中国人民，这是一种突出的表现。在这场战役中，苏联顾问的胡乱指挥比后来指挥中央苏区第5次反围剿的李德等人的表现有得一比，所幸张之江敢作敢为，排除干扰，顶住洋大人的压力，坚持正确的战术，终于取得了最后的胜利。

天津战役是当时北方内战中最大规模攻坚战，战事之剧烈，为北方内战中绝无仅有，张之江率部打垮了奉军中绝对主力李景林，国民军攻占了直隶，并夺得了第一个出海口，这一胜利表面上使国民军达到全盛时期。

由于张之江指挥天津战役获得全胜，俘获非常丰硕，国民一军再次得到大扩充，部队从原来4师9旅5团扩大到14师3旅5团，共计156000余人之众，为国民军发展和壮大做出了巨大贡献。

国民军有几个大发展阶段：第一次是张之江任前方总指挥消灭河南军阀赵

倒后，部队从1万多人发展到5个旅3万多人；第二次是首都革命，张之江任前敌总指挥，打垮吴佩孚后从5万多人发展到78000多人；第三次是天津战役张之江任前敌总指挥，打败李景林获得全胜后迅速膨胀到156000多人。

这三次大发展主要都是张之江的战功而得到的发展，历史事实和数据是最有力的证明，胜过任何雄辩。

天津战役是一个空前的大胜利，但是在战略上是冯玉祥在决策上的重大失败，国民军在郭松龄反奉尚未得手之时，就违约抢占地盘，将本来已成盟友的李景林变成敌人，是国民军在反奉战争中的战略失败，导致了郭松龄的败亡，加速了直奉两系的和解，使自己在北方各派军政力量中间成了孤家寡人。

张之江虽然又一次为国民军立下巨大战功，但对同室操戈极为痛心。作为军人又不得不服从命令，多年来一直对家人说："这仗打得太不应该，把盟友打成了敌人。"

四、关于天津战役前敌总指挥问题

历史事实是张之江始终是前敌总指挥，指挥国民军最后攻占天津。

由于陶菊隐先生考证不正确，落笔轻率，在其所著《北洋军阀统治时期史话》第七册中有严重失实描述，说由于一攻天津失败，冯玉祥派李鸣钟代张之江为总指挥，使这本史书质量大打折扣。后来很多作者都照抄照搬，以致错误百出，贻笑大方。

原北大教授，历史学家、曾在国民军中任职的李泰棻所著的《国民军史稿》是所有研究国民军史著作中的权威之作，研究西北军，《国民军史稿》是主要依据。

在《国民军史稿》中李有正确记载如下："冯乃派张之江为攻津总司令，率部前进，12月8日，在杨村附近开始接触，继派李鸣钟率队协助。"

原在北大任教，曾经在西北军任职过的简又文的《冯玉祥传》也有相同记载："李景林率六七万劲旅，并有英国人为助，作顽强的抵拒。开战之始，张之江因兵力不厚，微失利。冯氏继派李鸣钟助战。"

虽然他们并不清楚是苏联顾问乱指挥造成的初攻失利，但是都明确指出张之江一直是总指挥。

冯玉祥本人天津战役期间日记记载的更是清楚：

十二月九日："张总指挥之江，报告已将京津间攻击分配完备。"

十二月十七日："与吴锡祺电话，令转告张总指挥、李都统、鹿司令。"

十二月二十日："下午四点，电问张总指挥前方情形。"

十二月二十二日（总攻天津那天）："接张总指挥捷报云，已将敌人中坚突破。"

文公直《最近三十年中国军事史》记载："冯玉祥乃以张之江为攻津总司令，李鸣钟抵杨村助战。"

原西北军高级将领吴锡祺在其回忆录《国民军与李景林的天津之战》（文史资料存稿选编，晚清北洋下）里亦回忆：22日总攻之前总司令部团长以上军官会议上，一致决议22日总攻，报告了冯玉祥取得同意后，即布置执行，公推张之江统一指挥。

这些文献清楚记载张之江始终是攻津总指挥，从来没有被更换，李鸣钟前来助战。

陶菊隐错了是考证不周，治学不严谨。虽然必须纠正，但是可以理解。最有意思的是骏声所著《西北军演义》，关于天津战役，作者不但引用陶菊隐的错误记载：冯玉祥派李鸣钟取代张之江任总指挥，还无中生有编造了李鸣钟上任后调动部队、召开会议等情节，绘声绘色编造了大量故事，当然演义演义，很多内容就是凭空想象编造，想怎么写就怎么写，骏声那本演义中有太多编造，错误百出。

历史是不容编造的，这里有必要澄清。

12月27日，张之江率部进驻廊坊，28日接到冯玉祥密电，亲日派徐树铮的专列29日要经过廊坊，要张之江就地处决他。张之江奉冯玉祥命令截住徐树铮的专列，派兵枪决了亲日派徐树铮，消除了日后的一个汉奸隐患，张之江处理的这件事情，在民国史上引起轰动。

张之江 将军传

Biography of Zhang Zhijiang

第六章

青史留名的南口大战

一、冯氏出走　之江继任

1924年，国民军发动首都革命，推翻直系军阀曹锟、吴佩孚，却放走了吴佩孚，遂与吴佩孚为首的直系军阀结下不共戴天之仇。

1925年，奉系大将郭松龄倒戈反奉，张作霖差点被推翻，冯玉祥帮助郭松龄反奉，与奉系又结下不解冤仇。

1925年底，国民一军为了帮助国民二、三军，莫名其妙地卷入对李景林的战争，发动了对李景林的进攻，与李景林直鲁联军结下深仇大恨。

晋军阎锡山是墙头草，随风倒，完全跟着势力大的走，北方各派军事力量既然全部联合起来围攻国民军，阎锡山的晋军自然也随风倒了过去，加入对国民军的围攻。

陕西镇嵩军刘镇华也率部8万~9万人在西安包围了国民二、三军残部李虎臣、杨虎城等。

甘肃军阀孔繁锦和张兆钾联合进攻兰州。

这样一来，国民军得罪了北方几乎所有实力军阀，成了孤家寡人。

另一方面，随着国民军和广东革命军革命势力逐渐强大，直奉军阀在共同反赤的目标下，加快了结成联盟的步伐。在反对南北二赤的目标下，直奉军阀制定了先北后南的战略方针，即"先扑灭北方之赤化，然后再扑灭广东之赤化"。军阀在讨赤名义下联合起来，发动对国民军的八面围攻，国民军处于四面楚歌的绝境中，处境十分危险。

这种八面树敌、孤家寡人的战略上的恶劣局面，就是神仙来了也无法挽救。冯玉祥眼看无力挽回险恶局面，为缓和矛盾，摆脱困境，于1926年元旦通电下野，将西北边防督办职务和国民军交给张之江署理和统率，自己赴平地泉休养，实际还在幕后操纵指挥。此时，奉系张作霖、直系吴佩孚和李景林、张宗昌的直鲁联军、山西的阎锡山的晋军、陕西的刘镇华形成了军阀集团的大联合，以直鲁军攻天津为引线，对国民军开始了大规模的围攻。

冯玉祥苦心经营军队，部队从一个团发展到整个西北军，视部队为生命，绝不会轻易将部队交给不可靠的人统帅。冯的手下猛将不少，为何出国前将军政大权交与张之江呢？这源于冯对张有着深刻的了解和信任。

冯玉祥和张之江早年同属北洋常备军。冯属新军第六镇，为步兵三营后队队官；张之江则为二十六镇的骑兵营排长。他们在新军府时就向往革命，都参加了武学研究会，往来亲密。用冯玉祥的话说，是"无日不见，无话不谈"。辛亥年他们又共同策动滦州起义，后张之江归属第十六混成旅，从此成为冯的部下。1915年张之江两晤蔡锷，帮助冯玉祥和蔡锷、李烈钧联合讨袁。在伐张勋、打赵倜、战吴佩孚、斗李景林诸战役中，张之江均被冯玉祥委以前敌总指挥、前方司令等要职，骁勇善战，成为西北军中著名的五虎上将之一。冯玉祥曾教导他的士兵："你们打仗时，就要学张之江那股劲，勇往直前，勇字当头。"并说张："有胆有识，甚有才干。"是"真心诚意，竭其才能，为国家为人民效忠尽力的。"冯玉祥调动军队，最难走的路，最艰巨的任务都交给张之江。

因为张之江具有极强的军事才能、外交才能和政治才能，忠心耿耿于冯氏，所以冯玉祥在他离开时自然将全军委托张之江统率。此外还有个重要因素是张之江为人正直，正派，光明磊落，得到社会各界人士认可。冯下野就是为了缓和各派力量对国民军深刻敌意，作为缓冲和调和的人士，张之江又是最好的人选。

冯玉祥下野，转入幕后，由张之江贯彻执行冯的主张意图。冯和张经常电信联系。冯玉祥在通电下野时曾清楚表示，希望吴佩孚"不念前嫌，共谋国事"。冯认为自己树敌太多，遭吴忌恨，部下或能得到吴的谅解。所以他留下的对外策略是"联合抗奉"，即利用直系中旧有关系，尽可能地和吴佩孚修睦，以对抗张作霖，甚至可同意吴重返北京，驱逐段张。冯在军事方面的部署是坚守察东，攻山西晋军，夺雁门及其以北地区，坚守绥远、甘肃则作为根据地。最根本的一条是保全实力，坚决不接受改编，即使不能战胜对方，也要保存军事实力进入察、绥、甘根据地。这就是冯玉祥留给张之江的应变总原则，张之江接手后也是忠实地这么执行的。

张之江受命之时面临的是内外交困的形势，有人根本不敢接这个烂摊子，因为形势太险恶，没有任何胜利的希望，张之江也推托再三，但是最后为了国民军，为了挽救、为了保存北方这支反帝为国为民的革命力量，张之江不顾个人安危和得失，决定挺身而出接下这个烂摊子，虽然他知道后果是极为严重的。

当时国民军驻守的地区在察哈尔、绥远、甘肃一带（京、津和直隶一部分及河南等地已被军阀重新占据），经济薄弱，地区贫瘠，给养不足，粮饷军械俱缺。战争打得是经济实力，每天的军费消耗是巨大的，西北又穷又落后，一切需要买，一切需要从国外或外界输入，这样一场长期战争对国民军说来分明无法坚持下去了。

国民军将领韩复榘、石友三最早丧失了信心，两人在冯离去后曾一起去找张之江，有过这样一段对话：

"大哥，现在这个局面，冯先生一撂挑子走了，把这个家交给你，你当得了吗？你怎样打算？"韩、石发问。

"二位老弟，先生下野实非得已，出访苏联是希望得到他们更多的支持。这儿的事交给我办，说什么也得把这局面支撑下来。只要大家同心同德，总能挺的过去，少不了大家都得尽心出力。"张之江答。

"不是我们说你，眼前的局面有多艰难，何必这么死心眼，替别人看家，军权现在你手里，还不如发出通电，拒绝冯先生回来，你把大旗一拉，你到哪，小弟我们跟你到哪。或者和阎老西（阎锡山绰号）合作，或者和吴子玉（佩孚）联合，又有实力，又有地位，何必大伙在这里吃这样的苦，受这样的罪，犯得着吗？"韩、石说出了他们的心思。

张之江听了心头一惊，立刻严肃地回答：

"二位兄弟！以后别再说这样的话了。我和冯先生是革命同志，从滦州起义就在一块，交情不一般，十几年患难相知，好赖都不能分开，如今为难之际，做出这样的事那还算人？今天的话，就算你们没说，我也没听见，以后再也别提了。士为知己者死，我是豁出去了。"

以后张之江果然信守诺言，此话再也没提过。直到韩复榘、石友三、冯玉祥均已作古，张之江回忆南口大战往事时才说出来。

张之江拒绝了韩、石趁机夺兵权、逼冯真正下野的建议，晓以大义，但他们仍心怀二志，成为国民军内部的不稳定因素。在那种艰难时刻，很多意志薄弱的将领纷纷动摇徘徊，张之江既要对付敌人，全面处理军事、经济、外交诸多事宜，还要处理内部人事问题，解决人的思想问题，工作非常棘手，难度非常高。

封建军阀联合起来对付国民军，缩小了包围圈，战争已不可避免。1926年2月，张作霖令直鲁军沿津浦线攻击天津，东北军同时攻滦河，被张之江千辛万苦攻占的天津又被李景林夺了回去，大烟鬼直隶督军孙岳被赶走，国民三军失败，孙岳率国民三军残部撤往察哈尔，河北全部被奉军攻占。

岳维峻的国民二军，在直系吴佩孚由南向北猛烈攻击下，也节节失利，最后全军覆没，吴佩孚占领河南。

随着国民二、三军先后在河南、河北彻底失败，国民一军陷入四面楚歌的绝境，北方全体军阀从四面八方向国民一军压了过来。

滦河一带国民军一军被迫退往通县、白河一带。鹿仲麟部弹药用光，不得不率部向南口、京绥路方面退却；宋哲元被迫放弃热河向察哈尔、多伦方向撤退。北方热河、直隶、天津重新落入奉系范围。

吴佩孚与奉军、直鲁联军会合形成对北京和西北的包围圈，国民一军在军阀围攻下全线退却。

封建军阀对冯玉祥及国民军的仇视，并未因冯下野而有所缓和，相逼愈甚。3月，吴佩孚、齐燮元、张宗昌、李景林联名发出通电，声讨段祺瑞、冯玉祥。

以国民军当时的军事实力和西北的极其贫穷的经济实力（下文会专门讲西北的贫穷情况），国民一军绝无单独与北方五大军阀主力同时开战并获得胜利的任何可能。

当时某些人，后来史学界某些人不顾实际情况，不顾历史事实，过分强调所谓革命不革命，"右倾左倾"，保守进步等等来强加在历史人物头上，种种说法完全是脱离实际和历史现实的，是极"左"的一种表现。

二、分化军阀　争取盟军

当时唯一可行的办法，就是分化敌人，建立统一战线，才有可能等待南方广东革命军北伐的接应，保存自己实力。张之江为了保存、为了挽救西北军，做了大量的努力，为分化奉直联盟，减少敌对势力，按照冯玉祥意图，国民军将领在联吴方面做了一番努力，希望与吴佩孚结成统一战线以消除四面楚歌之困境。张之江和吴佩孚书信来往修睦，代表国民军表明心态，希望和平，开发边疆，无追逐权力之欲；同时利用旧有直系将领的同乡同事关系，促成和解，甚至希望吴能重返北京，驱逐张、段。鹿仲麟4月带兵撤离北京时，也表示请吴移节入都，主持一切。

国民军的一些将领如刘骥、熊斌、门致中等亦四出活动，相机游说吴佩孚。但吴恨冯已极，怎肯和解。他倒很想利用此机会将冯手下大将张之江拉过去，如能做到，则用不着再打，便可将冯的军事实力解决了。所以吴佩孚费尽心机拉拢张之江，曾在书信中提过："子岷兄当今将才，子玉渴慕久矣，若能仗义来归，地位岂在焕章（冯玉祥号）之下耶？"张之江目的在于分化敌人，结成有利于国民军的统一战线，当然坚辞不受。为了分化直奉军阀联盟，削减敌人的进攻，国民军采取纵横捭阖、妥协图存的策略，时而联直拒奉，时而和奉对直，时而分头与直奉求和。

当初，国民军主要是谋求与吴佩孚、孙传芳直系军阀联合，以实现联直拒奉。首先必须要明确，统一战线，联合各方的战略是冯玉祥下野前早已制定好的，后来所作所为完全是按这个方针去做。

1926年1月1日冯玉祥通电下野时，电中对吴佩孚表示友好："至于国家大计，……子玉（吴佩孚）学深养粹，饱经世变，当能不念前嫌，共谋国是。"并高度赞扬1925年冬，国直共同反奉的斗争，称颂孙传芳、萧耀南、岳维峻、孙岳"共起义师，克寒奇勋，均不世之功"。可以看出，冯玉祥下野主要是想转移目标防止直奉两系的结合，以自己的暂时引退，减消吴佩孚对己倒戈之愤恨，以便部下争取与吴佩孚、孙传芳、萧耀南等人结成旧直系的重新联盟，以共同对付奉系。

1月初，冯玉祥又复电响应吴佩孚1925年12月31日发出的"息兵尊法"、结束"讨贼"事宜的通电，并派段其澍为代表，携带亲笔函到汉口，愿意与吴"精诚合作，始终不渝"。张之江也欢迎吴佩孚"入京主政"，并在回答吴佩孚1月7日的阳电中表示"追随我帅（吴）之后，勉效驰驱"。此时吴佩孚直系主张恢复曹锟所颁布的宪法，而不是民国元年的临时约法。

与吴佩孚、冯玉祥同有亲家关系的张绍曾，极力疏通吴、冯关系，亲赴张家口访冯，1月7日电告吴佩孚、孙传芳："昨晤焕帅谈法统，焕帅极赞同。"但是，吴佩孚不忘旧仇，对国民军的频频秋波不屑一顾，反应非常冷淡。

于是，国民军仍然侧重联络孙传芳，以求摆脱孤立状态。1月11日，张之江等人致电孙传芳，认为"环顾国中，主持大计，非公莫属"，孙也于13日回电说，"环顾今世，可与同心协力共纾国难者，非公等莫属"。孙传芳虽然主张联冯讨奉，但是他对吴佩孚日益倾向联奉讨冯的态度也无可奈何，而立足于东南五省自保，对政局风云变化，暂不表示态度。此时，吴佩孚与奉系日益接近。

1926年1月初，吴奉在各方面达成了谅解，但在恢复约法还是恢复宪法问题上各有异同。为了防止旧直系的重新联合，张作霖于17日致电吴佩孚，表示关外事由他负责应付，关内事请吴全权主持，并声称对法统问题本人毫无成见。于是，吴佩孚对直奉的联盟非常满意，随即开始了直奉共同对付国民军的军事行动。1月20日，吴佩孚发出讨冯通电，并出兵进攻河南。至此，冯玉祥国民军团结旧直系一致对奉的计划宣告失败。

国民军联直失败后，还是按照冯玉祥建立统一战线的既定方针与各派军阀联合，分化敌人，瓦解敌人，于是转而联奉。2～3月间，国奉在激战中双方信使往返，函电交驰，出现边谈边打的奇怪局面。2月1日，张之江致电张作霖，表示合作的善意："近畿之役，乃因芳宸（即李景林）首先挑拨，实非得已。我公明察几微，必能仰邀涵谅"，呼吁"速弭内争，对外一致"。

并相继派出督署参议王鸿烈、察哈尔察东镇守使张树声（俊杰）为代表赴奉和谈。与此同时，2月初奉方派代表马炳南赴京与鹿钟麟接洽，商热河、榆关作为缓冲地带，鹿即电商冯玉祥。2月3日晚鹿即答复奉方来使："冯上将军以外交危迫，民困财穷，亡国之兆迫在眉睫，镇国何仇，岂堪言战！热河及榆关，作为缓冲地带，极表赞同，即以张树声任热河都统，并拟设护军使一缺，暂驻榆关，请郭瀛洲（按时任张作霖顾问）任之。即转达奉方，征求同意。"

但是，外交妥协是以军事胜利作为基础的，国民军在战场上的不利形势使得外交斡旋归于无效。冯玉祥的这一妥协建议由于国民军各军在战场上失利而被奉军冷落。随着直鲁联军在山东、津南和吴佩孚直军在河南军事进展的顺利，张作霖态度变得越来越强硬，他一面于2月13-14日连电张树声指责国民军增援津南攻打直鲁联军，称和谈"口血未干，而津南战事，异常激烈，始知谋和者乃缓兵之计，意在解决联军，然后以全力攻我。要知联军是我方同气枝连，攻联军无异攻我。以情理言，决无置之不顾之理""仆与玉帅，及张效坤督办等，以信义相合，会师京津，共谋国家久远大计，义无反顾。"

并气势汹汹地警告国民军"立即退出都门，卷甲南口，或尚有商量之余地。"又一面于2月19日、23日电示张宗昌：国民军派人谋和，"此为彼方惯技，……兄虽虚与委蛇，然我方对敌，断无言和之理。"彼方所有谋和宣传，"均系懈我军心之意，方勿轻信为要。""如我方信以为真，适中挑拨之计。"

从以上历史事实中可以看出，张作霖心里明白张之江是个铁骨铮铮的革命军人，绝不会妥协，所做的一切对都是分化瓦解敌人的手法。直奉军如果能不战而屈人之兵，使对方投降的话，断不会浪费4个多月进行猛攻，伤亡近十万之众而进行战争。

面对奉张的强硬态度，1926年2月底，张之江加派军队驰援天津直隶，鹿钟麟出京亲临前线督师，在津南展开反攻，相继收复马厂、青县、泊头，并于3月9日进攻东光，国民军一度转败为胜。在军事上出现转机的同时，国民军继续加紧与奉系的和谈行动。张之江3月2日致电张作霖，"冯公业已下野，本军全体将士，情愿唯我公之马首是瞻，恭听指挥"，并愿"无条件奉还"热河。

又在3月5日的电中劝告张作霖不要中吴佩孚卞庄刺虎之谋，极力分化直奉联盟："吴氏一生负气，其衔恨本军固深，而与我公三次寻仇，所蓄怨毒，抑尤甚焉，绝非一二人虚辞通款，所能涣然冰释。此次乘机求逞，实欲为卞庄刺虎之谋。以公之明，当不堕其术中。吴氏野心不戢，公所素知。奉、国两军唇齿相依，倘伊得势，固不利于敝军，亦非有利于奉方。"张作霖鉴于"张电所言，果出至诚"；又因为战场形势不利，即津南战事失利；更因3月4日北京临时政府改组，新任命与吴佩孚有密切关系的颜惠庆、卢信分别为外交、司法总长，又任命孙传芳的亲信杨文恺为农商总长，表明段祺瑞皖系、国民军系与直系关系微妙，所以3月上旬张作霖又同意与国民军谈和。

3月4日张作霖派顾问郭瀛洲赴北京、张家口议和。3月7日郭瀛洲在北京会见李鸣钟，提出议和条件：（一）停战；（二）热河让与奉方；（三）直、鲁两省归奉。国民军方面则表示，愿与奉停战，但不能停止讨吴；允让热河，但须以奉军退出山海关为条件；直、鲁问题再议。3月8日，郭瀛洲偕马翰荣赴张家口晤张之江。经连日磋商，奉方代表郭瀛洲、马翰荣与国民军代表王鸿烈、张树声等于3月10日拟就和平意见共二项10条："甲项二条，为先决问题：（一）热河为无条件之让与。双方先行停战，俟合约成立后，再行订期让出。各先撤退一百里，以资信守；（二）滦州、迁安、永平、昌黎、朝阳、天津以南，德州以北等处，双方前线，同时撤退一百里，以为缓冲。乙项八条，为彻底解决问题：（一）直、鲁、热等处，双方一律停止军事行动；（二）中央政府请钧座设法维持，西北方面赞助之；（三）直隶督办，希望杨宇霖、张学良、张作相三人中，由钧座择一继任。惟李景林，无论如何，不可再回直隶，以免发生误会；（四）孙督办禹行，调任北京警卫总司令，带其所部，驻防京兆区内；（五）热河为双方门户，都统一席，拟请雨帅保荐和平大员，由中央政府任命充任之；（六）对于吴子玉之事，西北方面，悉听钧座裁决；（七）天津海口及京津等，各铁路线双方均予以运输上充分之便利；（八）在京组织两军联合办事处，俾双方日益亲密，合约巩固，合作到底。"

国奉和约达成之日，即被张作霖断然撕毁，成了一纸空文。因为此时，军事局势日益朝着奉系的有利方面发展，国民军陷于军事、政治、外交的困境。军事上，国民二军已在河南败溃，直军正沿京汉路北上；直鲁联军在津南开始反攻。国民二、三军的先后失败溃散使国民一军成了孤军，面对国民一军一支孤军，奉军也无须外交上的斡旋了。政治上，国民军系与段祺瑞皖系控制的贾德耀内阁因亲直系阁员拒不就职而残缺不齐，无法运转。3月6日孙传芳、杨文恺通电声明：北京临时政府任命杨文恺为农商总长，事先未征求同意，不能承认。与孙传芳有密切关系的海军总长杜锡珪也不肯赴京就职。新任外交总长颜惠庆则辞职不就。外交上，国民军封锁大沽口，引起了日、英、美、法等帝国主义列强的干涉和抗议。

趁此时机，张作霖于11日下令进攻滦州，1926年3月12日又致电前线将领张学良："现在张、李两军正与敌方酣战，未便谋和。"自此，津东、津南战事空前激烈地全面展开。这时张之江仍然一面派张树声赴奉谋和，一面接连数电张作霖请其停战，张作霖则予以强硬回答：一面令前线军队猛烈进攻，一面向国民军提出极为苛刻的停战先决条件："（一）惩办赤化首领；（二）交还直、热，仍由镇威军主持；（三）京兆地区双方不驻兵；（四）双方不干预中央政务。"至此，国民军与奉系谋和也告失败。随着国民军在战场上局面越来越不利，这种打打谈谈的局面终于告结束，外交手段只得宣告失败。

虽然与直系、奉系谋和失败，但是张之江统一战线所作出的努力有了明显的结果，争取了很多盟友站到国民军方面来共同对敌，分化了敌人阵营，瓦解了敌人的战线，削弱了敌人的力量，以下就是几个明证。

随着统一战线深入，直系内部的人事发生了重大变化。1926年5月31日，吴佩孚在石家庄召开军事会议，田维勤，王为蔚、王维城等将领与会，阎锡山也特由太原赶来列席。会上，吴佩孚突然撤除了靳云鹗"讨贼联军"副总司令兼第一军总司令的职务，改任他为陕西督理，其理由称靳"逗留保定不进，虚糜饷糈，贻误戎机……"。实际上，就是因为靳云鹗响应张之江号召，准备和国民军联合举事反对奉军。

吴佩孚虽然公开宣言联奉，但手下将领对此却意见不一，他们对吴突然改"讨奉"为"联奉"惑而不解，并对奉系不信任，且大多与国民军有旧，对国民军的议和活动很是倾心。

其中，主和派以靳云鹗等为代表。靳云鹗与吴佩孚的关系素不融洽，而和张之江关系很好，一向敬佩国民军，敬佩张之江，坚决反对联合奉军。在第一次直奉战争期间，张之江和靳云鹗两人共同防守郑州，迎战赵倜，是生死与共的战友，靳云鹗对张之江的高尚的人格品德有很深的了解，当张之江出任国民军总令和西北边防督办后，老战友靳云鹗从心里就希望和国民军联合。

靳云鹗对吴佩孚只是出于需要才一时相互利用，完全不赞成吴的"联奉"政策。所以，吴对他一直不放心。直系打败国民军二军后，吴佩孚让寇英杰出任河南督理，仅派靳为河南省长。靳为此大为不满，曾力辞。吴佩孚不得不为此对其进行安抚，给靳加上一个"联军副总司令"的头衔。靳云鹗深知吴对自己钳制的态度，故想利用现有兵权，另创一番局面。所以，他在此时一面对南口战事持消极态度，一面暗中联络直系各派势力。

奉军及直鲁联军攻占北京后，让刚战胜奉系不久，与奉系有仇的孙传芳的危机感日生，赞同直系大联合，再共创反奉局面。为此，他派安徽督理陈调元驻南京代表孟星魁北上活动。孟到了北京，先找到多年的老朋友及冯玉祥的老部下段雨村（其澍），并由段介绍与国民军的门致中、肖振瀛见了面，随后秘密一起出京，由直军田维勤送到保定，和靳云鹗协商。靳表示同意与国民军及孙传芳合作并派张联棻为自己的代表，赴南京与孙传芳继续会谈。孟星魁、张联棻及国民军代表等同到南京，很快就联合达成一致意见。其议定的协议包括国民军作为中央军队驻防察、绥两特别区。共同压迫奉军退出榆关以外，恢复北京政变前内阁代行总统职权等项内容。

与此同时，奉军也起了分化，靳云鹗通过李景林的参谋长潘毅与李建立了秘密联系。李景林因一度参加郭松龄反奉密谋而见疑于张作霖，故也愿意与靳联合，另谋出路。经过上述秘密协商，靳、孙、李三方暗中结合起来，并与国民军共同制订了一个秘密军事计划，内容如下：

1．冯军抽调一部进攻晋北；

2．靳军以援助阎锡山为名由娘子关入晋，即与国民军从南北两面夹击晋军；

3．田维勤部进驻南苑、通州，与国民军从东西两面夹击进攻南口的奉鲁军；

4．孙传芳派兵由津浦路进攻山东；

5．李景林部由南口退回天津，截断奉军的退路及奉鲁两军的交通线。

张之江对自己辛苦争取来的统一战线非常重视，在百忙之中抽出空来，亲自策划和指挥了这一场大的联合军事行动，对这次行动抱有极大的希望，并派出国民军代表段其澍、门致中到靳云鹗总部所在地保定参与计划，制定联合行动方案。

计划决定之后，国民军按照约定在雁北首先对晋军发动了强大攻势，晋军连连败退，丧师失地。阎锡山连打急电向吴、张求援。吴佩孚也电令靳云鹗急速前去增援。就在此时，阎锡山电报局截获了靳云鹗与国民军来往的密电，发觉了双方共同图晋的密谋，十分恐慌，向吴佩孚进行了举报，阎锡山亲自赶往石家庄参加吴佩孚主持的会议。此外，齐燮元及田维勤也分别向吴佩孚告了密。在此情况下，吴佩孚认为靳已经对自己构成了严重威胁，故对其采取断然之举。这既消除了自己的内部隐患，也对奉张表示了与其合作到底的决心。

与此同时，奉系张景惠也发觉了李景林与靳云鹗秘密联系，向张、吴二人告密。因此，张宗昌急调一部进攻南口的主力回防山东，暂时减轻了南口战场的压力，并于5月30日解散了驻扎在杨柳青、杨村一带的直鲁联军第三十四师赵杰部。

6月11日，张作霖免去李景林之训练总监一职，与李有关之机关也均裁撤。李景林被迫将军队交给胡毓坤、荣臻节制。6月29日，张作霖令张宗昌派军将原李景林部缴械改编。奉军中战斗力较强的李景林部从此元气大伤，不再成为国民军的威胁。

6月3日，直军田维勤收编的原国民军二军一部突然在阵前倒戈，由京北沙河方面直迫万寿山，在与直鲁联军激战后投向国民军。

7月12日，直军田维勤部陈鼎甲第三十九旅发动兵变，从妙峰山投向国民军，再次使直军全线动摇。国民军派许骧云部接应。20日，直军田维勤部第四十旅贾自温、马宗融两团（原国民军三军旧部），又在清水涧投向国民军。

8月2日，田维勤部又有两营士兵投向国民军。此外，张宗昌所收编的李景林一部也发生兵变。直军东路主力共有六旅连日发生倒戈，使其损失近三分之一，士气由此一蹶不振。

张之江全力主张和策划的统一战线所取得成果从以上所述事实中可以看的

清清楚楚，绝不是某些历史研究者所说的妥协投降，历史是以事实为依据的，而不是一个人感情和政治宣传而改变的。

三、以寡敌众　决战南口

张之江率领国民军一面谋和，瓦解分化敌人，建立统一战线共同作战。一面积极备战，在谋和过程中，军事部署也基本就绪。一俟谋和失败，即亲率国民一军主力、三军残部与直、奉以及直鲁联军三军主力于南口地区展开决战，终于爆发了现代史上最著名的战争之一——南口大战。

国民军的总部设在张家口，对敌防御的中心点是在京西的南口。

南口是个小镇，在北京的西北，张家口的东南，其北面是居庸关、八达岭，形势险峻，地位突出，有一夫当关之势。是华北通往西北的险要隘口，自古就被称为天险，是兵家必争之地。早在1925年下半年，国民军一军就在苏联顾问的参与下，开始修筑以此为中心的百里防线。郭松龄反奉战争爆发前，冯玉祥又于11月8日命令鹿钟麟"速回南口备战"，并明确指示说是为了防御奉军。

1926年1月，冯玉祥下野后，张之江派苏联顾问及三个工兵营去加固南口防御工事。经过半年多的精心营造，国民军在南口修筑了现代化的军事工程。

1926年1月9日，张之江就任国民军总司令后，会同参谋长曹浩森、陈琢如、李烈钧（广东派来的国民政府代表）等反复商量，周密讨论，制订了南口战役作战计划，其中重要的内容之一就是进一步加强南口工事和阵地，全面加修掩体、堑壕（内设枪眼）、纵横交通壕、电网、步兵火网、炮兵火网、半地下式碉堡（内设重机枪数架）等。为防敌兵进攻，凡可通至敌方的道路均依山作壁，因地设堡，层层封锁。

国民军以南口火车站为中心构筑了第一个阵地带，修建了南口和以东的关公岭及以西的凤凰台三个集团工事。关公岭地势高耸，笼罩全阵地。南口车站前地势开阔；凤凰台高地居右侧，与关公岭成犄角势。各集团工事建筑了大量加盖设枪眼的步兵掩体。连、营、团、旅、师及预备队各部掩壕成齿形相通。在步兵火线前二三十米处掘宽二丈，深一丈五尺的外壕，壕内设侧防壕，外缘设五条回线以上的电网和地雷带。各集团工事前各筑三四个半地下球形碉堡，堡内配置二至四挺重机枪；发电机设于水源。在营、团、旅、师掩体、壕沟阵地后，分置有轻、重迫击炮、野山炮、野战重炮（十二生的）。

国民军还在距南口车站后三千米的居庸关右翼依托凤凰墩，左翼依托诸多山峰，修建了大量圆形步兵加盖掩体，山炮、轻重迫击炮掩体及地下球形碉堡，构筑了第二个阵地带。

此外，国民军在多伦、沽源及至张北之间的各个要地，环设外壕，壕外掘土积筑墙壁，设置有枪眼的壁下掩蔽部和各个掩体。壕外构筑能编成火力网的半地下式侧防机关，编成军事要点。

国民军与军阀的决战，战线绵延2000多里，由西安经天水、平凉、包头、大同、天镇、怀来、南口、顺昌、多伦等地，规模极其庞大，北洋军所有部队全部出动，包括奉、直、鲁、豫、晋、陕、甘多省兵力，围攻国民军，而南口战役即其核心。

从1926年4月中下旬起，奉、直、直鲁、晋军阀组成"讨赤联军"，从察北多伦至直隶易县并延伸到晋北的千里战线上，联合向国民军发动进攻。其攻击的中心点，就是京西的南口，故被称为"南口大战"。与此同时，吴佩孚委任刘镇华为"讨贼联军陕甘总司令"，率镇嵩军进攻陕西。

4月11日，逃归陕西的国民军二军李云龙（虎臣），进驻西安。1925年底，为响应国民军抵抗北方军阀围攻，井岳秀率旅长高双成等在榆林组织陕北国民革命军，并自任陕北国民革命军总司令。1926年初，杨虎城以陕北国民革命军前敌总指挥的身份率两团兵力南下西安，会合李虎臣部队守卫西安，声援南口战役，抵抗刘镇华的进攻。刘部将西安城包围，杨、李率部死守，开始了长达8个月的"西安"守卫战。该战场虽然独立于南口大战之外，但也是国民军抵抗奉直军阀进攻战争的重要组成部分。

由于南口位置十分重要，张之江用3个师镇守南口，考虑南口正面是主要阵地，位置最重要，一发千钧。用什么人最好呢？张之江想到了老部下，消灭赵倜之战的勇将营长刘汝明，这时刘汝明已是第十师师长，刘汝明在与河南军阀赵倜的一战中，以少胜多，1个营对赵军7个营，以弱胜强，遇事不慌，给张之江留下十分深刻的印象，他深信南口主阵地放上刘汝明，一定没有问题。事实证明是完全对的，刘汝明不负所望，率领第十师坚守了四个多月，坚守到了最后，在接到总部撤退命令后才主动撤退的。

其左翼守延庆是后来调来的佟麟阁陆军第十一师；其右翼守怀来是陈希圣陆军暂编第三师。

张之江作为西北边防督办，被国民军公推为全军总司令（《中华民国军政职官志》405页。李泰棻《国民军史稿》。），统掌军民两政，坐镇张家口，总揽一切，指挥全军。1926年4月中旬，国民军由北京退守南口，张之江和广东国民政府派来的代表李烈钧，参谋长曹浩森等人经过长期研究，制订了南口战役作战计划。对国民军进行了改编以利于最后决战，国民军（其中二、三军只是残部）改编为9个军，又2个骑兵集团，总兵力近20万人。战斗序列如下：

国民军总司令张之江（兼西北边防督办）

参谋长　　　　　曹浩森

东路军

总司令　　　　　鹿钟麟

第一军军长　　　郑金声

第三师师长　　　陈希圣

第七旅旅长　　　徐以智

第八旅旅长　　　葛运隆

第九旅旅长　　　许骧云

第十师师长　　　　　　刘汝明

第二十八旅旅长　　　　张万庆

第二十九旅旅长　　　　胡长海

第三十旅旅长　　　　　王书箴

第十一师师长　　　　　佟麟阁

第三十一旅旅长　　　　张瑞堂

第三十二旅旅长　　　　赵景文

第三十三旅旅长　　　　刘玉山

第二军军长　　　　　　方振武

第一师师长　　　　　　方振武（兼）

第四军军长　　　　　　徐永昌

副军长　　　　　　　　孙连仲

第六混成旅旅长　　　　弓富魁

第九军军长　　　　　　王镇淮

第十三旅旅长　　　　　董砚璞

骑兵第一旅旅长　　　　席液池

骑兵第三旅旅长　　　　郑泽生

骑兵第九旅旅长　　　　姜文焕

骑兵第十旅旅长　　　　豆振荣

骑兵第十二旅旅长　　　姚景川

内蒙古骑兵旅旅长　　　乐景涛

直属部队

卫队旅旅长　　　　　　冯治安

第五师第十四旅旅长　　宋式颜

骑兵第五旅旅长　　　　李炘

航空总监　　　　　　　郑建中

西路军

总司令	宋哲元
第五军军长	石敬亭
第四十混成旅旅长	韩多峰
第四十一混成旅旅长	田春芳
第四十二混成旅旅长	韩占元
第六军军长	石友三
第六师师长	石友三（兼）
第十六旅旅长	陈嘉宾
第十七旅旅长	张凌云
第十八旅旅长	许长林
第五师师长	陈毓耀
第十五旅旅长	张自忠
第八军军长	韩复榘
第一师师长	韩复榘（兼）
第一旅旅长	张汝奎
第二旅旅长	程希贤
第三旅旅长	丁汉民

骑兵第一集团

总指挥	赵守钰
骑兵第二旅旅长	郑大章
骑兵第六旅旅长	赵守钰

骑兵第二集团

总指挥	杨兆麟
骑兵第七旅旅长	马步元
骑兵第八旅旅长	马廷贤

骑兵第九旅旅长　　　　杨兆麟（兼）

总预备队

总指挥　　　　　　　　蒋鸿遇

第七军军长　　　　　　蒋鸿遇（兼）

第十二师师长　　　　　蒋鸿遇（兼）

西路游击司令　　　　　刘振远

绥运骑兵第一旅旅长　满　泰

甘肃驻军

驻甘司令　　　　　　　刘郁芬

第二师师长　　　　　　孙良诚

旅　长　　　　　　　　孙良诚（兼）　张维玺　魏鸿发

暂编第十二师（1926年3月编建入甘）

师　长　　　　　　　　蒋鸿遇

旅　长　　　　　　　　丁振国 梁冠英

　　　　　　　　　　　郭安学　安树德

暂编第十三师（1926年8月编建）

师　长　　　　　　　　张维玺

暂编第二十五师（1926年8月编建）

师　长　　　　　　　　戴靖宇

暂编第×师（1926年6月入甘）

师　长　　　　　　　　吉鸿昌

其中能够用于南口的兵力约为5万，其余都分散在进攻雁北、酣战甘肃、防守多伦、沽源、宁夏等战场。

为了适应新的军事形势，国民军领导集团对指挥体系重新进行了安排。张之江在西北边防督办署内设置了军事、财政、政治三个委员会。张之江自兼军事委员会委员长，任命张秋白为政治委员会委员长，魏宗晋为财政委员会委员长，并各设委员若干人；聘李烈钧、孙岳为高等顾问；任命鹿钟麟为察哈尔都统，蒋鸿遇代理绥远都统。

方振武起义投向国民军后，改序列为国民五军，方忠心耿耿，英勇作战，辛苦西退，军纪非常好。看到这种情形，张之江特别任命他为口北镇守使，改番号为第二军，表示器重，果然在晋北战役进攻晋军过程中，方部不负众望，表现很好，连打胜仗。张之江方方面面人事安排考虑很周全，是南口战役能够支持这么久的很多重要原因之一。

总参谋长由曹浩森担任，曹浩森是国民党元老李烈钧介绍来的军事人才，李的江西同乡，毕业于中日陆军大学，很有才干，策划参谋军事非常得力，曹浩森加入西北军阵营是李烈钧对西北军的重要贡献。李烈钧是张之江多年好友，两人友谊保持一生。

国民军一军以鹿钟麟、宋哲元分任东、西两路总司令。国民军二军、三军、五军分别由弓富魁、徐永昌、方振武统帅，国民军的上述安排照顾了一军与其他诸军的关系。国民军参战兵力有18个师、25个旅。国民一军为十二个师，七个旅，国民军二军仅余两个旅。国民军三军也仅余徐永昌师及其他数团（名义上仍为旅），约1.6万人。国民军五军也不过万人。

北方军阀组成的讨赤联军约60万人，双方兵力总共达81万人，占当时全国总兵力100万的80%以上，南口战役无愧为一场进步与反动，革命与反革命势力的大决战。

张之江任命鹿钟麟为东路军总司令，总司令部设在张家口，前方指挥部设于下花园，东路战场取守势。任命郑金声为第一军军长，指挥刘汝明、陈希圣、佟麟阁三个师守南口，以王镇淮第九军指挥北路军，守多伦、沽源。主战场在南口，其次为多伦、沽源。

张之江任命宋哲元为西路军总司令，总部原在多伦，沽源，后来因为进攻晋北需要，总部移到丰镇，进攻晋北，西路战场取攻势。以韩复榘为第八军军长，指挥所部和韩占元旅进攻大同；以石友三为第六军军长，指挥所部攻左

南口战役模型图和地形图

云；以赵守钰任骑兵第一集团总指挥在右翼方面，以杨兆麟任骑兵第二集团总
指挥在左翼方面，策应正面进攻。任务是肃清雁北晋军，速歼大同守敌、攻下
雁门关，维护京绥铁路交通，巩固右侧背安全。

任命石敬亭为后防总司令，指挥其第五军，驻守平地泉，维持后方。

任命蒋鸿遇为总预备队，指挥其第七军各部，坐镇绥远，派出有力部队，
侧攻偏关、平鲁、右玉，以配合西路军进攻。

任命刘郁芬为甘肃督办，负责巩固甘肃，肃清甘肃敌对势力，接济前线。

任命舒双全为兵站总监，主管后方勤务，负责将苏联接济的械弹运到张家
口，再分配至各路军。

任命闻承烈为京绥铁路局局长。

在张之江精心筹划和指挥下，国民军攻防有序，井井有条，迎战军阀
围攻。

这时奉军和直军分别由京奉、京汉两路进军，奉军从热河向多伦进攻，南
口正面由直军吴佩孚负责；直鲁军沿津浦线，由昌平方面侧攻南口；晋军阎锡
山则从晋北大同一带攻击，矛头对着察、绥一带的国民军，形成了一个对国民
军大包围圈。

反国民军的战斗序列如下：

奉、直、鲁、晋联军方面

（一）南口前线

讨贼联军总司令吴佩孚

前敌总指挥张宗昌

1. 直军（京西门头沟至紫荆关一线）

第一军总司令靳云鹗

第四军总司令齐燮元　副司令魏益三

第一路司令王为蔚

第二路司令田维勤

第三路司令魏益三

2. 直、鲁联军（南口至昌平一线）

前敌总指挥褚玉璞

第一军军长张宗昌

第五军军长王栋

第六军军长褚玉璞

第十一军军长王翰鸣

3. 镇威军（奉军）（居庸关、永宁、延庆一线）

镇威军第三、四军团长张学良　韩麟春

第九军军长高维岳

第十军军长于珍

第十六军军长荣臻

第十七军军长胡毓坤

（二）多伦前线

镇威军（奉军）第六军团长吴俊陞

第八军军长万福麟

第十二军军长汤玉麟

骑兵军军长穆春

（三）晋北前线

晋军前敌总指挥商震

第一师师长商震　　旅长傅存怀、李培基

第二师师长孔繁蔚　旅长李维新、傅作义

第三师师长王嗣昌　旅长丰玉玺、杨爱源

第四师师长谢濂　　旅长高冠男、丰羽鹏

炮兵团长周玳

南口是国民军东路防线的重点，是对方急欲攻下的要隘。

1926年5月中旬，奉军两个方面军和直军五个师对南口发动了第一次进攻。吴佩孚亲任总司令，田维勤为前敌总指挥，率20个旅攻南口正面、南口左侧关公岭。他们利用野炮、山炮、重炮及迫击炮之优势，和极其充裕的炮弹供应，集中轰击国民军阵地、一日落弹一万多发。因国民军阵地工事坚固，步炮火网严密，未能得逞。田维勤部队中有三个旅向国民军投诚，南口守将刘汝明趁机反攻，直军大溃。

这次战役，国民军许骧云旅抵抗尤其勇猛，打得坚强果断，使进攻部队大部丧失进攻的能力。此外，国民军还乘敌人疲惫之时，以一个混成旅兵力大举出击，先后收复昌平、沙河，北京为之震动。但是，国民军无意进攻北京，旋即撤回。

6月，以奉，直鲁军为主又发动了第二次猛攻。张学良，张宗昌亲自坐着铁甲车到前线指挥，督促部下猛攻，奉军飞机，坦克都出动助战，集中全力猛攻南口正面阵地。奉军同时攻打南口左右两翼。国民军师长刘汝明指挥若定，指挥炮兵轰击，连张学良，张宗昌坐的铁甲车也被炮弹击中。

直奉联军，屡攻不下，除每天用炮轰击外，又派铁甲车天天接近阵地扰乱，连日以来，官兵疲惫不堪。

为了消除铁甲车的袭扰，国民军守军研究出一个办法，在南口车站搞了几辆铁闷子车，车内装满石头，敌人铁甲车再来，这几辆装满石头的车从高处滑下，一定会将铁甲车撞翻在山沟里自毁。事机虽然泄露，但敌铁甲车也不敢再出现在我阵地前了，官兵莫不拍手称快。

敌人空军飞机频繁出动，反复投弹，一次投弹十余颗，重二百磅，刘汝明住室也被炸。张之江考虑前线战事紧张，刘汝明压力太大，派后防总司令石敬亭到南口前线慰问刘汝明，并了解具体战斗情况。

6月22日，石敬亭到南口视察。他参观了阵地以后，对刘汝明说："子亮，你要小心敌人抄你的后路，我看八达岭、居庸关这一带山高且险，你的兵力又薄弱，关公岭以东有许多羊肠小道，如果叫敌人迂回过来把山占据，攻击后路，火车及一切都要绝断了。"

刘汝明回答说："你顾虑得是，敌人如果从南口正面或附近来攻，我这一个师足可应付，倘若敌人要从南口以东三十里，或南口以西三十里向康庄、怀来做大迂回，我就心有余而力不足了。"石敬亭回去马上向张之江作了报告，张之江立刻派手枪旅季振同团，进驻居庸关，堵塞缺口。

西北督办公署参谋长曹浩森也以电话通知刘汝明："佟麟阁的第十一师进驻康庄车站以东延庆县与得胜口一带，陈希圣的第三师开到康庄东站以西地区，防守居庸关右翼的长城各小口。"这两部是来掩护南口左右侧背，要刘和他们切实联系。

除了派石敬亭去南口外，总司令张之江还派国民军作战主任参谋张樾亭去南口慰问关心刘汝明，出谋划策，刘汝明深表感谢，要张樾亭回张家口谢谢老上级张之江。

6月底增援部队刚上来，敌人又发动了总攻。

7月2日，张学良、张宗昌、褚玉璞等人在京召开军事会议，决定全力猛攻南口。次日，张宗昌下令限一星期攻克南口。7月5日，奉军与直鲁联军下达对南口总攻击令；兵分三路进攻国民军，第一路徐源泉部，第二路荣臻部，第三路韩麟春部。7月8日，直鲁联军以白俄驾驶的装甲车为先导，集中全力猛攻南口正面阵地。奉军同时攻打南口左右两翼。国民军炮兵和步兵相配合，打退了敌人多次进攻。7月18日，张宗昌、张学良、吴佩孚分别悬赏攻打南口，但仍无成效。吴佩孚率领的北洋军的几次猛攻也一一被击败，没有任何战果。

这次战役有一个惊险的插曲，当战斗进行到一半的时候，奉军挑选了一股精兵，约三百多人全副武装从南口、得胜口之间的空隙，乘夜爬山绕到居庸关东七八里处，企图偷袭南口主阵地，由于张之江派去的季振同团早已到位，这一股偷袭的敌人刚一露头，就被发现，全部被包围歼灭，非常惊险。战斗进行得很激烈，敌人虽然被消灭了，但是季团的副团长阵亡，士兵也伤亡了很多。如果不是张之江考虑周密，派石敬亭前去视察，及时发现问题，及时堵塞漏洞，问题就严重了。

奉直联军这次总攻十分凶猛，但是又一次归于失败，张之江从总部派去增援的季振国手枪旅，佟麟阁师，陈希圣师关键时刻起到重要作用，与刘汝明师一起奋战，最终击退了对方的三面围攻，奉军坦克也被击毁四辆。

虽然南口一次又一次取得胜利，但是总体形势对国民军很不利，从战略形势看，国民军陷于军阀日益收紧的钳形大包围之中，回旋余地越来越小。

战争拼的是经济实力，打的是金钱，西北极其穷困，经济困难，几乎没有工业，武器弹药得不到补充，交通运输极不方便，连构筑工事的铁丝网都需要进口，弹药物资枯竭，金融储备消耗殆尽，已经快到山穷水尽的地步，长此以往绝对无法支撑下去，主要希望在于广东革命军早日出师北伐。

26年5月，冯玉祥派李鸣钟和刘骥去广东，和国民政府做仔细洽谈，达成协议，表示拥护革命运动，并代全军宣誓入党，督促广东革命军早日出师北伐。

7月下旬，冯玉祥从苏联发来电报，广东革命军出师北伐，张之江把电报转达给全军：北伐开始，要求国民军承担起历史重担，在南口牵制吴佩孚的主力，以配合南方国民政府进军北伐。全军闻此消息十分振奋，知道自己在为历史挑重担，都咬紧牙关，拼死奋斗，配合广东革命军北伐，统一中国。

广东国民政府7月1日颁发北伐动员令，开始出师北伐，由于吴佩孚主力全部在南口战线，后方极其空虚。广东革命军一路势如破竹，攻城略地，迅猛前进，在7月底之前已经占领湖南省大部，准备进军湖北。眼看形势严重，从7月27日开始，吴佩孚的盟军和部下就开始催促吴佩孚回师南方增援。

孙传芳致电吴佩孚，请速扫西北之敌，回师南下，坐镇长江。他比吴佩孚清醒，连连发表讲话，认为南重于北。陈嘉谟也不断来电告急，请吴速回汉主持湖南军事。曹锟让彭寿莘劝吴离直赴汉，早日布置湘、鄂防务。但是，吴佩孚固执己见，以不愿"功亏一篑"为由拒绝。吴佩孚让复仇心理冲昏了头脑，面对无数来电告急，竟然回电给部下说："南口一日不下，则本总司令一日不南下。"国民军的顽强抵抗，吴佩孚的偏执和狭隘给广东革命军制造了统一中国的重大机会。

吴佩孚这个决定还藏有自己南下后影响对中央政权的争夺，所以他决心孤注一掷拿下南口再回师南下，这个决定是个致命的错误，导致了北洋军的最后灭亡和国民革命政府的最后胜利。

由于南口久攻不下，军阀联军无法脱身，广东革命军乘虚进攻，逼近湖北，威胁吴佩孚老巢。奉、直、直鲁联军孤注一掷，决心迅速攻下南口。

8月1日晨，直军、奉军、直鲁联军共12万人向南口一线展开总攻击，全线几百门山炮、野炮、加农炮等重炮展开猛轰，奉军集中几十门重炮猛烈轰击南口要塞。张学良、张宗昌分赴沙河、羊坊督战。吴佩孚亲到三家店督促田维勤向青白口进攻，"限三日内攻下怀来，"8日、10日连电催促田维勤。

鉴于前几次进攻，联军仰攻据险固守的国民军，伤亡太大，这次1日总攻开始后，直、奉、直鲁联军采用炮轰，不惜一切代价在5天内发射了近十万发炮弹，企图不用步兵，单凭炮火将工事阵地全部摧毁，将阵地上国民军守军全部消灭。但是炮击5天，浪费无数炮弹，最后一无所获，国民军守军隐蔽在事先修筑好的严密的掩体和山洞内，人员损失极小，只是工事、阵地受到不小损害。

眼看收效甚微，8月5日晚，奉军、直鲁联军再次下达了进攻南口总攻击令，从8月6日开始，联军改变战术，投入步兵发动新一轮进攻，改向右翼迂回发动进攻。右翼奉军第十军当南口正面偏右，第九军由得胜口迂回进逼，一面由二道关经黑石崖，向虎峪村猛扑，炮、骑、步兵同时出动。

中路南口正面，由直鲁联军发动进攻，褚玉璞将司令部移至寒潭，亲自指挥，进扑铁路沿线及龙虎台、北马坊一带高地，直向南口车站而进。左翼方面由鲁军王栋部负责主攻，由白阳城进前桃洼、后桃洼，向东园车站侧击。三路中，于右翼置重兵取攻势，左翼取守势。正面专司扰乱守军。

7日昌平全线激战，张学良、褚玉璞等都亲赴前线指挥，直鲁联军以王栋为前敌总指挥，率部沿京绥铁路左侧发起攻击，奉军第十军于珍部沿铁路右侧发起攻击。奉军先以大炮轰击，然后以坦克、步兵冲锋。国民军依仗坚固工事还击，战况空前惨烈，很多阵地都经过反复争夺，多次易手，国民军死战不退。

国民军缺乏重炮和炮弹，于是发扬自己夜战和白刃战的特长，每天晚上一二点钟的时候，必派少数大刀队、手枪队，前去袭击军阀联军，从5日至9日之间，夜夜都出动夜袭，从不间断。奉直联军前线队伍，防不胜防，扰不胜扰，每到晚上就提心吊胆，不知道国民军从什么方向，什么位置突袭攻进来。国民军熟门熟路，挥舞刺刀和大刀，处处偷袭，联军损失重大，人人自危，惊慌失措。仅在七八日两天之内，军阀联军前线死伤官兵，不下两万。国民军也有死伤，但是比联军要小很多。

由于战事激烈，双方无法处置清理战场，故前方尸体，遍地都是，臭气熏天，在前后十余里村落都能闻到，导致瘟疫泛滥，严重影响联军士气。

尤其在龙虎台、关公岭、虎峪村、得胜口等地，国民军与奉鲁军恶战猛烈。国民军发扬白刃战的长处，把平时训练的武术功夫都用了出来，与敌白刃肉搏一百多次，杀敌无数。在凤凰台，双方拼抢，前后易手达十数次之多。奉军步兵第4旅25团某连攻老爷岭，一仗之后仅存25人。国民军在奉军优势炮火的轰击下，也遭受重大损失，部队官兵伤亡很大，刘汝明师长应前方请求，把驭马的马夫都派到前线作战去了，以至于最后撤退时候无人拖曳大炮，丢了几门炮。

8月8日，奉军胡毓坤部攻占居庸关，9日，奉军骑8旅攻占营子城、偏坡峪，第9军占铁卢沟、第10军攻占毛司台、落马坡各要隘，铁甲车攻破南口阵地外壕，南口陷于奉军三面包围之中。

与此同时，奉军吴俊陞部在察北发动了猛烈攻击，并于7月20日攻占多伦，使国民军整个防线发生危机。张之江将军深知多伦的重要性，多伦一旦失守，敌人从侧翼切入，便可以轻松截断国民军后方，于是急调宋哲元率部从晋北驰援，将多伦收复，暂时稳定了局势。

晋军董中山部乘国民军后方兵力空虚攻占了绥远清水河，托克托等县，并收买土匪赵有录包围包头，晋军开始反击。国民军几个方面作战，饷械俱缺，又面临着与甘肃宁夏交通中断的危险，形势日益危机。

奉直军久攻南口正面阵地不下，8月上旬，奉军再次从北路进攻多伦，从侧翼插进来，由于守将席液池中了敌人的离间计，多伦再度失守，国民军后方发生危机。

鹿钟麟指挥的东路军从7月下旬以来，南征北战，东打西杀，虽然阵地没有问题，但疲于奔命。甘肃战场也不断需要增援。宋哲元西路军长期胶着，后援不济，屯于坚城之下。

最主要的是4个月来，饷项无着，武器弹药消耗殆尽，连粮食给养都难以供应，赖以维持生活的西北银行钞票最终都无法兑现，后勤供应和经济问题严重影响战争的进行，决定了一切。

8月上旬，张之江召集主要高级将领再次在张家口开会，商量撤退还是坚守的大计。多数将领认为在军阀重重包围下，国民军在哪一方面都难突破重围。长期拖下去无异于坐以待毙，这时已经倾向于向西撤退，但是为了响应北伐军，实际军事行动还是能拖多久拖多久。

军阀联军则孤注一掷，不顾死伤多少，全力猛攻南口，8月9日拂晓开始，奉军再次发动猛攻。他们先以猛烈炮火攻击，随后步兵人海般一波接一波蜂拥而上，大炮声隐约传至北京城，战况激烈可想而知。激烈战斗相持数日，南口仍然在国民军掌握之中，直到多伦失守。

8月12日中午，张宗昌亲自到前线督战，两军相接，炮战改为近战，双方停止炮击。奉直部队没有任何掩护，只凭临时掘起高约尺许之土堆掩蔽，向前推进。冲锋队伍完全暴露在居高临下国民军火力之下，使国民军炮击、射击没有障碍，射击命中率特别高，奉直军死伤极其惨重。

守将刘汝明不负张之江重托，英勇沉着，指挥若定。每当战斗激烈时，他都亲自坐镇南口指挥所，房屋都被敌军炮火炸毁，他便坦然坐在高台之上，指挥战斗。敌人攻龙虎台很猛烈，势在必得，有次龙虎台的守将30旅旅长王书箴跑回指挥部报告说："敌人攻势甚猛，守兵伤亡殆尽，希望师长派兵增援。"

话还未说完，刘插问："你叫什么名字，不是叫王老虎吗？我看你是假老虎。"

王一看情况不对，转身跑回阵地，不敢叫援。晚上刘把王请来，当面安慰说："我的脾气不好，你不怪我吧？我离你们阵地只有几百米，看得很清楚，假设有事的话，我立刻上去。当战斗激烈的时候，一分钟也不能离开指挥位置，军心一动摇，那就危险了。"

战斗最激烈的地方，除了龙虎台，还有左翼的关公岭，那里守将张万庆也很顽强，接连打退敌人多次猛扑，每天夜间乘敌人休息时，就派出武装搜查队，到阵地前方搜寻敌人遗弃的武器、弹药。

俗话说：兵随将转。师长刘汝明每次战斗都亲临前线，他的从容镇定感染带动了全体官兵，手下官兵个个争相向前，勇敢杀敌。30旅旅长王书箴亲自在最前线阵地龙虎台指挥，28旅旅长张万庆亲自到第一线关公岭指挥督战。因此全军战斗意志坚强，顽强拼搏到了最后，奉直鲁联军攻势一次一次被粉碎。

龙虎台之争夺，特别惨烈，可以反映南口全线激战情况。龙虎台是南口车站之屏障，相距不过3里，关系南口战事极大，双方都志在必得，所以从11日

南口战役最激烈争夺的阵地——龙虎台。

夜以来，争夺四次之多，得而复失，牺牲最大。刘汝明派出最得力战将王书箴守在那里，直鲁军反复争夺，死伤极其惨重，才于13日上午占领。

最后一次，褚玉璞军第155旅徐孟起部，由孔营第三连连长周某，组织敢死队员100名，突然进行夜袭，当时正在夜半，西北军经过一天作战，疲困到了极点，大部分人已经进入梦乡，只有4名苏联顾问正看守防线及炮位，并不时炮击直军，不料敢死队一拥而上，将该山占领一部分，4名顾问也被俘虏两名，山上守军被俘20余人。

国民军部队才从梦中惊醒，奋起迎战，同时山下之西北军，也向敢死队猛扑，该夜袭队才转胜为败，被杀70余人，周连长亦死于乱军中。当时在附近作预备队之孔营长，见国民军气势凶猛，不敢向前，徐孟起军所率后援队，也来不及赶过去，龙虎台被国民军夺回。

徐因为孔营长见危不救，很不高兴，于是又组织敢死队100人，于13日早晨，孤注一掷做最后之猛攻，拂晓该台才被敌人完全占领。从13日起，奉军后方炮队在北马坊猛轰南口车站，徐旅也乘胜前进。

这时刘汝明派出自己王牌，一个营的大刀队前往迎战，反击敌人，在文头地方遇见褚玉璞卫队第一团，国民军大刀队大显神威，左冲右突，经过一番激战，褚玉璞的卫队团被全部杀光。但是武器弹药奇缺，仅仅靠体力搏杀显然无法维持长久，褚见一个团被斩尽杀绝，又派卫队第二团前往再战，而大刀队已精疲力竭，无力再战，只得往后逐步退却，奉军猛追，西北军正面之前线，渐渐动摇，但南口车站依旧在国民军手中。

不料虎峪村方面，因为久战疲乏，为奉军突然袭击占领，于是车站难以再据守，守军于正午12时1刻，退出车站。14时退往南口镇，奉直联军尾追，国民军再向后退。

如此一个一个阵地争夺，一个一个山头厮杀，奉直鲁军进展非常缓慢。

14日14时半起，守军陆续向居庸关及附近山中退却，南口镇也同时放弃，被奉军占领。国民军以南口镇外，地形突出，易攻难守，为节省兵力起见，2日前已决定退入居庸关，预先将一切军用品及战时用具、粮秣马匹大炮等，先行运走。所以决定撤退时，秩序良好，被俘人员极少，只有在南口之伤员病兵，没有能同时运走，所以奉直联军虽然占领了地方，但是并无俘获，奉军当局也不否认。虽然奉军当局当时对外宣称：俘虏2000余，获枪1500余，炮若干，机关枪若干。奉军事后承认，只不过是战时宣传而已。

8月14日晨5时，张学良向奉军、直鲁军下达攻取南口总攻击令，右翼奉军于珍部第10军37旅7时占虎峪村，左翼直鲁军第5军王栋占马家湾，正午占领南口车站，下午南口大部分地区被奉、直军占领，刘汝明下令退守主阵地，坚决抵抗，寸土不能再让。

15日，张之江鉴于多伦失守，奉军已经开始向张家口运动，后路将被切断，决定全线撤退，通知南口守军立刻撤退，南口的国民军接到总部命令后，于傍晚主动撤出阵地，逐步退往绥远。

军阀奉直联军在猛攻4个月之久，发射几十万发炮弹，付出5万多人伤亡的重大代价后，总算占领了南口阵地，长达4个多月之南口大战终于落下帷幕。

在这四个多月的八面奋战的时间里，张之江将军英勇沉着，运筹帷幄，依靠多数将领的沉着坚定和全体战士的训练有素，英勇奋战，多次击退数十倍于国民军的装备精良的军阀联军的进攻，倘非多伦失守造成不利局面，使国民军不得不退出南口，还不知鹿死谁手。

多伦位于张家口东北，是国民军防线上的一个重要支撑点。它屏障西北和京、津一带是抵挡奉军进攻的前哨。多伦如为奉军夺取，国民军前后联系将被截断，有被敌方从侧翼包抄之虞。奉军曾一度夺取多伦、沽源，被张之江派宋哲元收复。

奉直军对南口攻势极不顺利，屡战屡败，只得考虑迂回进攻。7月初，奉军为策应南口方面的攻势，编组了一个兵力庞大的第五方面军团，军团司令为吴俊陞（黑龙江督军），这个军团由4个军组成，即骑兵第14军，军长穆春，第15军，军长汲金纯，第16军，军长王树常兼军团参谋长，第8军，军长万福麟及山炮兵一团，在向多伦的国民军守军进攻同时，又施离间计，对多伦守将席掖池进行攻心战。

8月初，在进攻多伦前奉军派人送信给多伦国民军的三个团长，并故意将信交到席液池亲信之手，造成三个团长已和奉军暗中勾结准备投降的假象。信内提及"上次接头时之条件拟全部同意，……总攻时间望接应……"并提到"活捉席液池"的地点等等。席见信后，也不辨真伪，就慌了手脚，弃城逃命去了。及至奉军发动攻势，三个团长电话请示，竟无主将接电话，于是多伦不战而陷。此情很快报至张家口总司令部，张之江在震惊之余，气愤异常。因席液池系张之同乡，且又为骑兵出身，平时多所倚重之故。

奉军占领多伦以后，即向张家口推进；吴佩孚指挥队伍向涞水、涞源、怀来三路进攻。南口、大同两线战争均陷入不利境地，国民军处于直奉联军和晋军前后夹攻之下。

张之江立即召集参谋长及东西两路军司令开紧急会议，宣布席液池临阵脱逃为国民军前所未见者，要求两路司令严密注意之行踪，一旦发现，就地擒获听候发落。会上分析了当前形势，由于多伦失守，南口不保，张家口危急，为保全兵力，免遭敌人包抄，当即决定：

一、为保全实力，实行总退却；

二、西路军掩护东路军，各部相互掩护，向包头、绥远撤退；

三、各部队带五日粮，至平地泉再补充五日给养；

四、严守军纪，不得骚扰百姓；

五、将督办公署移向绥远，转进陕、甘。

会上强调，席液池临阵脱逃之事只限于几位最高将领知道，以免扰乱军心，而撤军的注意事项则通告全军，可见退军是冷静而有计划的，并非仓皇逃走。据参与南口战役的奉军将领郭希鹏的回忆，18日"在张家口，国民军总司令张之江已撤走，还有一二团步兵没走，似乎就要走，地方很平静"。在南口，"战事激烈，奉军伤亡很大，未攻下。15日再攻时，发觉国民军开始了全线撤退"。这是亲自参与战役的敌方军官的回忆，应更具有客观真实性。

可见奉军是在最后时刻才攻下南口，就是国民军决定撤退后才攻占的，如果不是多伦失守影响全局，军心士气不受影响，南口还能守一个阶段，总部不会决定撤退，还会向南口增派援兵。总司令部决定撤退后，南口守军刘汝明是白天接到撤退通知，准备在天黑后才开始撤退，撤退有足够时间做准备，非常从容，实际是黄昏时分才放弃了阵地，自行转移。

南口战役，由于多伦失守，国民军主动撤出阵地，张之江未雨绸缪，精心安排，兵力损失很小，战争损失不过1万多人。战争开始之前，国民一军总兵力约15—16万余人，南口撤退后，有组织成建制撤到包头、平地泉有5万多人，有5万多人流亡于绥远、察哈尔之间，甘肃有2—3万人，投降晋军有韩复榘、石友三、陈希圣等三万多人。

五原誓师时，流亡的5万多人都先后携枪归来，投降晋军的也反正归来，一下集中了15—16万人。由此可见，整个战役，国民军人员损失很小，只是物质损失很大。（参考文公直《最近三十年中国军事史》228，229页），由于张之江的努力为国民军保存了绝大部分有生力量，冯玉祥归来后，得以迅速恢复，重整旗鼓。

冯玉祥回到国内后，张之江乘船从宁夏赶至五原与之见面。张此时已积劳致病，口歪眼斜，憔悴脱形，冯玉祥乍见之下，几难相认。当左右通报张已到的时候，有这样一段对话：

"张先生来了吗？子岷兄！子岷兄在哪里？"张离冯很近了。

"我就是，先生！听说你已回来，我乘船连夜从宁夏赶回来的。"

"哎呀！你怎么累成这样子了？我简直认不出来了，早知如此，我就不要你赶来见面了，你病得不轻，得赶快去治病。"冯握住张的手，用关切的眼光打量着他。

"先生，责任重大，不敢懈怠，几个月来，我没有睡过一次好觉，现在好了，你可回来了。"

此时的见面，确是悲多于喜，双方不免惨然。接着，张之江向冯玉祥讲述了战争的全过程，当讲到多伦不战而陷、不得不放弃南口和张家口时，不禁悲从中来，恸哭不已。冯玉祥亦为之动容，不断命随从送上热毛巾给张之江揩脸，并多方劝慰，要张好好养病，还分赠自苏联带回来的贵重药品和列宁的皮衣裤一套，叮嘱随从务必照顾好张之江。张之江劳累致病的消息传得很快，当时军阀所控制的天津《顺天时报》的头版新闻竟然登载着这样一条消息："张之江病故五原"。

这次战后重逢的情景，给冯玉祥的感觉极深，以致他后来两次书赠同样的对联给张之江，讲的是同一件事：

上联为"代我统全军担当大任"；

下联为"佩兄诚热血泣涕陈情"。

在落款下面注明"再书一次"。

为什么有两次书赠呢？原来在抗日战争爆发后，这副对联在辗转迁徙中丢失了。1942年冯玉祥住歌乐山，张去看望，在谈话中提到这副对联的丢失，责怪自己太粗心。冯玉祥兴致极好，说"丢了还可以再写，我再送你一副"，于是又挥毫笔写下了同样内容的对联，并特别注明"再书一次"字样。

这副对联记录了南口大战的历史，反映了张之江在西北军内的地位和所做的贡献，表达了冯玉祥对张之江的感佩之情，这副第二次赠送的对联，张之江一生都非常珍视，将它悬挂在客厅里，在晚年给了他精神上极大的安慰。他曾指着这副对联对子女们说："不管别人如何评论南口大战，冯先生这副对联给予了充分的肯定。他是当事人，是最了解内情的。这比什么都宝贵。"

张之江在国民军的战功，为中国历史所做贡献，有口皆碑。台湾出版的《春秋》第7卷第6期，曾经刊登王悟明先生的文章，讲到张之江在西北军的情况。

王说："张之江在西北军中辈分高过冯，年龄大冯一岁，李鸣钟有福将之称。

张之江有战将称号，冯玉祥一半天下是张之江打下来的。"

这话给张之江做个总结，非常真实，非常公正。

从四川一直到常德、河南、陕西、郑州、河南、天津、察哈尔直到南口，大仗、恶仗，关键战役都是张之江的战功。

四、进攻山西　巩固甘肃

国民军在北方军阀联盟形成前，做了大量统一战线的努力，争取奉、直、孙等部，当然更不愿与阎锡山为敌，因为山西地理位置十分重要，卡住国民军后退入西北通道，国民军为了争取阎锡山，做了大量努力，冯玉祥和李烈钧都亲自发电报给阎锡山，希望晋军不要卷入，保持中立，这样西北军前方后方能够通畅，兵力物资能够不受阻碍的运输调度。

但是国民军这样想，素抱骑墙主义的阎锡山却另有算盘，他希望获取察、绥地区；奉直联军声势浩大，若山西不出兵助张，将来奉直全胜，山西地位将受奉直势力威胁；再者因为奉、直联合时，曾经协议察、绥地区交由山西处理，如果阎锡山布防晋北，阻止国民军与西北交通，将来可以因功而得察、绥，获益不小。分析双方势力，奉、直强于国民军，与奉、直一致，必有利于晋，阎是一个滑头军阀，只从本身利益考虑，4月下旬，阎锡山在张作霖的催促下，命晋军进攻阳原、蔚县，拆毁天镇以西至大同的京绥铁路，切断了国民军的后方交通。他委任商震为总司令，谢廉为前敌总指挥，在左云和大同以北设置了第一道战线，于平鲁至灵丘一线设置了第二道战线，从晋北配合奉直军阀夹击国民军。

晋军出兵大同，切断了京绥铁路，扼住了国民军通往西北的咽喉，而退往西北的交通要道，正是京绥铁路，京绥铁路是国民军生命线。京绥铁路东起北京，北上察哈尔张家口，南经山西大同、再向北折入国民军根据地绥远的包头，切断京绥铁路，就是切断了国民军的退往大本营的退路，实际等于向国民军宣战。

双方冲突乃不可免。国民军宣称："晋军截断铁路，扼我咽喉，致我死命，我为生存自卫计，不得不出兵恢复京绥线"

国民军众将领气愤填膺，一致决议对晋开战，张之江命令进攻山西，为此，国民军调整了抗敌战略，决定"守南口，防多伦，攻晋北"。跟随张之江多年的老部下宋哲元改任西路军总司令，率国民军石敬亭第五军、石友三第六军、韩复榘第八军等部驰往晋北，负责进攻晋军，保卫京绥线。多伦防线由王镇淮第九军负责。

当然对晋开战主要还是遵守和靳云鹗、李景林等人密约而开始的战略行动。

5月27日开始，国民军8万人主力全力攻晋，一连攻占大同雁北以北13个县，给晋军以重创，恢复京绥铁路交通，山西震动，阎锡山吓得从太原赶赴石家庄，要求吴佩孚增援。

但因缺攻城重武器，国民军进攻时损失也较大，虽然进展很大，占领很多城市和地方，随后粮弹两缺，后继乏力，无法进一步向前发展。

1926年6月15日，晋军击退攻雁门关的国民军，晋北战争出现转折，国、晋双方都无力再兴攻势，形成胶着局面，国民军只能转为守势。

晋军原本打算配合奉军打到察北占多伦，威胁张家口时再出击，在宋哲元等部强大的攻势面前，撤至雁门关，集结固守。晋军商震的司令部设在雁门关外广武镇内。在这一带，国民军与之对峙了84天。

其间多伦被奉军攻击失守，张之江急令宋哲元回师出援多伦、沽源，宋哲元不负众望，一举击退奉军，使该两地失而复得。随即宋又返回西线，全力攻打晋军。晋军时时被动，处于危急状态。但从总的形势来看，国民军处于四面受敌境地。西路军力战多日，子弹缺乏，补充不易，官兵疲困。甘肃骑兵旅长马步元暗通阎锡山，石友三也通过商震结好阎锡山，韩复榘则通过李树椿与大同守备师长付存怀的关系联络阎锡山，诸多原因，使西路军逐渐士气不振，对雁门关的攻击陷于停顿。

当时任石友三第六军麾下的十五混成旅旅长张自忠因为馒头山之战和石友三、韩复榘矛盾尖锐化，率一个骑兵营、一个机枪连、一个手枪队，共约六七百人投降晋军，对整个军心影响也很大。

张之江老部下韩多峰，是张之江任第七混成旅旅长时的三团团长，多年来一直跟随张之江，很有军事才干，张之江任国民军总司令时，任命他为第40混成旅旅长，在对雁北的进攻中，韩多峰冲锋陷阵，战功卓著。韩复榘战败丢失孤山阵地后，韩多峰率本部反攻，夺回阵地，俘虏晋军旅长丰玉玺。

国民军在南口抵抗敌人围剿的同时，还分别进行了抗击吴佩孚策划的地方军阀进攻甘肃和陕西西安的保卫战，这两部分作战都是南口战役的部分，而甘肃战场则是更重要的部分。

1925年10月，国民军按既定计划，派出国民军进军甘肃，刘郁芬将军率部完成对西北大后方的控制，但是由于兵力紧张，不敷分配，仅仅控制了兰州，其他地区仍为地方军阀势力所盘踞。其中，以陇东镇守使张兆钾、陇南镇守使孔繁锦、凉州镇守使马廷襄势力较为强大。其余韩有禄、宋有才、黄得贵等力量较弱，他们割据一方，不听号令。

西北回族领袖马福祥任"西北边防会办"后，对国民军持合作态度，使回族地方势力基本能与国民军相安。但是，张兆钾对国民军持敌对立场，此人野心也不断膨胀。国民军入甘前，他怂恿李长清驱逐陆洪涛，就是想取以自代，掌握全甘肃的统治权，且早就与吴佩孚有秘密往来。

国民军退到南口之时，吴派人与张兆钾、孔繁锦联系，分别委任为援甘正、副总司令，并许以甘肃督办及省长。张兆钾见到国民军节节败退，在甘肃的军队又被蒋鸿遇带走一个师，认为机不可失。5月中旬，当他们看到南口前线战事激烈，张兆钾便联络韩有禄、宋有才及孔繁锦等向国民军发动了进攻。

冯玉祥在去苏联之前，曾将在甘肃的刘郁芬与在绥远的李鸣钟对调。刘郁芬本不愿意离开甘肃，但不得不接受新的任命，并借此机会扩充了在甘肃的军队，新组建了暂编第十二师，以丁振国、郭安学为旅长，蒋鸿遇为师长；孙良诚为第二师师长，辖梁冠英、张维玺、安树德三个旅。

1926年3月，蒋鸿遇率部开赴绥远，留在甘肃给刘郁芬的部队只有第二师三个旅。但是，就在蒋离甘不久，甘肃战端骤起。与此同时，国民军在南口的战事也很吃紧。所以，刘郁芬一时去不了绥远，李鸣钟也来不了甘肃。一直到国民军从南口总撤退，刘郁芬仍留在甘肃自任督办。

1926年5月上旬，张兆钾佯称修筑道路，偷越六盘山，向西推进，拟偷袭兰州。5月22日，张发进攻国民军通电，并出兵两路攻占了定西。与此同时，驻阿干镇的黄得贵部也会同驻狄道的宋有才部、驻固原的韩有禄起兵，向兰州发动了进攻。国民军被迫进行应战，甘肃战场就是南口大战在西北部的分战场，受到张之江高度重视。

此时，国民军在甘肃兵力单薄，仅孙良诚第二师。梁冠英旅受命反击，于28日收复定西后，在城东清凉山抵抗张部反扑。张维玺旅受命抵御黄得贵，黄被击溃后，在关山与其残部及宋有才部对抗。因此，兰州防御一时空虚。鉴于此，刘郁芬命令梁冠英部从定西撤至兰州西的响水子和桑园一带，与张维玺旅的防线连成一片，与敌人对峙，并等待从绥远赶来的援军。梁冠英旅的战略撤退，出乎张兆钾的意外。他认为兰州指日可下，并为此发了一个声讨国民军的"讨赤"檄文，称："私自招兵，此赤化一也；擅杀李长清，此赤化二也；信仰基督教，此赤化三也……"，一时传为笑柄。

兰州告急，刘郁芬不断向张之江发电求援，张之江此时已经将在绥远兵力大部投入雁北战事，南口前线战事吃紧，也不断需要援兵。

在兵力极为紧张的状况下，张之江仍派出郑大章骑兵旅、吉鸿昌临时编组的第十二师第三十六旅、谷良友、丁振国三个步兵旅全力援甘。在接到刘郁芬多次告急电报后，援甘部队星夜穿越沙漠，驰援甘肃，并于6月下旬到达兰州。

张之江向甘肃派出一个骑兵旅、三个步兵旅的援兵，起到决定性作用，粉碎了张黄孔等人的进攻，彻底扭转了甘肃的战局，奠定了国民军在甘肃的胜利。

此时，国民军第二师已与张兆钾对峙了一个来月，吉鸿昌等部援兵的到来改变了被动局面。刘郁芬先令张维玺旅右翼出击，攻打战斗力最弱的黄得贵部。张旅将黄部击溃后，兵锋直指驻狄道、渭源、陇西的孔繁锦。孔在会同张兆钾进攻国民军的同时，曾派人到刘郁芬处暗送秋波。在张兆钾兵迫兰州时，他又派出一部进驻陇西，表面上是声援张，实际是坐观成败，以收渔翁之利。孔部在张维玺的猛攻之下，狼狈逃窜。8月19日，国民军攻占了孔繁锦的老巢天水，接着又攻占了西和、礼县、徽县。孔逃往汉中，投奔了吴新田。

8月18日，刘郁芬命孙良诚率梁冠英、吉鸿昌、谷良友、郑大章向张兆钾、韩有禄、黄得贵等部发动反攻。张、韩、黄等部立即败退。国民军再次收复定西，从而解除了兰州的危机。接着，刘郁芬乘胜追击，全力进攻陇东。与此同时，他又电令驻宁夏的马鸿逵进攻固原。张兆钾部逃窜到会宁的祁家大山一带布防抵抗。吉鸿昌作战素来勇猛，人称"吉大胆"。他率部攀越祁家大山，一直插到张兆钾的侧背。张兆钾急忙逃到平凉。8月30日，国民军攻占平凉。张兆钾逃往陕西。

在张之江派出的4个旅的援兵增援下，国民军驻甘部队发动反攻，经过三个多月的苦战，基本上消灭了甘肃地方割据势力，从而完全控制了甘肃全省，对国民军日后的生存及发展，有重要的战略意义。

建立甘肃根据地作用：建立甘肃根据地显示了张之江在战略上的高瞻远

瞩，西北地区在1924年以后，成为国民军势力大本营，不但是整军经武的根据地，也是屏障国民军免受外力侵扰的最佳处所，1925年初，国民军不堪奉系势力咄咄逼迫，即退居西北，培养实力，以图来日发展，这时甘肃根据地更显其重要性和优越性。

1926年国民军在联军进逼下，便也计划退守西北。是时甘肃督办刘郁芬正致力于巩固国民军对甘肃的控制，张之江虽在南口前线抵御奉直军，雁北进攻晋军，兵力十分紧张，却仍然不忘派遣重兵，支援刘郁芬肃清甘省境内的反国民军势力，可见西北的甘肃对于国民军有重大的意义。

因为稳固甘肃，即可收取当地鸦片税，有助于财政来源。甘肃又是通往中亚的孔道，能够提供另外的税源。在地理位置上，便利国民军与苏俄联络，并接受俄援。因此，甘肃是国民军保全势力的"天堂"。

早在1926年4月3日，蒋中正先生向国民政府建议整军肃党，按期北伐时，即曾明白提到应该联络北方的国民军，使其脱离奉、直联合围攻，安然退守西北，以保留实力。故国民军若欲谋与南方国民党合作，其初步行动，势必需要退回西北，重行整顿。

张之江不顾四面受敌，兵力极其紧张的状况，先令刘郁芬巩固兰州，随后又派郑大章骑兵旅、吉鸿昌等三个步兵旅增援甘肃，终于彻底占领和巩固了甘肃，牢牢建立起一个后方根据地，为日后西撤退回西北，保存革命实力保留了一个退路。张之江在重大战略问题上，是有很敏锐的眼光和韬略的。

甘肃由此而成为国民军比较稳固的大后方，不但为南口战役提供很大人力物力财力的帮助，并为国民军再起提供了相当雄厚的物质基础和兵源。冯玉祥回到国内，为重整国民军，不停地向甘肃刘郁芬索要大量军饷、军服、物资。《冯玉祥军事要电丛编》有很多这样电报，直接和真实地反映了甘肃根据地的重要性，甘肃根据地为援陕、参加北伐，起到了重要作用，张之江经营这片战略根据地功不可没。

五、南口战役期间各个将领的表现

南口战役是近代史上最激烈战争之一，国民军是居于众寡悬殊的劣势地位，这种时候对国民军每一个将领都是考验，像一面镜子照亮了每个人真正的面目，俗话说；路遥知马力，日久见人心。在这场严酷的战争中，很多人都露出真面目，现了原形。

上文说过，韩复榘和石友三两人怂恿张之江乘机夺权，自立门户，叛变西北军的阴谋失败后，心怀二志，在南口撤退时，此二人和陈希圣都投降山西晋军。韩、石两人后来在蒋、冯、阎中原混战前后，又先后投降蒋介石，这是众所周知的事情。

刘敬忠在《冯玉祥国民军研究》书中把韩、石叛变归因于他们两人与张之江的个人矛盾，实在是外人缺乏对国民军深刻认识和足够的研究，不免幼稚可笑。

张之江忠心耿耿于国民军与冯玉祥，在没有人敢接、愿意接这个烂摊子的时候，临危受命，出面拯救国民军，全无一点个人野心和个人私利，没有与他们产生矛盾的可能性和必要性，和他们没有任何根本利益和利害冲突。所谓矛盾，上文已经详细阐述，就是因为韩、石两人要自立门户，叛变冯玉祥和国民军，遭到张之江坚决抵制，但是最后还是私心大暴露而叛变。

除了这以外，还有被刘敬忠等人称为西北军所谓的智多星蒋鸿遇也是私心大暴露，企图自建独立王国，原来绥远都统一职，已任命刘郁芬担任，但是李鸣钟没有就任甘肃督办，刘郁芬因为甘肃战局紧张，也没到绥远就任。绥远是国民军重要根据地，不可无人负责。张之江任命石友三代理绥远都统。石刚就职，即调他去晋北作战。都统日常政务便交给道尹邓长耀代理。等到国民军大军退到南口防守，多伦和雁北两地的军事越来越吃紧。

张之江于是调在甘肃的蒋鸿遇之十一师，兼程加入雁北战场参战。蒋率部到了包头，看到绥远暂时无人主管，竟然停止不前。而这时张之江已经任命宋哲元为绥远都统，而宋哲元正在防守多伦，还没有时间上任。

蒋就想乘机代理绥远都统一职，张之江清楚绥远和山西接壤，不可以长期拖着没有人主管，只得暂时委任蒋鸿遇兼代绥远都统。

万没有想到蒋就职后，对绥远都署人员，进行了大规模更换，大多数以自己亲信担当，以魏书香为财政厅厅长，李庆施为教育厅厅长，严惟悛为警务处处长兼警察厅厅长，原任官员，除了政务厅厅长没有更换。李鸣钟原任用的人员，几乎被他全部借故撤职。

按国民军惯例，任用以上人员，须由国民军总部向政府保荐，就是原长官换了而下面的官吏基本是不换的。蒋的所作所为不经请示，自作主张，完全破坏了国民军的制度和规定，前所未有。

他尤其注意财政，巧立名目，搜刮钱财，中饱私囊，凡可以征收的机关，每天都派人坐等着提钱，一收到钱，全部送到他的都统公署。刘郁芬从甘肃接济国民军总部公款现金二十万元，作为接济正在激战的南口和雁北前线的军费军饷，经过绥远，蒋也疯狂卡住，截留十万元，贪污公款留作己用。

李鸣钟在绥远当政时，严厉禁烟，李鸣钟未到绥远之前，烟苗满地，烟毒泛滥。李到后采取严厉措施，铲除全部烟苗，不许吸食鸦片，人民都称颂他的功德，政府嘉奖他的功劳。而蒋鸿遇当政后彻底放开烟禁，从中收取烟税牟利。

而且不时巧立名目向银行商会筹款借钱，前后总计借款筹款达到二十余万元，地方不堪重负，百姓不堪其苦，大大败坏了国民军多年来建立的良好形象和声誉。

而李鸣钟在任时，从没有这些名目繁多的各种收入。李不但各种经费充足，而且绰绰有余，还不断地接济总部。蒋鸿遇接任后，除将他自己的十一师器械服装补充整肃外，不管其他部门费用支出，其余所有部门和公务经费支出，都很紧张，各种费用，都拖欠数月之久，蒋鸿遇巧立名目收来的费用，大多数都去向不明。把个清白开明的绥远，搞得乌烟瘴气，和李鸣钟时代相比，有天地之别，国民军中过去从没有像这样横行无忌者。

全体将士饥肠辘辘，难以果腹，蒋鸿遇却在贪污腐化，中饱私囊，是可忍，孰不可忍。可是刘敬忠竟然美化赞扬如此人物，其立场观点之偏颇和水准是令人无法想象的。

南口撤退后，大军西退归绥、包头，粮、弹、物资奇缺，急需后方供应，蒋是绥远都统，本来应该有责任供应自己部队粮饷物资，支援本军。万万没想到当张之江、鹿钟麟、宋哲元等将领率数万大军历经千辛万苦到达绥远时，竟然发现蒋鸿遇在大军到达前一天，率领本部11师，先行撤到宁夏。临走之前，他的卫队把归绥新城全加以清洗破坏，以至于西撤的数万大军，饥肠辘辘，整天没饭可吃，蒋鸿遇的行为等同叛变，这种行为更像敌人所作所为。幸亏张之江率领的国民军纪律严明，号令井然，张之江亲自带着手枪团在街上巡查，维持纪律。大家忍饥挨饿都严守纪律，部队才没有出乱子。

蒋鸿遇到了甘肃，即向大家说，甘肃是穷苦的省份，只能养兵两师，今大军全都往西退去，将来如何维持？言语之间就是不愿国民军其他部队开往甘肃之意。

（李泰棻《国民军史稿》对此有详细描述。）

蒋实际上准备叛变，他私自派人偷偷去北京向张作霖接洽投降事宜，冯回到五原后知道这种情况，即去电兰州要蒋回来，蒋见到冯羞愧难当，随即大病不起，冯玉祥决定撤销蒋鸿遇一切职务。见《文史资料存稿选编．军事派系上》过之翰回忆录。刘敬忠等吹捧这样的叛徒为智多星，不知意欲何为？

刘敬忠在《冯玉祥国民军研究》一书中，竟然把这种执法和腐化变质和叛变之斗争说成是"张之江和蒋鸿遇也出现了严重的斗争冲突"，这不是什么个人之间斗争冲突，不是个人之间矛盾，而是对腐化叛变者进行严惩的问题，国民军人人得而诛之，处以极刑。所以张之江对孙连仲交代要对蒋鸿遇"便宜行事"，这是非常必要的措施，难道所谓"智多星""统帅之才"叛变就可以听之任之？

刘敬忠拿这个做例子很失水准，刘所著书中失实和偏颇之处很多，是刘著不从历史事实出发去考证，而更多地沿用苏联顾问及其追随者的说法的一个明证。研究历史如果不能脱离政治的窠臼和条条框框，永远难以达到实事求是，还原真实历史的目的，成就一定有限。

六、南口战役历史意义

南口大战是帝国主义和封建军阀敌视革命力量的必然结果，是代表北方进步势力的国民军和代表帝国主义、封建势力的军阀联军之间的一场生死搏斗。

首先，于当年5月赴苏的李鸣钟、刘骥曾受冯玉祥之命，绕道回广东见国民政府诸负责人，表示全军为孙中山先生信徒，定与封建军阀周旋到底，并代表全军宣誓，参加了国民党。这样，国民军遂正式成为国民革命军的北方部队。

南口大战牵制了北方军阀几十万的兵力，几乎是全部主力，有力地配合了北伐军在两湖战场的胜利进军。1926年7月北伐军攻占长沙时，占领湖南省大部时，吴佩孚主力仍在南口。曹锟要彭寿莘劝吴放弃南口军事，早日南下武汉，布置湘鄂边防。吴复电仇恨地说："南口一日不下，则本总司令一日不南下"。及至国民军弃守南口，时间是8月15日。

北伐军于8月22日进军湖北，占领湖北通城、羊楼司等地。吴佩孚方留齐燮元以副司令身份坐镇北方，自己匆匆南下，赶到汉口抵挡北伐军，但大势已去。北伐军势如破竹，于8月29日攻占汀泗桥，最后直下武昌，大获全胜。北洋军大势已去。

南口战役规模大，形势严峻，敌强我弱，战线长达2千余里，奉、直、晋、直鲁联军合起来兵力有60多万人，他们从四面包围，轮番进攻，必欲置国民军于死地。而国民军兵力不过15万人，粮饷匮乏，弹药无济，凭着艰苦卓绝的精神，以寡敌众，殊死英勇奋战4个月，若不是主帅意志坚定，指挥得当，是不可能坚持这么长的时间，收到牵制军阀兵力的效果。受命于危难之际的张之江，不负冯玉祥的重托，完成了艰巨的使命。他作为指挥南口大战的总司令，在中国革命史上功绩昭然！

南口战役持续时间4个多月，在日、英帝国主义支持下，奉、直、晋等军阀组成"讨赤联军"共出动了四十二个师，四十七个旅总兵力达六十多万。各种大炮1000余门，机枪1000余挺。连在国内战场上从未用过的坦克和飞机也首次出现在南口战场。

广东革命军北伐出师时，两广军队仅有陆军七个军八万余人，另加海军一个舰队及一队空军总共不足九万人。唐生智率湘军第四师投北伐军后，也不超过十万兵力。同吴、张、阎任何一个军阀武装相比均处于绝对弱势。北伐军能出师告捷，很快占领湖南，打到湖北，客观上是张之江率领的西北军在南口长时期英勇奋战，拖住了北洋军全部主力，重创了北洋军全部主力才换得了南方北伐的顺利。

当时冯玉祥在苏联，总司令是张之江，作为主要领导人的功勋是一个基本历史事实，是不可磨灭的，历史事实是不以任何个人主观意志为转移的，不以任何意识形态的歪曲而改变的。如果主要领导人有一丝一毫的动摇和犹豫、有一丝一毫的指挥错误、有一丝一毫的妥协，根本是不可能坚持4个多月之久的。

可以说自1926年4月开始，即南口战役开始时，国民军同南方北伐军已并肩在南、北两线同帝国主义支持下的军阀武装作战。南口大战表明张之江在思想上、军事上已同北洋军阀营垒彻底决裂，张之江指挥的南口战役在历史上的功勋巨大，南口战役牵制了全体北洋军，使得广东北伐军获得胜利，这个结果得到方方面面的一致公认。

南口战役在中国革命历史上占有重要地位，意义十分重大。我们可以看看广东革命军北伐推进的时间表，就可以看出南口战役牵制北洋军主力，配合广东革命军北伐、统一中国所起到的巨大作用。

7月5日，奉军与直鲁联军下达对南口总攻击令；

7月8日，北伐军进占湘乡。

7月9日，北伐军进占谭市。

7月10日，北伐军进占湘潭、醴陵。

7月11日，北伐军攻占长沙、宁乡。

湖南大部落入北伐军之手。

8月1日，直军、奉军和直鲁联军向南口防线展开全面总攻击。

8月15日，南口撤退。

8月21日，吴佩孚回到武汉。

8月19日，北伐军再兴攻击，占领平江。

8月22日，北伐军占领岳阳、湖北通城、羊楼司等地，开始进入湖北境内作战。

8月29日，北伐军攻占汀泗桥。

随后再下贺胜桥，直达武汉。

当冯玉祥得知北伐军打下了武汉，曾经发电报给张之江，高兴地说："一失南口，一得汉口，所失者少，所得者多，对革命同志来说实已战胜敌人。"冯玉祥《致张之江共图大计电》，载于《冯玉祥政治要电汇编》卷1，第71页。

李泰棻在《国民军史稿》中也客观评价了南口战役巨大功绩，他指出：

"国民军仅十万人，坚守南口，当敌军五十余万众，血肉相搏者凡四月，为历史上有名大战。一次牵制吴佩孚，不能南下援湘，使广州北伐军长驱直入，席卷长江，进据武汉，与革命进展，所全实多。"

毛泽东在中共"七大"政治报告中指出"1924年，孙中山先生接受了中国共产党的建议……实现了国共两党的民族统一战线，举行了胜利的北伐，打败了北洋军阀政府，占领了长江流域大部和黄河流域。"中共中央对南口之战的评价是"这次战争实际上是人民与军阀的战争，是国民武装与军阀势力的战争，是张、吴联军与民众联合的战争。"

中共中央这个评价就是对张之江指挥南口战役的功勋所做出的最好的评价。

广东国民党政府和蒋介石正是抓住了国民军在北方同军阀激战的有利时机出师北伐的。1926年4月30日，蒋介石在吁请早日北伐的电文中写到"北方国民军退出京、津后，中国形势将迅速变化……如奉军占领京、津，则日本在华势力愈加稳固。吴佩孚在鄂、豫得势，英国必竭力助长之。日、英、法恨苏俄在华势力复张，对北方国民军处置既毕之后，其必转视线，注力于两广无疑。至此，形势严重则我国民革命军的出师北伐准备当以3个月内完成。余深信北伐军必能迅速占领武汉，将直系军阀吴佩孚之势力完全清除。"

可以看出，蒋介石在4月底计划用3个月时间准备北伐，也就是南口战役开始后，蒋看到并把握住了南口大战的有利时机，决定出师北伐，故广东国民革

南口阵亡将士纪念碑

命军出师北伐，是国共两党有识之士的共同主张。这场大战对北伐所起的客观作用已被历史所证明。

在1928年7月9日国民军南口战役阵亡将士追悼会上，北伐军总司令蒋介石曾致辞："南口苦战四月，牺牲至大，因之牵制奉军和直军五十万之众，不能南下守鄂，促使我北伐军事顺利出湖南，以破竹之势消灭反革命势力，进入武汉，是北伐成功，多赖南口死难烈士，其功不可没。"

蒋介石同中共中央一样给予南口战役最高的评价，也就是给予南口战役最高领导人张之江最高评价。

七、南口战役失败原因和能够坚持长达 4 个多月的原因

南口战役失败原因表面上看有以下原因：

1. 多伦与沽源失守，后路被切断，不得不总退却。

2. 南口要隘龙虎台失守。

3. 弹药用完。

4. 战线太长。

5. 反国民军的联军人数和武器弹药装备处于绝对优势。

其实那都是表面现象，从一般意义寻找原因，国民军失败的根本原因不在于此，而在于绝对弱势的经济实力和军事实力，无法支撑长时间的持久战，南口战役失败只是时间早晚的问题。

国民军苦战数月，八面受敌，西北极其穷困，弹械、粮饷补给困难。枪械弹药需要从苏联进口，由库伦运输，汽车又少，昼夜开行，换人不换车，每次需三至四日，运至张家口分配到各部队，每人子弹不过二到三粒，怎样应付数倍于国民军之奉直鲁晋联军？冯玉祥曾在《我的生活》中讲到，西北一带荒僻，士兵疲敝。一次开会时，大家诉说枪弹缺乏、人马不济。那时张之江为督办，他见大家都要钱要弹，急了，就说："今天是要命有命，要钱没钱……"

从这段叙说中，可见当时弹尽钱缺之严重局面。

众所周知，战争就是拼经济实力，打的就是金钱，尤其是南口战役这样的长达4个多月持久战更是如此，西北和西北军根本不具备长期作战的经济实力和能力。

张之江为抵抗奉直军阀的围攻，想尽了办法，千方百计地筹措军费，提高了京绥铁路的运费，并在察、绥等省发行了短期公债。尽管如此，军费依然极度缺乏。

为了解决和筹措军费，张之江亲自控制西北银行运作。

1926年1月初，自从张之江继任西北边防督办后，每天过问西北银行情况，自从冯玉祥宣布下野后，战争断断续续一直在进行，而从4月南口战役开始，战争就全面进行，耗费巨大军费。

国民军退守南口与奉、直、直鲁激战4个多月，张家口交通断绝，物价上涨，金融枯竭，军费开支几乎全赖西北银行发行钞票维持。

4月15日南口战役开始，4月19日张之江下令限制兑现，市面上钞券立即发生折扣，银行挤兑现象也日趋严重。到了7月20日拂晓前，在下堡的西、南两个城门外拥挤的市民极多，城门刚刚开放，两方面全都争先进城，一齐奔向银行，不意两股人流把原来在银行门口等候兑现的市民夹在中间，相互冲撞，秩序大乱，结果被挤死了5个人。银行抚恤死者家属后，张之江下令由每人每天限制兑现数目5元改为1元，同时另委商会分发13个行业每天共兑5000元。

上述这种情况反映了西北军经济极其困难，已经无法支持长期战争的开支。

军火供给困难，武器弹药可以用"奇缺"二字来形容，本来指望从海路运进苏联军援武器，但是从天津进口的武器弹药，由于国民三军将张之江攻占的天津轻易丢掉，没有出海口后，运来的军火都被奉军扣留。1926年3月16号，苏联船只"格莱哇号"从海参崴运给国民军满满一船枪械弹药，相当于250万元的银圆，被奉军海军在渤海中截去，此时，国民军自己既不能生产，海口又被封锁，武器弹药之不足始终成为不可解决的大难题。

唯一途径只有靠陆路从苏联远道运来，中途经外蒙古库伦转道西北各省，辗转到张家口，杯水车薪，不能解决问题。而且苏联陆路来的军事援助受到莫斯科严格控制，数量也是有限的，苏联因为冯玉祥不是真正革命者、不加入共产党而经常停止军事援助。

国民军控制地区经济特别贫穷，别说那时，时到今日，大西北仍然是中国最贫穷落后的地区。

生产能力更是落后，那时西北察哈尔、绥远、甘肃等省工业落后，连铁丝铁钉都无法生产，更不用谈其他。

鹿钟麟在1926年4月不得不率部从北京退往南口，就是因为弹药全部用光，已经无法再坚持打下去的缘故。

南口战役期间，南口关公岭防线架设很长的铁丝网，防止敌人突破，奉、直军炮兵数量大，炮火强，有时每天发炮一万多发，铁丝网经常被炮火摧毁，每天需要修补。

西北根本不能生产铁丝网，但是前线急需，刘汝明发电报给张之江要求补充铁丝网，张之江发了数封电报要求在苏联的国民军代表毛以亨在苏联紧急购买。

第二要求代表从苏联购买火车油，因为没有火车油，连火车都无法开动，没有火车油，连撤退都无法进行。幸亏有了从苏联购买的火车油，不然南口总撤退时，火车都无法开动。

其实这只是两个比较典型的例子，在那个时期，可以说样样都要买，样样都要钱买。但是西北军没有钱，既不能搜刮百姓，税收又很少，没有生产产出。驻苏代表催着要钱。张之江咬紧牙关，四方筹划，第一批汇去7万多元，并告诉代表无论如何不会让他们为难。

张之江汇去的7万多元钱并不全是公款，如此浩大军费开支，公款早就用完了，张之江把他从做连长时一直到现在所有私人储蓄全拿出，无偿奉献给西北军，这种精神使国民军驻苏领事毛以亨都非常感动。

不过驻苏代表也知道经济困难到这种地步，拿什么去打仗，前线西北军如此困难支持不了多久。

战争激烈，方方面面都要用钱。但是如果培养骨干人才的学校要钱，再困难，张之江也会全力支持，西北陆军军官学校学员撤到包头，张之江从仅有一点钱中给他们一笔费用。

国民军在北京开办的"今是"学校，因为没有经费无法开课。1926年夏季，简又文派何志新远赴包头晋见张之江，请求拨款。张之江在经费极其困难情况下，不忘给国家培养人才，依旧鼓励学校开课，仍拨款3000元，交何带回。"今是"学校才得于1926年9月间，继续开课。

南口战役期间，张之江、李鸣钟、鹿钟麟都拿出自己的钱来支持国民军军费开支，有点不同的是，张之江和李鸣钟拿的是从军之后一生的积蓄。而毛以亨在《俄蒙回忆录》谈到，鹿钟麟拿的是驱逐溥仪出宫时从清宫中搞来的钱，据鹿自称用掉1400万。鹿的钱是否全部是从清宫中搞来的难讲，不过绝大多数是没有疑问的。

史学界很多人不敢相信此说，因为1400万这个数字太庞大，甚至连研究国民军造诣较深的历史学家薛立敦都不信，当然新中国成立后还有许多书都说这是造谣言，泼污水，这么说是可以理解的，因为他们了解西北军不彻底，他们不了解鹿钟麟，不了解真相。事实上，鹿钟麟进驻清宫期间，确实拿走一些珠宝、玉器、古玩，事后他给国民军主要高级将领以各种名义都分了一点。也分给张之江几箱，张之江这几箱清宫珠宝书画在抗日战争时逃难过程中全部遗失了。

相比国民军武器弹药困难严重，国民军的对手北洋军阀各派都是武器弹药充足，经济实力强大。

吴佩孚直军有英国支持，占据河南、两湖等地区，财力雄厚，军械有老牌兵工厂汉阳兵工厂源源不断生产支援。

张作霖的奉军以及他的盟军直鲁联军占据东三省、河北和山东，拥有生产能力极强的沈阳兵工厂（当时名称为东三省兵工厂）作为军事后盾，有日本全力支持。奉军进攻南口，一天可以打一万多发炮弹，这对于国民军说来是不可想象的天文数字。

国民军既不能生产，又不能进口，千辛万苦、长途跋涉从苏联陆路运来的援助一次都没有一万发炮弹。

阎锡山晋军拥有富庶的山西经济资源，有闻名中国的太原兵工厂支援，武器弹药也是绰绰有余。

此外各派军阀还可以获得英日等帝国主义国家从海路输入的充分的支援。

因为经济困难和武器弹药供应的困难，国民军南口战役的失败也就是必然的结果，是时间早晚的问题，西退绥远是冯玉祥出国前早就制定的战略，原本计划在四五月间就退往西北。8月15日总撤退是按既定计划撤退，因为张之江的努力，大大延长了撤退时间。

绝不是如刘敬忠所说的："仓促决定全线撤退"。由于主帅张之江杰出指挥，将战争延长了4个多月，才从南口按原定计划向绥远撤退，已经是战争史上的奇迹。

在如此恶劣条件下，几乎没有可能支撑下去的情况下，一穷二白的国民军为什么能支持那么长久而策应广东革命军北伐的全胜？原因有以下几点：

1. 主帅张之江坚定沉着、高屋建瓴通观全局，运筹帷幄，指挥调度有方。制订了正确的符合实际情况的大战略，即守南口、多伦，攻晋北，巩固甘肃、绥远。

2. 主帅张之江用人正确，如东路军南口前线任命足智多谋的鹿钟麟为司令；西路军晋北方向任命骁勇善战、忠心耿耿的宋哲元为司令。

甘肃基地由刘郁芬总负责筹划。给起义将领方振武适当地位，以示信任等。

3. 全体将士训练有素，英勇拼搏，殊死战斗。

4. 主帅统一战线分化瓦解敌人，起到极大的效果，大量敌人起义投诚，大大减少了敌对势力的力量。

5. 调动了一切可以调动的经济资源全力支持战争。

一句话就是主帅人为地努力而造成的一个杰出的战果。

八、与苏联顾问的关系

冯玉祥国民军在北京政变后接近苏联以及接受其军事援助，绝不是出于意识形态上接受社会主义的思想，主要原因就是国民军武器弹药奇缺，没有补充来源，没有生产能力。由于没有出海口，无法从国外进口，从地缘政治考虑的实用主义因素，国民军地处西北内陆，只能从相邻的苏联补充急需的军火。

此外，从苏联进口武器不需要付现款，这对于军费匮乏的冯玉祥来说更是求之不得。1925年3月30日，国民党人黄昌谷发密电给广东革命政府说："国民军冯、胡急需俄助，近与本党益密切。"所以，若把冯玉祥等接受苏联援助视为冯在国共两党"帮助下进步"的结果与表现，完全是误解，或者说是生拉硬扯，无中生有。

苏联的军事援助是有条件的，是以控制国民军为条件的，而冯玉祥把自己奋斗一生而建立的军队视若生命，绝不会允许苏联或者任何其他势力插手。

任何一个国家对外援助的动机都是由自己的国家利益决定的。社会主义苏联的对外援助也不例外。当时苏联的对华政策有两个目标：其中主要的是要推进中国革命、并通过推进中国革命改变苏联在世界上孤立的局面；另一个是与英美抗衡，保护苏联在华利益。对外援助是为实现对外政策服务的。因此，苏联在中国只能选协助其实现外交目标的合作者。苏联在对华战略中，主要从民族沙文主义立场出发，支持中国军事实力派以达到维护自己国家利益的目的。

北京政变后，国民军一跃成为北方最强的军队，控制了河北和西北，又是没有任何帝国主义支持背景的部队，地缘上与苏联接壤，所以被苏联选中，双方才一拍即合。苏联支持国民军最直接的战略目的是为了使其能与奉军对抗，以保护自己在中国东北的既得利益，间接地则是对抗英美日等国在华的扩张。

苏联对冯玉祥的援助既是大量的，也是谨慎的，在这一过程中，时时保持着对冯玉祥的戒备与怀疑。在决定给国民军以援助时，苏联政府就认为"这些国民军的社会基础和北方其他集团的基础一样，虽然这些军队走上了争取民族解放斗争的道路，但是意志并不坚决，各军的司令都没有革命的经历，而军队本身也没有革命的传统。"1925年6、7月，正当苏联武器源源不断地运抵国民军时，因为苏联怀疑冯玉祥有可疑与不可靠处，斯大林立即下令对未起运的武器停运。冯玉祥急派熊斌为团长的代表团赴俄考察军事、政治，并派留学生30名，以示革命决心，实际上是要求继续起运武器，表明革命态度。既合作又猜疑，这是冯玉祥与苏联的实用主义合作导致的必然结果。

因此这种合作一开始就是充满了矛盾的，双方都是互相利用而已。

张作霖奉军在苏联驻华使馆抄获的文件表明，苏联最早是在1925年4月21日向冯做出诚挚的表示，愿意支持国民军，提供武器弹药，同时派遣顾问。提供武器弹药同时派遣顾问是苏联方面的强行规定的一个条件，顾问的工作很明确，就是要通过对冯军官兵做政治宣传以达到其主要目的；即改造和控制这支军队，以为己用。

冯则明确与苏方商定：苏联向冯提供教官和军火，冯反对帝国主义并准许国民党的政工人员加入其军队。

很显然双方包含着利益的冲突。倘若苏联人达到其最终目的——对冯军进行思想灌输，那么，冯就会失去对其军队绝对的、单独的控制。

所以冯很不乐意让国民党员或苏联人在其军中进行政治工作，但极愿接受苏联的援助。在苏联顾问企图控制和渗透冯军的过程中，苏联人发现冯的真实意图，让他们非常失望。他只是把苏联人当作普通的技术教练官，而不是其私人顾问做政治工作。1925年6月，在冯军工作的一名苏联教官给加拉罕的报告称，冯公然拒绝国民党在其军中开展政治工作。

冯玉祥欢迎顾问做训练和技术工作，但又不允许顾问插手指挥和管理的行政工作，不给苏联顾问任何控制军队的机会。于是限制和控制苏联顾问的活动和苏联顾问控制军队的斗争就自始至终贯穿在整个过程中。

为了防止部下和部队被苏联顾问所控制，1925年7月13日，在苏联顾问到达张家口的两个半月后，冯玉祥特别向全体官兵发表防止"赤化"的通令，该通令说："……查近日以来，谣言甚多，诚恐致乱听闻，易起误会。所有各部军队，须十分注意，随时查禁，……而对于赤化播传之说，尤须特别防范，切实禁止。西北地接蒙边，外邻俄境，习尚素不相同，往来时所恒有，交邻固以和睦为尚，而立国精神各有不同。"继而宣称："孔子曰：平天下；孟子曰：民为贵，均为我国数千年之国粹，较之外来新名词，不啻高出万倍。""历来为政第一要道、只要养民安民，不在炫奇立异。凡我军民，均当深体斯意，力除各种不良之恶习。"引自李泰棻《国民军史稿》180页。

此通令不是为反动舆论攻击国民军"赤化"而作的辩解，而是冯玉祥对与苏联建立何种关系实质的真实表述。1925年4月14日，他在决定接受苏联援助不久，在1925年4月14日一次对团、营长的讲话中说："俄国之共产党，将全国皇族、官僚、军阀、警察、大地主，杀去甚多。现在我国阔人闻之，无不胆寒心惊、以中国之现势论，当局若再不觉悟，吾恐造共产党者，即今之政府也……现在此种阶级制度，即是造共产党之机会。一旦民众明白，即不好收拾矣"。（引自《冯玉祥日记》）。

4月27日，他再次强调："中国社会虽无阶级之名，却有阶级之实。……如不改革恐非共产党造机会不可。"

7月9日，他对鹿钟麟说："与各方表示态度，谓我方主张以中国之道论中国，实行孔仁、孟义、墨爱，并非赤化"，认为共产主义不适合中国国情，冯玉祥思想中的反苏意识是很强烈的。

因此，他始终对苏联顾问存有强烈的戒心，唯恐他们传播共产主义思想。国民军部队是冯一手培养的，近乎家族化的管理，使得全体官兵只听冯的命令，他们深知冯玉祥的良苦用心，都自觉抵制苏联顾问的干涉。

为此，冯玉祥也对接替自己职务的最高统帅张之江做了深入的特别的交代，严防苏联顾问渗透和控制军队。

冯玉祥是这么说的，也是这么做的，他对苏联顾问管理和控制是非常严格的，1925年秋天冯玉祥到平地泉去检阅部队，骑兵旅旅长王镇淮向冯玉祥告状，苏联顾问团长任江中将干涉他的管理。

事情是这样的，王镇淮新买了一批马，分配给各营，苏联顾问任江觉得王镇淮分配办法不好，出面干涉，明目张胆插手西北军行政工作，西北军官兵都接到过冯玉祥的通令不许顾问干涉部队。王镇淮很生气，和任江发生争执，于是向冯玉祥报告。冯玉祥明确支持王镇淮，说道："苏俄顾问负责训练方面，对于行政的事，他们不该过问。"任江只得作罢。

在冯玉祥和西北军全体官兵集体抵制下，苏联顾问企图一直难以得逞，使他们恼羞成怒。

双方相互利用的实用主义的这种合作，苏联顾问当然难以达到目的，尽管苏联顾问做了最大的努力，苏联顾问对冯部开展政治工作的效果仍旧有限。一年后，在国民一军工作的苏联教官仍抱怨说："冯在军中对政治工作严加限制，只是在需要并符合冯的利益时才许可"；"实际效果与我们预期的目的还有很大距离"。"我们的希望就像肥皂泡破灭了"。

自从顾问来到军中后，双方明争暗斗一直持续不断，张之江作为冯玉祥最亲密、最可靠的战友，从一开始就坚决贯彻冯玉祥的指示，严格控制军队，不让苏联顾问染指。从1926年1月4日，张之江全盘接管国民军后，更是全面加强监管，使得苏联顾问乘虚全面控制国民军计划一次又一次落空，使得苏联顾问和有关人士对冯玉祥和张之江这两位主要领导人恨之入骨，张之江与顾问之间的矛盾就逐渐达到高峰，因此他们不惜一切造谣生事的手段，凭空捏造、编造谎言来污蔑诋毁张之江。以上举过几个例子，如天津战役总攻开炮后步兵不进攻，冯玉祥不满意张之江在攻打天津的指挥等，即是明证。

还有更可笑的，为了从人格上进一步污蔑张之江，苏联顾问甚至使出了极其下流的造谣手段，借口说道有人说：张之江有两个漂亮的老婆和三个美妾。

《普里马科夫札记》49页。

　　张之江为人是西北军最正派的，作为家人、作为后代，我们最有发言权。事实是张之江与元配妻子因感情不和离婚后，不久于我的外祖母庞淑芳再婚后，始终相依相伴，不离不弃，终此一生。西北军同事和战友对此也了解的清清楚楚。

　　另外张之江是有名的虔诚的基督教徒，虔诚的基督教徒必须严格遵守不抽烟、不赌博，不纳妾的信条，没有信仰的苏联顾问捏造这个谎言时竟然忘了这个简单道理。

　　所谓两个漂亮的老婆和三个美妾都是顾问们随心所欲编造的卑劣故事。如此编造，只能证明造谣者纯粹为了宣传需要而污蔑，是苏联宣传部门一贯使用的拙劣手法，顾问们所言满口谎言，所说所叙无可信之处。

　　苏联顾问对冯玉祥也是恨得咬牙切齿，当苏共中央书记和红军总政治部主任布勃诺夫为团长的政治检查团来华检查工作时，就有些人向检查团报告说冯玉祥不诚实，是叛徒、骗子、丧节分子，认为他不可靠，可能背叛苏联。

　　张之江和苏联顾问的矛盾是逐渐发展的，开始张之江将军对他们非常礼貌友善，但是天津战役是个转折点。所以在天津战役之前，苏联档案对张之江将军是中性的，不带偏见，根据《俄罗斯军事档案》1925年9月16日《俄共（布）中央政治局中国委员会会议第10号记录》记载："为完成张之江的订货，开始从库伦的储备中给他发运所许诺的武器。"

　　1925年9月30日，温施利赫特给斯大林的书面报告中提到："根据张之江的订货，拨出总额为975635卢布的武器装备。"

　　"还为张之江察哈尔省所落的武器订单提供巨大拨款70万卢布。"见1925年10月19日《俄共（布）中央政治局中国委员会会议第13号记录》。

　　作为唯一的武器弹药供应者和盟友派来的顾问，张之江绝无理由不欢迎他们。

　　但是天津战役则是一个重大的转折点，由于顾问在天津战役蛮横粗暴的干涉国民军的指挥，由于这种粗暴的干涉和指挥使国民军在战争初期失利并且遭受相当的损失，引起了张之江对他们指挥能力的怀疑，进一步加深了张之江将军对他们企图控制西北军的警惕。

加拉罕在1926年2月11日在中央政治局使团会议上承认天津战役是顾问工作一次失败。他说："在天津战役期间，（由于顾问瞎指挥）我们未能向将领们证明我们的计划是好的。""对形势考虑不够"。（引自《俄罗斯现代史文献保管与研究中心馆藏文件》，原件为绝密，现在已经解密。）

顾问叶戈罗夫①强迫命令国民军将领，逼迫张之江在条件完全不具备的情况下限期攻占设防坚固的天津，咄咄逼人的太上皇态度，干预国民军指挥到了无可容忍的地步，引起张之江和全体国民军将领的极大反感，从此转而抵制顾问的干涉。加拉罕承认，"天津战役之后发生了某种转折，我们的人应该好好考虑一下这种情况。"（引自《俄罗斯现代史文献保管与研究中心馆藏文件》）

加拉罕在1926年2月11日在中央政治局使团会议上也明确指出：天津战役"我们的人做的太过火了，他们没有分寸是逼人太甚，干预的太厉害。作战计划又不好。"（引自《俄罗斯现代史文献保管与研究中心馆藏文件》）

在这个会上，加拉罕也承认冯玉祥不信任国共任何一方；"对冯说来，共产党和国民党都不是他完全信赖的人。"

布勃诺夫是在天津战役后访问中国的，自然受到这些被抵制顾问的汇报的影响。布勃诺夫回国后，在1926年5月17日报告中就开始有了大转折，把抵制他们的张之江说成是敌视我们政治工作和我们教官的工作的反动分子。

由于苏联主人变了调子，手下人也就纷纷群起而攻之，1926年9月8日《守常政治报告》就开始破口大骂了，很明显，这些随着苏联主人而谩骂的东西根本就不具备史学价值，纯粹就是意识形态的宣泄。后世历史学家如果再采用这类资料，就是无知和浅薄了。

顾问们清楚，自己在天津战役的错误指挥和干涉给国民军初期进攻带来

---

① 亚历山大·伊里奇·叶戈罗夫：苏军元帅、方面军司令，集团军司令，1925年派往国民军任顾问。1927年回国，1939年在苏军大清洗中被杀。

相当大的损失，为了掩盖自己的失败和错误，他们煞费心机地编造了一个一个神话故事，其手法就是苏联宣传部门无中生有的手法，其中就有12月22日总攻天津是大量炮火轰击后再进攻的，张之江在炮击后不让步兵冲锋等等，事实证明，这些纯属编造。上文对此等谎言已经做过详细分析和驳斥。

当然此等谎言连他们的自己人，驻华大使加拉罕都嗤之以鼻，承认这是顾问的失败，并且责问："（天津战役初次进攻）这次失败是谁的过错。"

国民军集体抵制引起他们极大的不满，从天津战役双方矛盾激化后，苏联顾问就开始大规模造谣中伤张之江，冯玉祥走后，更是把满腔怒火发到严格控制他们活动的主帅张之江身上，所以造谣中伤，污蔑编造就是可预料之事。于是很多宣传资料和无中生有的史料就这样被炮制出来，流传至今，这种关系所产生的污蔑宣传连苏联大使都不以为然，却仍然被当今许多历史学家采信和引用，是学术界的悲哀。

张之江 将军传

· Biography of Zhang Zhijiang

第七章

禁烟委员会主席张之江

一、受命禁烟　则徐第二

1926年8月南口大战结束，张之江劳累致病，得了小中风，便离职养病，经过武术锻炼，很快恢复健康，重新开始工作，作为第二集团军代表派驻南京，实际上从此脱离了军界。

张之江早年投身革命，在军队里经历了27个春秋，怎么会在壮年时离开军界呢？这和他早年受到的教育及以后信仰"三民"主义都有关系。他认为辛亥革命推翻了封建朝廷，人们就应按照中山先生"三民"主义的理论建设一个富强的民主共和国，不应为争权夺位而征战不休。他对军阀穷兵黩武越来越不满，后来常常讲到一件事：那就是1925年，张之江本来奉命驻守丰台，准备增援奉军将领郭松龄反张作霖、反日本帝国主义的起义。哪知国民二、三军和李景林的军队发生冲突，又不支败退，他被派去打李景林，后虽打败李景林攻入天津，可是影响了对郭松龄的支援，以致郭松龄起事后孤立无援而被害，没能实现驱逐日本势力出东北的计划。

所以当天天津各界人士召开万人大会庆祝天津战役的胜利，请张之江讲话时，他心情沉重，开口讲道："同胞们，父老兄弟姐妹们！感谢各位为我们开庆祝大会，我觉得无什么可庆祝的，中山先生倡导革命，建立民国至今，仍未出现一个统一的局面、富强的国家，有的只是内忧外患、争权夺利、连年混战、百姓生灵涂炭，离乡背井，远没有安居乐业。我们作为中山先生的信徒，于心有愧，何庆之有！……"说着说着悲从中来，泪如涌泉，不能自已。会场上听众深受感染，亦是一片哭泣声，庆功欢迎会就这样结束了，在人们心中留下难忘的印象。由此可见张之江内心厌倦内战，渴望和平统一，逐渐产生了脱离军界的思想。

张之江病愈复出后，于1927年4月出任第二集团军前敌总执法，驻节徐州。1928年3月，张之江调任国民革命军总司令部参谋团上将主任，驻首都南京，参谋北伐战争，从此常住南京。

北伐结束后，国家基本统一，张之江由于为国为民做了许多实事，受到国民政府的信任，国民政府任命张之江为军事委员会委员等职务。

1928年7月，国民政府禁烟委员会建立于南京。张之江一向敬仰林则徐为国为民焚烧鸦片的忠勇事迹，想效仿林则徐干一番事业，严禁鸦片。张之江一贯对国民吸食鸦片，以致体质虚弱，被称为东亚病夫痛心疾首。一直提倡全民练习武术，强身健体，强种救国。禁烟练武是他一生中后期提倡的两项重要工作。

趁此机会，张之江便主动向国民政府提出要担任禁烟委员会主席职务，全面销禁鸦片，国民政府知道张之江一心为国为民，于是顺应民意任命张之江为全国禁烟委员会主席。

1929年，张之江任全国禁烟委员会主席时照片。

这个委员会，是新建立的直属国民政府的机构，会址设在首都南京。在成立大会的开幕式上张之江讲了话，他说："鸦片是对人体危害性最大的毒物，我们先烈林则徐为了禁烟，焚烧了英帝国主义的大量鸦片，引起鸦片战争，现在我们成立全国禁烟委员会，就是继承我们先烈精神，进行全国禁烟，这是救国救民的一件伟大国策，我们必须以斩钉截铁的手段，禁运、禁贩、禁吸，一定彻底地、干净地，把鸦片消灭掉，不能让它毒害我们民族，伤害我们人体健

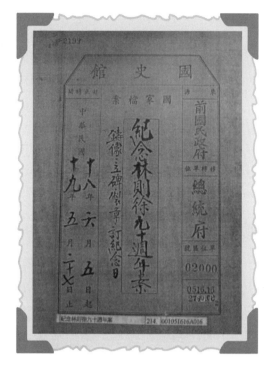

这是张之江任全国禁烟委员会主席时，发给国民政府提案。纪念林则徐诞辰 90 周年，并给他铸铜像、立碑、制作纪念章。（台湾"国史"馆影印件）

康，摧残我们的生命……"

张之江说到做到，全力以赴，决心在全国范围内查禁鸦片，制止走私，推行戒烟，以强我中华民族。他效法林则徐，定每年 6 月 3 日虎门销烟日为禁烟纪念日，并于林则徐虎门销烟 90 周年纪念日举行纪念大会，为林则徐铸铜像、立碑纪念，铸发专门纪念章，召集首都各机关团体学校代表，大张旗鼓宣传戒烟，会后公开焚毁烟土、烟具，还专门借青年会址作为禁烟展览游艺，在 6 月 3 日到 4 日两天任来宾入场参观，以扩大影响。

上任伊始，张之江决心大干一场，在全国范围内严禁种植鸦片，1929 年 10 月，张之江在全国禁烟委员会第三次委员会会议提出讨论，最后形成决议，根据禁烟法施行条例第五条规定，通令各省市政府于秋季开始严禁种植烟苗令，在全国范围内严禁种植大烟，全国各地主席纷纷来电响应，其中有：湖南省政府主席何健、山东省政府主席韩复榘、安徽省政府省主席陈调元、湖北省政府主席方本仁、河北省政府主席徐永昌、江西省政府主席鲁涤平等等。

为了使民众知道烟土的危害，张之江编了顺口溜，其中有这样的字句："吞云吐雾，葬送青春；倾家荡产，害己损人，回头是岸，劝君猛省。"他每到一处，就演讲鸦片的毒害、林则徐虎门销烟的扬眉吐气、抗英侵略的大无畏精神，讲得生动具体，全神贯注，具有很大的鼓动性和感染力。

二、力抗权贵　严正执法

但办事一向认真的张之江，也遇到不少麻烦。

1928年11月中旬，上海发生了一件极为轰动的鸦片风潮大案。从汉口驶来的"江安"轮停靠上海南码头后，有一小火轮由持枪军人护送驶靠"江安"轮，搬运一批烟土，驶往大达码头，正上岸装车之际，被警方拦阻检查，并要将人赃带去警局接受审查。可当时军方人多势众，反将巡长与警察带上车加以拘禁。公安局长戴石浮向南京最高当局告急。张之江作为禁烟委员会主席，率领办事人员抵沪，查办此事。这批鸦片约20担，数量在2万两左右，其军方后台是淞沪警备司令部司令熊式辉，蒋介石的红人。而公安局长戴石浮、上海市特别市长张定璠均属桂系。因此，这一烟土案背后隐藏着蒋、桂之间的权势抗衡。

张之江以雷厉风行的作风，在3日内迅速查明真相。

回南京复命之前，他在上海火车站会见新闻记者，明确回答他们的问题，认为"公安局在理由上占上风"。各方记者和围听群众闻此答复掌声雷动，以为张主席秉公处理，可望合理解决。但张之江回京不久，却传来"张之江辞职"的消息，国民政府发出《慰留张之江》的文告，内容是"张主席办理禁烟渐著成绩，为肃清毒害悉心规划，还望勿以微疴遽萌退志，所请辞去禁烟会主席职务一事，应毋庸议"。

但此次军方押运烟土真相始终未公开，烟土下落不明，后来抓了几个小人物出庭审讯，演了一出障眼戏，不了了之。事实上，耿直的张之江当时感到强大的压力，黑暗的内幕使他愤而辞职，以示抗议。但国民政府碍于舆论，不得不强行挽留，免致影响太大，张之江为了利国利民的禁烟工作，决心坚持干下去。

次年，张之江又处理了一件更棘手的鸦片走私案。当时，一艘小火轮由淞沪警备司令部派员押送从四川开往上海，他们自以为后台甚硬，所携货物不让任何人过问。小火轮途经南京，当海关人员去查询时，押运士兵态度蛮横。执法人员不服气，便会同禁烟委员会稽查处一同去检查。押送人员及士兵被迫接受检查，五百斤烟土暴露于光天化日之下。海关和稽查处继续追问，他们不得不交出淞沪警备司令部公函。经查这批货物系由四川省主席杨森托运，公函请沿途军警惠予方便准其通行，收货人为上海青帮头目黄金荣、杜月笙。稽查处一看不敢拖延，迅速将此情况向张之江报告。张之江立即下令：船只扣留，士兵押运人员看管，烟土没收。这期间，杨森、熊式辉和中央某些大员纷纷来电说情，张之江均置之不理，他采取紧急措施，效仿林则徐虎门销烟办法，在长江口岸边挖好大池，将石灰放在里面，再倒入查获的鸦片，焚烧殆尽，冲入江中，此举轰动南京，大快人心。

百姓交口称誉，称张之江是"第二林则徐"，美名不胫而走。

这些烟土表面上写明是四川省主席杨森发给黄金荣、杜月笙的，真正的后台是谁，尚未可知。张之江明知杨、熊二人皆为权贵，但毫不留情，焚毁后才向国民政府报告。

张之江为禁烟工作花尽全力，虽然得罪了当朝很多权贵，但是卓有成效。张之江全面禁烟做法和国民政府的禁烟政策不同，南京政府禁烟政策是"寓禁于征"，即表面严禁，实际重收烟税，希望以重税方式，使民间不种、不贩、不吸，以达到禁烟目的，结果非但没有能够达到禁烟效果，反而大长营私舞弊之风。

张之江的观点于国府完全不同，他提出："弛放烟禁，非筹饷练兵之根本办法，虽可应一时之急，然流弊所及，发而难收。年复一年，将必至民胥黑籍，田唯芙蓉，饷于何有？烟兵怯于应战，兵于何有？"

在任禁烟委员会主席期间，张之江在1928年还担任了中央国术馆馆长，由于能力突出，工作卓有成效，越来越得到政府信任和重用。

中央政府想要给张之江挑更多重担，于1930年10月又委任张之江为江苏省绥靖督办，张之江从此身兼三职，身兼三职让张之江实在无法承受，他是做事非常认真的人，知道身兼三职不可能把工作做好。此外禁烟工作牵扯各方权贵，掣肘太多，难以彻底推行，事烦任重，实在无法兼顾。

1930年11月初，他向行政院提出辞呈转呈国府，提出辞去全国禁烟委员会委员长一职，专心致志从事剿匪工作，并推荐由原副委员长兼内政部部长钮永建继任禁烟委员会委员长，自己正式就任江苏绥靖督办一职。

第八章

任江苏绥靖督办的作为

一、除暴安良 剿抚并举

　　1930年11月，张之江辞去禁烟委员会委员长一职，正式就任江苏绥靖督办，督办公署设在扬州市何家花园内，任命他的老参谋长——原察哈尔都统署参谋长、西北陆军干部学校校长陈琢如为参谋长，参谋处长为虞典书，秘书长孙玉诚，军需处长唐克南，并于1930年12月18日赴扬州开始办公。

张之江任江苏绥靖督办的照片，摄于督办署内
1931年，张之江任江苏绥靖督办。

　　他指挥的部队有二十五路军梁冠英部、骑兵第一师师长张华棠部、骑兵第三师师长张占魁部和江苏省保安处处长李明扬所属的地方保安团队。

　　当时，苏北一带社会秩序混乱，盗匪横行，到处抢掠、欺压百姓，霸占民房。这些匪徒在陆地上借芦苇为藏身之所，海边则借帆船四处逃遁流窜，四处作案，此起彼伏，难以根治。有些盗匪还是帮会头子，有的持有枪支，有的勾结官府，形成地方上的恶势力。百姓苦不堪言，民不聊生，百姓有的逃避山林，有的避祸他乡。

张之江一到扬州，见市面萧条，田园荒芜，民不聊生，内心很感慨。他常想，经历辛亥革命、北伐战争后，中国老百姓还过着这样的苦难生活，难道我们奋斗了多年得到的竟是这样的局面吗？他不满现状，下决心励精图治，让百姓安居乐业。

一来扬州，就有人向他建议："督办来此，是大大的好事。这里的人们久仰你的大名，你可以派一艘小火轮插上'江苏绥靖督办公署'的旗子，每天在河上开两个来回，自会有人往船上送钱，还不要开收据。"张之江严正回答："我来不是敛钱的，弄这一套干什么。"事后便革了此人的职。这样一来，其他的人知道这位督办不同寻常，以后认真办事，小心为公，不敢懈怠。

张之江采取了许多措施治理江苏，除以军队对付持枪土匪，肃清匪患外。还在想一个一劳永逸的解决办法，防止再有兵来匪去，兵去匪来的现象，希望通过军队剿匪行动后，地方秩序永久平定，人民可以得到永久安居乐业。

张之江经过长期调查研究，以为唯有自卫与自治，才能做到一劳永逸。他说："孙总理遗教中，亦以自卫之训，明确告诉我们，只有能自治，始能自卫，能够做到这两点，则绥靖工作，自可一劳永逸，将来扩而充之，全国各省皆可推行。"

他提出，要努力注重自卫，切实整顿民团，保护地方，维持治安。军队有军队的工作，不可能永远驻扎地方，维持地方治安，维持地方治安最有效的是人民方面的自卫的组织，各地应自行组织民团，没有民团的地方，要赶紧组织；原来有民团的地方，要整顿训练。

自卫自治，主要靠地方民团和保安队，于是他命令各县、各乡、各村都成立民团和保安队，武装民众，组织民众，自卫保家。为了做好民团和保安队工作，解决地方治安问题，张之江亲自身兼江苏全省民团训练所所长，督训民团工作。

张之江不走单纯军事路线，他一改过去只重军事，不顾政治的单纯军事思想，提出剿抚并举，认为这样才能彻底肃清匪患。

他在1931年1月9日《张之江告民众书》中明确给盗匪指出改过自新，回头之路。他说："我们绥靖的办法，对于一般盗匪，确定剿抚兼施，如有盗匪幡然悔悟，改邪归正，愿将他的枪械，缴给政府，马上就可以给他免死证，保证他充分的安全和自由，倘使能找得两三个确实的保人，便要给他们安插了一个正当的职业，使他们能够自谋生活。准他自首，给他们开一条自新的生路，只要盗匪能够悔罪改过，定然给他一条自新的路，既往不咎，且能得到自谋生活的好机会。这种化导救济的苦心，都是本于爱恕，发于悲悯。

因为一般做盗匪的，原来都是良民，流而为匪的原因，想必都有不得已的苦衷，有的为环境所迫，有的为生计所逼的无可奈何，才铤而走险的，可以断言，绝没有一人是生而为匪的。试问谁无父母，谁无妻子，孰肯将最亲爱的家庭抛弃，甘心来做盗匪，牺牲身家性命，毫不顾惜，此中必有难言之隐，可想而知。兄弟关于这些种种恶劣环境上逼迫的情形，素来体谅，希望误陷歧途，而为盗匪的同胞们，趁此机会，彻底觉悟，毅然来归。

从前种种譬如昨日死，此后种种譬如今日生，仍旧还回家做良民，不但不再办罪。正如前人说的放下屠刀，立地成佛，并且在法律上可以得到切实的保证，得以永久过安全的生活，何等的荣幸，何等的自由呢？千载一时，良机不再。你们做盗匪的赶紧回头，实在是难得的机会，顶好的生路呀！这是关于盗匪的自首一件事，希望一般民众，要多方协作，直接间接向他们劝导教化的。"

他不但这么讲，而且认真贯彻，在随后召开的全省剿匪工作会议上，张之江正式提出《匪徒自首实施办法案》，在张之江剿抚并举政策指导下，盗匪纷纷自首归化，江苏剿匪工作有了很大改观。

为了进一步推动和搞好剿匪工作，张之江在决定在1931年1月10日于扬州何家花园督办公署召开全省剿匪会议，召集省和各县主官商量有关问题，当时参加的有江苏省政府主席叶楚伧，省党部委员马饮冰，保安处长李明扬，第二十五路军总指挥梁冠英，骑兵第三师师长张占魁，民政厅代表第三科科长陆长淦，宿远县长刘炎，各机关代表吴长金，淮阴县县长阮开基，如皋县县长钱佐伊，地方代表薛风变，岚县县长王公玙，铜山县长杨蔚，地方代表蓝伯华，盐城县长杜炜，泰兴县长马仁生，靖江县长王继武，水上公安第六区长程壮，吴县县长黄蕴深，松江县长金章，句容县长张佐辰，六合县长刘修月，水上公安第一区长陈泽宽，苏五局盐务缉私第二大队长谢春廷，南通县长张栋，海门县代表沈绍昌，第六师代表师七旅三十一团团长丁友松，镇江县长张鹏，嘉定县长陈传德，十二师代表参谋何荣会等。

张之江在开幕词中讲道："稂莠不除，嘉禾不生"。又说："树德务滋，除恶务尽。"善恶这两个名词，绝对不能并立的，譬如军人临阵有一句话说："有敌无我，有我无敌。我们现在站在老百姓的立场上，对于万恶的土匪，当然也是'有匪无民，有民无匪'。民与匪是绝对不相容的，匪一日不除，民一日不安，民一日不安，我们绥靖的责任就一日不了，责任一日不了，良心也就一日不安。至于说到完成训政建设，更是遥遥无期了！"字字句句都表达了他剿匪为民的决心。

这次大会，经过讨论，代表们共提出提案共百余件。

会议先由各组分组讨论审查议案，然后由各组集中报告议案，逐案讨论。最后形成重要决议如下：

1. 督署提清乡搜剿，须同时并进，并急施惩奖，以振颓靡，而昭激劝。

2. 提匪徒自首实施办法案，其条例候拟定，呈准总部施行。

3. 督署省府会呈部派海军协助剿灭海盗，保护渔民。

4. 剿匪兵力由督署按照各县报告支配。

5. 抽调兵士挑浚裹运浅段一案，俟督署核定，再与建厅商办。

159

6. 屯垦江北消灭匪患一案，由督署省府，会拟条例，组绥靖善委会详细计议。

7. 吴县提出于洞庭东西两山设立军事机关。专司防剿太湖湖匪，并包围匪区，一鼓荡平案，原则通过，办法由督署省府核定。

大会于（十二日）晚六时散会闭幕，张之江致闭幕词。

江苏绥靖会议全体留影，1931 年 1 月 10 日于扬州

会后，张之江全身心投入剿匪，安定地方，解决民生问题的工作中去，他设置了很多专职部门，解决匪情和民生问题。如设置调查股，了解民间疾苦；设赈济股，救济饥民，整顿财政税收，兴利除弊，修筑市区马路，鼓励百姓回乡生产，定出奖励办法；设接待股，鼓励民间上告。经过一段时期整顿，地方上显出安定气象。流落他乡的百姓陆续回乡，农业生产逐渐恢复，行旅得到保护，沿途平安，买卖正常，市场繁荣。

二、包拯再世　恶霸俯首

在日后调查股的工作中，张之江得知扬州有两大恶霸尚未受到应有惩处。他在督办署门前张榜公告，凡民间有任何冤屈不平事，均可至督办公署上告，可得到公正处理。公告一出，百姓的状纸如雪片飞来，都牵涉到高永贵和季公甫。这两个人敲诈勒索，鱼肉乡民，伤生害命，称霸一方。只因他们既是帮会中人，又结交官府，其爪牙眼线可通政府机关直达中央。为了解决这一问题，张之江召开了省绥靖会议。高永贵和季公甫竟充作县里代表前来参加。经张之江严密布置，外松内紧，防有他变。散会时，利用照相留念，趁机将这两人逮捕入狱。消息传出，疏通说情的电话、信件纷至沓来，其中包括社会上、军队里不少有名望的人，如黄金荣、杜月笙、张啸林、姬觉弥等。张之江也接到了恐吓信，有的信中还夹了子弹。种种迹象表明，事情确实不简单，这也越发促使张之江下定了为民除害的决心。后来南京最高当局下令，命押解二人去南京军事法庭受审。张之江见到这命令，不但不予理睬，相反立即贴出告示：将罪恶重大之两恶霸枪决，地点在南门外。

为免途中有变，他临时改道，将两人押至北门外执行枪决。张之江随即回复蒋介石一电文："委座手谕来迟，二人已就地正法矣！"接着又寄去百姓状纸的摘录，表明有案可查，此二人论罪当诛，死有余辜。

这件事轰动了整个扬州，百姓们扶老携幼，万人空巷，争看恶人之下场，并对张之江此举表达了感激钦佩的心情。有的说："张督办真厉害，连老蒋也不怕，也敢顶。"有的说："来了个青天大老爷，从此有好日子过了。"

这件事也触怒了上层，当局没想到张之江是这样的倔。电报和资料寄去后，南京方面没有任何答复。

于是他给蒋介石寄了一封信，里面没有信纸，只有一个信封，随即辞官而去。

当张之江离开扬州的那天，老百姓沿途设香案，祈求上苍保佑张督办一路平安。他们拉住张之江，向他敬酒送行，哭哭啼啼，一片惜别之情。张之江亦不觉黯然，他打发家眷的车先离开，自己步行，和当地的乡亲父老们洒泪而别。临行前，当地商会送来一箱礼品，沉甸甸的，想必是金银财物。张之江连看也没看，令左右贴好封条，原物送回商会。

第九章

创办中央国术馆

一、弘扬国术　办国术馆

张之江不但是军界、政界叱咤风云的人物，在中国体育史上更是做出独创的重大贡献。张之江是中国国术的倡导人和奠基人，是中国历史上第一人，将武术改为国术，并将国术推向世界、参加奥林匹克运动会。张之江一手创立了中央国术馆和中央国立体育专科学校。并担任中央国术馆馆长达20多年之久，担任中央国立体育专科学校校长十多年。

张之江是中国历史上第一个将博大精深的中国武术更名为"中国国术"的，国术意思就是国家之术，国家的精华，我国独有，使武术内涵大大升华。武术在张之江大力提倡号召下，发展壮大，登堂入室，步入中央国术馆，走向世界，扬我国威。

张之江为什么要办中央国术馆呢，源于他在西北军任最高统帅前后发生的一些事。其中两件事让张印象深刻：

一是张之江在1925年底，担任进攻天津总指挥时，当时西北军缺乏攻城重武器、缺乏炮弹、子弹，再加苏联顾问粗暴干涉，错误的指挥，一时顿挫。最后张之江排除苏联顾问干扰，果断决定全军用白刃战方法进行夜袭突击，大获全胜，攻占了天津。此战张之江任命武术高手马英图为敢死队队长，率领大刀队担任先锋，战斗中马英图的大刀队的突出表现，和全体官兵使用大刀、刺刀解决战斗，对攻占天津起到决定性的作用。（马英图就是后来国术馆的骨干，枪棍科主任）

二是张之江担任国民军总司令和西北边防督办期间，独力指挥现代史上闻名的南口战役，这场战役是革命力量对反革命力量的大搏斗，当时北洋军结成大联盟企图消灭国民军，众寡实力悬殊，人数和武器弹药居于绝对劣势的国民军在统帅张之江将军指挥下，顽强抗击北洋军联盟长达半年之久，战功卓著，给以直奉为主的北洋联军有生力量以极沉重的打击。为广东革命军北伐成功，为统一中国做出了巨大贡献。张之江因为疲劳过度，战后患小中风，中西医治疗均不见效。后来他的警卫员教他练习武术，结果迅速恢复健康，复出工作。

这使张之江深刻认识到，中国武术非常有用，有着重要的现实意义与军事作用，它能够克敌制胜，在未来抗击外寇入侵的战争中能发挥重要作用。

他深感武术能够强身健体，使整个民族都健康，能雪几十年中国人民"东亚病夫"之耻。强我种族，壮我国魂。

长期军旅生活和个人习武实践，使得张之江对武术功能与作用，在认识上有了升华，他把武术这一国之瑰宝视为军之胆，国之魂，决心把武术升华为国术作为己任。

由于几千年来武术仅限于民间范围，门派繁多，互排互嫉，相秘相攻，难以发展，如果不走上正规发展的道路，正大光明地登堂入室，就不能发扬光大。

鉴于此，很有必要成立中央国术馆，成立国术馆意义很大，成立国术馆有以下意义和作用：

1. 响应国父孙中山的号召"富国强民，强种强族，"列强污蔑中国人为"东亚病夫，"究其原因，为国人吸食鸦片，导致民族衰弱之所致。（国人身体素质差，在抗日战场上和日军战斗中明显显示出差距，以致大大影响战斗力）。成立国术馆，可以以政府名义，以中央国术馆为中心，辐射全国，在全民族中倡武尚贤，强种救国，强民御侮。

2. 成立国术馆，就是用政府国立武术馆的名义，大大提高武术地位，为社会各界，如政界、文化界、经济界各界要人所承认，从而推动全民练武强身。

3. 如要将中国武术推向世界，有政府名义就好办很多，用中央国术馆名义 165

参加奥运会及各种国际体坛运动会就顺理成章了。

因此他决心成立中央国术馆，将中国武术国家化、正规化，将民间武术光大为国家之术、国家之宝，壮我国威，走向世界。

国术馆成立屡经周折，很不容易，当时教育部不同意，不接纳，认为只能是属于民众团体。经过张之江全力努力，多次交涉，一直没有通过。最后得到老朋友，云南起义的老战友，即国民党元老，国民政府常务委员李烈钧的大力支持，李说："既然教育部不承认国术馆属于教育系统，那就由国民政府直接领导。"最后中央国术馆就以国民政府直属机构方式成立起来，核定经费由国库拨出，整个过程中得到于右任、邵力子、钮永建等人有力协助，国术馆成立是中华武术史上的一个最重要的里程碑。

政府批准后，中央国术馆于1928年3月10日将简章及组织条例等件呈报，得到批准后，于1928年3月15日在南京正式开办。

1928 年中央国术馆开馆典礼

中央国术馆于3月24日在南京内桥金陵大舞台举行成立大会，进行宣誓就职典礼，发表成立宣言，申明国术馆宗旨在发扬武术国粹，增进全民健康、化除派系，整理教材，训练师资，统一教学，研究改进，务求普及，以达明耻教战、强种救国的使命。

成立时的名称为：国术研究馆。

1928年6月15日张之江向国民政府第77次委员会会议提交提案，申请将国术研究馆更名为国术馆，张之江在提案中说："馆之设，专为普及全国民众国术起见，原定名稍嫌繁重，不便称述，且使不知者见之，以为仅系一种学术机关，于督促全国进行，转生窒碍。拟请简称为国术馆。"

提案很快得到批准，于1928年7月5日正式启用新名称为：中央国术馆。

成立时编制为：72人。

馆长：张之江。

副馆长：李景林。

国术馆设两大门派：少林门主任王子平；武当门主任田兆麟。（后改为高振东）。后来请来武当一流高手高振东任国术馆一等教习，教授武当功，不久又聘他作武当门主任。

少林门主要包括少林拳、查拳、弹腿、八极拳、劈挂拳等；武当门主要包括太极拳、形意拳、八卦掌等。又依武术性质分为三个科：刀剑科主任柳印虎，枪棍科主任马英图，摔跤科主任王子平兼。

国术馆有自己馆旗，国民政府批准只能在国术馆内使用，见附图。

国术馆馆址在南京西华门头

担任中央国术馆馆长的张之江

中央国术馆长以及李景林合影
左为张之江，右为李景林

167

中央国术馆馆旗

条巷。馆训，"术德并重，文武兼修。"

中央国术馆在1930年9月18日于南京成功地建造了自己的竞武场。

中央国术馆从成立之时起至1948年，张之江自始至终担任馆长（副馆长先后由李景林、张树声、钮永建、王子平担任）。

中央国术馆成立后，张之江通过国民政府通令各省、市、县、区、乡（村）遍设相应的下属机构。到1933年底，共有24个省市级的国术馆，三百多个县级国术馆，形成一个自上而下层层节制的国术系统。国术馆系统成立后，一是推广和普及武术，二是组织国术考试和比赛。中央国术馆还通过举办各种训练班、讲习所，培训武术师资，使武术沿着积极的方向发展。其初级国术训练班是专为各省国术馆培训武术师资的。教授班、研究班则为中央国术馆培养武术师资。

张之江为国术馆定调，强调学习武术的目的是："健身强种，自卫御敌。"自卫有两个含义，小到自身自卫，大到抗击外来入侵。

他利用自己特殊身份，和在社会上巨大影响，即曾经担任过国民军总司令、西北边防督办等要职，宣扬武术重要性，让社会各界接受武术，重新认识武术。

国术馆延请很多名人加入，共襄壮举。国术馆特设有理事会，开始李烈钧任理事长，后来改任冯玉祥为国术馆理事长，理事中也有很多政界要人，如谭延闿、蔡元培、张人杰、李烈钧、于右任、薛笃弼、钮永建、李石曾、何应钦、宋子文、王正廷等著名政界人物，影响非常大。

为加强指导，张之江聘请政界、军界和知识界知名人士为中央国术馆参事，每月召开一次参事会议，为馆务建设出谋划策。

张之江心胸宽广，不计前嫌，不计公私恩怨。三请精通武当剑和内家拳术的李景林任副馆长，这李景林是天津战役时遭张之江痛击的老对手，开始还心有芥蒂，后来在张之江真诚邀请下，终于出山担任了中央国术馆副馆长。

张之江聘请教师本着选贤任能的原则，延请武术界高手。最初少林门长为王子平，武当门长为高振东；以后有马金标、于振声、朱国福、朱国祯、吴翼翚等。只要经人推荐，或在武术界有声望，张之江总要想方设法聘请到国术馆任教。在张之江不遗余力的努力下，中央国术馆延请了大量人才，师资雄厚。马英图担任训练科长。除了王子平和高振东外，还有朱国福（形意拳）、杨殿虎（杨氏太极拳）、杨法武（摔跤）、马王甫（摔跤）、朱国桢（搏击）、郭长生（劈挂）、孙玉铭（燕青拳、棍术）以及孙禄堂、杨澄甫、陈子荣、张骧伍、米连科、李霖春、郭锡山、吴峻山、姜荣樵等武术大家担任的武术教官。真可谓济济英才汇集一堂，抗日战争以前是国术馆的极盛时期。

国术馆的课程设置本着"术德并重，文武兼修"的原则。张之江认为，练武一是为了强身，二是为了自卫，要讲究武德，不恃强好斗，欺善凌弱。练武又是为了强种御侮，使整个中华民族强大起来，有效地抗御外来的侵略。因此，修身养性与习武同样重要。在武术方面，张之江主张博采众家之长，不存在门户之见。他认为偏见保守不利于武术的传播，武术应成为全民族的共同财富，要整理传授给子孙后代，而非少数人独占私藏的奇货。

他要求习武范围应广泛，除了各路拳术外，还要学各种器械，学摔跤、散打、拳击等。国术馆的学生既要习武也要学文。张之江提出教学要有科学性、条理性、实用性。文科课程有公民、国文、历史、地理、生物卫生、国术源流等，还有军事战略战术、拳术理论和图解等。许多拳术经过整理编成书籍，图文并茂，书内插图多半请专家表演，当场拍下分镜头，再制版印刷。

张之江认为武术要排除门户之见，互相交流，互相融合，不但国内各个流派，各种功夫，连日本柔道长处都要吸取，所以1929年，张之江特别派人去日本学习考察柔道技术。

国术馆刚成立就明确统一锻炼之宗旨，清除长期形成的各派武术的门户之见，发扬传统，取长补短，把各地祖传世袭的精良技艺统一起来，不应再分内家、外家、少林、武当、太极、八卦等，而要互相沟通，精益求精。

国术馆内的武当和少林两门也有门派之见，互相倾轧，互争高低，矛盾激化，并进行比武较量。遂使张之江下决心取消两个门派，改设教务处代之。

在张之江的号召下，以及采取一系列措施后。中央国术馆门户之见日少，而习武风气焕然一新。各派武师互相切磋，取长补短。如孙玉铭大师虚心好问，诚心诚意向各家学习，先后向王云鹏学习地趟拳，向杨松山学习三才剑，还学八卦、劈挂、形意、太极等拳种，不仅自己的功夫技艺日趋精深，且使自己的教学更为得心应手。他还多次代表中国出去进行国际间的武术交流，为国术馆和国家争得了荣誉。再如通臂拳大师郭长生通过严格考试入国术馆任教后，不断进取创新，他创编了"二路苗刀""疯魔棍""劈挂刀"等等。最值得一叙的是马英图，自西北军大刀队扬威后，他始终把发扬国术事业当成己任。他的代表拳种八极为我国武林中的瑰宝。八极的核心是六大开，其中攻中有防，防中寓攻，招术连贯，能上、中、下三盘连击，劲足势猛，进步似电，见机变化，奥妙无穷。八极拳是攻防性很强的技击拳种，盖此拳出世后，一般不会轻易传人。但马英图通晓民族大义，以发扬国术事业为重，无私地把八极拳全部奉献，使八极成为国术馆的必修课之一。

教务处教务长取代两个门派后，管辖拳术、器械、摔跤三科；后经参事会议建议，改为教务、编审、总务三处：教务处负责教学；编审处负责编辑、审定教材，整理挖掘武术传统项目；总务处负责行政后勤工作。

在唐范生（唐豪）担任首任编审处长期间，亲自到河南嵩山少林寺、陈家沟、湖北武当山作实地考察、采访，约半年之久，回馆后写出调查报告，并著有《少林武当考》一书，做出卓越贡献。以后历任处长均著书立说，为中国武术理论和技术的传播起过重要作用。

张之江早就考虑到复合型武术人才对未来反侵略战争有实际作用，为了使中国国术和现代新式体育，融会贯通，并将军事训练列入主要科目，以期培养精通国术、体育和军事三项的复合型高端人才，毕业的学生今后无论做学校教师、军队教官、公共体育教练都可以胜任。

张之江决定于1931年成立中央国术馆体育传习所以便能够培养这样的人才，于1931年6月16日成立董事会和筹备委员会，聘请的董事有名人朱培德、王柏龄、张治中、马福祥、魏道明等人。大会正式讨论成立事项和手续，招生对象和招生办法等工作。

中央国术馆成立后，为了招募全国优秀人才，进行过全国性比武，选拔各地名手，奖励获胜者，以达到普及国术的目的，并通过考试扩大宣传，通过国考选拔优秀人才。这种比武当时称为"国考"，它有两层意思：一是国术的考试；二是全国范围的考试。

国术馆为此作出规定：每年10月举行全国国术考试；各省市由国术分馆于每年4月举办省、市考试；各县由国术支馆每年12月举行县级考试。考试科目分两类：文科为国文、史地、生理卫生、国术源流；术科为拳术、器械（刀、枪、剑、棍）、摔跤、劈剑、刺枪等。

由中央国术馆主办的比武，实际上只有两次，地点均在南京。第一届在1928年10月在南京举行，比较隆重，参加比武的人不少，社会各界名流，军政要人去观看的也很多，那次比赛目的就是要选拔尖端武术人才，充实中央国术馆，进一步推动武术事业。

考试内容相当全面，参赛者先要参加10月6日开始的预考，内容是刀、枪、剑、棍、拳，通过预考后才能参加10月15日举行的对抗赛，对抗赛分摔跤、散打、长兵器和短兵器。对抗赛不分年龄和体重，抽签配对参赛，拳脚击中对手

中央国术馆第一届国考开幕纪念照

算得分，打倒对手算全胜。最后还有一项口试内容："三民主义"。这次比赛总共有400多人参加，最后录取最优秀的前17名进中央国术馆。

由于当时规则、护具尚未齐备等问题，比赛中曾出现头破血流、筋断骨折的场面。评分标准不明确、不统一，裁判受门户之见和其他因素影响，使评分也出现不公情况。

获得第一名的是王子庆，按规定发给大洋2000元作为奖励。

第二届国考在1933年在南京中央体育场举行，规模比第一届更大，它摆脱了打擂台的旧形式，增加了不少单项项目，如刀剑、枪棍、摔跤，择优录取，每项选前六名吸收进中央国术馆。

张之江特别指定专人负责事先检查比赛用的器械，采取安全保护措施，甚至亲自过目，他在比赛前反复宣传"比赛见高下，不许伤人"的规定，并印有各项规则，要求参加比武的运动员共同遵守，第二届轻量级拳击冠军为国术馆年轻的学生李锡恩所夺得，以后他专门研究体育理论，曾被张之江推荐至新加坡任教，回国后任职于国体专校，新中国成立后一直在复旦大学任教，成为教授和国家级裁判。

张之江亲自主持了两届比武，认真仔细选拔了不少人才。

为了促进武术交流，除了举行国考外，张之江还举办了各种形式比赛促进武术运动；1929年举办过浙江国术游艺大会，那次比赛是擂台赛性质，就是古代擂台赛，擂台设在杭州市内旧藩司前学宫的广场上，报名打擂比武者100多人，报名表演者192人，强调崇仰武德，不准攻击双眼、咽喉等危险部位。

张之江和张静江任名誉会长，李景林任会长和裁判委员长，陈布雷、朱家骅、张群、褚民谊、钮永建等国府政要出席观看。

比赛紧张而激烈，体现了很高的水平，不少人才涌现出来，天津的岳侠，江苏的泰兴的僧拾得各自战胜对手，进入决赛。

除了武术活动，国术馆还致力开展武术方面的学术研究活动，研究武术理论，整理、编纂武术专著、教材和挂图，出版《国术月刊》等刊物。

张之江本人也有不少这方面著作，他的著作有《国术与国难》，《国术与体育》《东游感想录》，《连环腿击法》等。

张之江将军是基督徒，把倡办武术事业当作强种救国之举，是将军爱国思想的核心。他的后半生，一直是高举这面爱国大旗，向前奋进的。在他的旨意下，国术馆学员运动服前心都印着"强种救国"，四个大红字，后背印着"自卫奋斗"4个字。

他演讲，不管什么内容，也是三句话不离本行，很快就转到强种救国，振兴国术事业上来。

张之江先生全部身心都扑在了振兴祖国的武术事业上了。为了提高中华武术在国际上的地位和影响，提高她的知名度，民国二十一年（1932年），张之江在国术馆的经费中抽出资金，请新华电影制片厂拍摄了多部功夫片。这些影片出口东南亚等国家后，起到了很好的宣传作用。

二、创办国体专科学校

张之江觉得武术传习所还不能够根本解决培养复合型人才的宏伟计划，要成立专门学校解决这个问题。他认为仅仅研习中国武术还不够，成立国体专校能系统培养训练各个方面体育人才，能培养训练复合型武术人才，弥补中央国

张之江练武

术馆只能培养武术人才的单一性。

张之江认为：球类，赛跑，游泳，拳击等对健身强种有利的项目都应掌握，还要学习和研究西洋体育，在这个思想基础上，他以"人类的行之有效的健身成果，都应兼收并蓄。为我所有。"

1933年秋，张之江馆长向教育部建议创办体育学校，经批准后，定名为"中央国术馆体育专科学校"（简称国体专校）。校址在南京中山门外孝陵卫镇，原第五届全运会陵园体育场附近，有田径场、篮球场、国术场、网球场、游泳池等运动场地，使用方便，有利于教学和训练，还建有教师、小礼堂、学生宿舍、教职工宿舍等形成一所较具有规模的体育学校。创办一年后，校名改为"中央国术体育专科学校"。由张之江任校长。

中央国术体育专科学校（后改为国立体育专科学校、国立国术体育师范专科学校）设在南京中山门外孝陵卫（现江苏体育学院）。校歌的一段歌词反映了张之江的办学宗旨："扬子波明，钟山拥翠，校旗高映晴空。明耻教战，强种御侮，学贯今古与西东。"

国体专校分设三个处：教务处专管教学业务，它又分国术部和体育部；总务处专管后勤、财务等；训导处则负责管理学生的生活、思想及课外活动等。分设国术、体育、军事三部，造就"三者兼备"的人才。报考国体专科学校的学历和实际水平是高中毕业。张之江对国体专校学生的要求是，国术、体育都要学习，球类、体操、田径、游泳等均为必修科。国体学生在全面掌握各项活动后，可专精一门。学校也在此基础上组织篮球队、排球队、体操队等，将优秀运动员集中起来训练。学科也相应增加了英语，并增加了一部分相当于医科大学的课程。

"国体专校"的课程设置有：学科方面：教育学、运动生理学、解剖学、体育原理、体育行政、体育建筑与设备、运动裁判法、国术裁判法、英语、音乐、体育史等。术科方面：田径运动、篮球、排球、足球、手球、棒球、器械体操、徒手体操、垫上运动、游泳、舞蹈。国术中有：练步拳，形意拳、太极拳、梅花刀、三才剑、摔跤、拳击等。

张之江治校有方，纪律严明，为人正直，待人和睦，全校师生员工非常敬佩张校长。自从建校后，张之江每周一上午亲自来校大礼堂，向全校师生做报告。内容是国内外时事动态，对学校各项工作的指导和要求，特别强调学习国术的重要意义，中国人民一定要加强锻炼国术，增强体质，这对强国强种，救国御敌，加强自身防御是极其关键的事，他并以亲身体验讲述自己病后由于每日学习国术而得以康复为例。有时讲着讲着，张校长就在讲台上脱掉上衣练了一套练步拳表示其身体健壮的示范，师生们都以鼓掌表示热烈欢迎。

从国术馆到国体专校，反映了张之江在研究武术、体育方面的不断探索精神和在办教育方面永不保守的思想。

张之江是中央国术馆馆长，也是中央国立体育专科学校校长。正因如此，国术馆和国体专校的关系非常密切。国术馆的武术教师、高手专家被请至国体兼课，国术馆的学生可以进国体专校深造。优秀的毕业生有的留校任教，有的被推荐到国内外需要国术体育师资的学校和部门去。

曾获"杠王"美称的上海体育学校体操教研室主任吴玉崑教授，对此深有体会，他曾经深情的回忆起老校长对他的破格培养及推荐之恩情。他说："我在国术馆只学习了一年。一年级上学期，我名列第四，至一年级下学期，便考了个第一名。老校长很高兴，特意要我到家里去，在那里见我。记得我去校长在京的游府西街廖家巷那个家，里面有一个很大的练功房——竞武场。他等在那里，首先考了考我的武功，亲自看看我的功夫根底。我努力将自己看家本领全部拿出来，校长很满意，含笑夸奖了我，并要将我介绍到宋哲元将军处任教官。我向校长提出了想进国体专校深造的要求。校长说："难得你有此志向，进国体也好，可是国体要出学费。"我回答校长说："我交不起学费，是否可免费。"校长想了想，就慨然答应了。他说，因我学习优良，可享受公费。并鼓励我不能自满，要珍惜时光好好学习。我太高兴了。向校长保证一定能做到学得更好、更努力。如无校长培养，我就进不了国体，也就没有今天了。"

国体的篮球是学校最大的特色之一，享誉中华。

由于张之江办学作风严格认真，师资选聘贤能，职工团结共事，学子勤学苦练，由国体组织的篮球队在第二年便创造了震惊中外的战绩。

国体篮球队的几位主要战将是唐宝玺、李震中、吴文忠、张长江、张文青、高长明，此外还有张震海、刘振元、蒋克信、王志信、尹鸿祥、吕佩南、廖蔚棠、宫邦杰、李国锐等。他们在多次和中外高手的交锋中，以高超的球技密切配合，取得了一系列胜利，为国体专校也为祖国争得了荣誉。

当时，南京中央军校有一支篮球队，具有相当雄厚的实力，曾是南京最强的球队。一次，蒋介石召集国内各路球队会师南京进行比赛，还特地铸了一个银杯，名曰"中央杯"，准备奖给优胜者——他所瞩意的中央军校篮球队。想不到经过重重拼搏，国体篮球队力克群雄，赢得了"中央杯"。蒋介石大不高兴，据说还对中央军校篮球队的教练发了脾气。接着，他又铸了一个银杯——"中正杯"，专门命中央军校球队与国体球队一决雌雄，结果又是国体球队获胜，夺得了"中正杯"。

一支称雄上海多年的美国职业篮球队（队名"信通"又称"海贼"），听说南京国体篮球队声誉鹊起，大有独霸中国篮坛之势，很不服气，便挥师抵达南京。他们虽云切磋球艺，实际上暗含争雄之意。于是，两场紧张激烈的球赛在南京新街口业余体育会篮球场展开了，时间是1936年11月29-30日两天。

因赛场在京城，不少军政要人出席观看了这两场比赛，其中有南京中央军校教育长张治中、立法院院长戴季陶、教育部部长王世杰、外交部部长张群、军政部长何应钦、国民党中委肖同兹及驻京各国使节，此外还有中外新闻记者及附近各大中城市的球迷观众等。国体校长张之江更是关注这两场比赛，事前他作了鼓动讲话，届时带了全家老小出席观看比赛。国体球队的队员们球艺娴熟，配合默契，信心十足地先后赢得了这两次比赛。全场观众沸腾了！南京、上海及各大都市的报纸都争先报道这两次辉煌的胜利。它使中华民族扬眉吐气，国体篮球队成了全国闻名的、所向无敌的球队。

三、推动中国武术走向世界

中央国术馆成立后，张之江为扬我中华国威，推动中华武术走向世界，做了很多工作，取得了很好的效果，中国国术从此扬名世界，跻身于世界体育之林。中国武术今天在国际体坛上有这么高的地位，很大程度上取决于张之江当年的不懈努力。

1930年，张之江亲自去日本参观远东运动会和日本全国相扑大会，借此机会弘扬中国武术。

张之江作为中央国术馆馆长抵达日本后，引发了日本新闻界的特别注意，各大报纸刊出消息。一时间上门拜访者络绎不绝。其中有慕名而来的友好人士，也有要求较艺的东洋武士。张之江对这些人一概热情接待，但较武之事却不应允。日本天皇闻知此事后，下谕外交部门，钦定择日接见这位闻名遐迩的中国国术馆长，见识中国武术。

到了接见这天，中日双方都有不少官员陪同。天皇善武术，特别对柔道很有研究。两人也算是"以武会友"。当时天皇提出要看看中国的摔跤功夫，同时要与日本的柔道高手较艺切磋。

张之江欣然答应，但提了个条件，必须按中国的传统摔法，个对个儿，倒地为准定输赢。天皇应允，于是约定了日期。

张之江来日本前，料定日方必然要有这一手，所以早就做了准备。他带了两个人来，名义上是侍奉他的"仆人"，实际上都是武林高手。其中一个便是摔跤名家杨法武。杨法武身高体壮，虎背熊腰，是一尊响当当的"山东大汉"

，由于技艺高超，被张之江定为一级教授。

这次较艺，名义上是"友好切磋"，实际上是一场国与国之间的武术较量，事关弘扬国威，洗却"东亚病夫"的耻辱。为了把握更大，张之江自接受挑战之日起，便给杨法武分析敌情，制定较技方案，壮威鼓气，然后以自己的房间为练功房，让另一个武士陪他苦练不辍……。

日本方面为了赢得这次较技的胜利，精选了4名柔道高手，其中有一位便是战遍12国无敌手的名家佐藤次郎。到了比武这天，日本各报馆的记者及驻日的不少外交使节，都来观战。

较技场设在东京皇家操场上。张之江一行人准时到场。天皇接见了他们，然后分宾主而坐。张之江环视左右，只见那4名柔道高手已在一旁伺候，他们身穿红色大和服，一个个粗壮剽悍，盛气凌人，好像胜者非他们莫属了。张之江暗暗好笑，但也不免有些担忧。

一声锣响，较技开始。日方上场的是一名粗胖的武士。双方刚一搭手，也没见杨法武用什么招式，一眨眼的工夫便"扑通"摔在地上。众人一下子全愣了。按照赛前规定，摔倒为准，仅此一次。下一个上场的日本高手，二人刚一打照面，杨法武用同样的方法，又将对手摔倒，好像没费吹灰之力。

杨法武连摔二人，引起了观者的一片惊叹。不少人第一次看见中国功夫，不由得鼓起掌来。天皇见两个高手惨败，露出了明显的不悦。佐藤次郎见杨法武连败二人，又气又恼，发誓要当着天皇的面给大日本帝国捞回这个面子！只见他大吼一声扑过来，向杨法武发动了闪电般的进攻。俗话说："姜还是老的辣。"佐藤在出手、运步及技巧上的确高出一筹。杨法武几次想抓到他靠上去，都未能如意，有几次险些被他摔倒。

场下的气氛一下子活跃了起来，天皇的脸色也缓和了许多。张之江不动声色，一直静静地观察着场上的每一个细小变化。十几个回合后，杨法武突然抓住了佐藤的一个手指头，就像锁上一般，往怀中一带，猛然靠上身去，顺势一个"倒背葫芦"，可怜这个名噪一时的"东洋明星"，也被摔了个仰面朝天……

杨法武大获全胜！众人一片喝彩，中国武术扬威东瀛。日本天皇脸色阴沉，非常难看，但出于礼节，也不得不象征性地鼓了几下掌。张之江诚恳地说道："贵国的柔道术与中国的摔跤术本出一母，我们共同学习，互相交流如何？"天皇闻听，脸上渐渐露出了欣喜之色。沉吟了一下道："张先生，本皇有个想法，你们可否留在日本，专教中国武功，月薪一千大洋，加封你为帝国大将军。"张之江闻听，淡淡一笑："谢天皇的美意，我们中国武士只爱国术，别的都是身外之物。"

就这样，经过二人协商，张之江答应将中国的摔跤术传给日本，天皇答应将日本的柔道术传给中国，作为友好交流。此消息曾披露在当时的中国各大报刊上。

日本之行使张之江有了很大收获，回国后他写下了著名的《东游感想录》，蔡元培先生欣然命笔，为此书作序。

在书中，张之江先生择善借镜，借他山之石，攻我国术之玉。他在书中写道："日本柔道进步之速，尚有一重大原因，曰毫无自私之习是也。盖吾国国术不振，泰半坐于门户之见过深，派别之分过严，以致互排互嫉，相秘相攻。数千年来，此风未泯………今观日本人教授柔道之热诚恳切，尽量公开，与夫从学者之痛下苦功，精益求精，既无保守秘密之恶风，亦无骄吝嫉妒之陋习，弥感国内宗派门户之见，危害学术进步，甚深且巨。"

对此，他反复申言，大声疾呼，作迷途之棒喝！在书中，张之江先生还提出，各级学习要并重体育与国术，以植根基。这些意见，至今仍有现实指导意义。

张之江先生在《东游感想录》中指出，如我不能自强，则举世将视我为俎上肉，咸思染指。他呼吁国人，以道德文化为体，以国术运动为用，强种救国，共相奋勉！

四、远赴欧美考察体育

1935年，张之江为了将国术介绍到海外去，为了进一步办好国体专校，本　179

着宣扬国粹和观摩吸取西方国家的先进技术和经验的目的，出国赴欧美进行考察。罗光海、彭树仁作为助手和翻译随同前往。

他们渡过太平洋、印度洋、大西洋，前后历经8个月，走遍了英、法、德、意、美等国家，所到之处都受到盛情的接待。当人们介绍张之江是一位将军，退役后为了国家的富强而提倡武术兴办馆校时，每每受到当地的礼遇。他们参观了不少先进的体育设施、运动场地，了解各国体育事业发展的情况和特点，会见了不少运动员和名人。张之江发现美国的运动场多，设备好，许多人家里都有游泳池。他们还到好莱坞参观了电影《人猿泰山》的拍摄现场，得到饰演泰山的男主角约翰·韦斯摩勒和女主角的热情接待，并合影留念。在意大利，他们有机会会见罗马教皇，但张之江没有去。在德国，也有联络员要介绍他和希特勒见面。因他对希特勒的独裁统治甚为反感，托故很快离开了柏林。

张之江在英国和美国考察时，受到西方人士之要求，现身说法，表演中国武术之精髓及其保障健康之作用，张之江表演讲解后，欧美人士甚为赞佩。据中国当时驻英大使郭泰祺说："中国武术传授几千年，张氏能将其精华向西方人士表演，赢得多方赞佩，这是难能可贵之事。"骆介子先生回国后，曾将驻英大使郭泰祺之言转告张之江将军，他回答说："爱国之心驱使而已，岂有他哉！"

在远赴欧美考察期间，张之江还作了不少有价值的笔记。

从欧美回国途中，张之江又作为赴南洋访问团的团长，兴致勃勃地带了国术馆武术队和国体专校篮球队前往南洋群岛，宣传国术。1936年1月至4月，他们陆续访问了香港、马尼拉、新加坡、吉隆坡、金保、怡保、槟榔屿等地，最后经香港返抵上海。

1935年，张之江赴欧洲、美国考察体育。

访问团一行乘坐"康特华利"号邮

1935年，张之江赴欧洲考察体育。左一为张之江。

1935年，张之江赴欧洲考察体育，与送花女孩合影。

船，所到之处一面宣传国术，一面表演比赛，受到各地华侨的热烈欢迎。著名华侨领袖陈嘉庚极其隆重、热情地接待了他们。在盛大的欢迎仪式上，当地的少女跳起土风舞，然后将花环套在张之江的脖子上，这是对最尊贵的来宾的接待礼俗。陈嘉庚还抽出很多时间陪着张之江，听他演讲，并亲自派人为国术表演、篮球比赛安排场地。张之江以强种救国、御侮图存为核心，演讲王子平拳打俄国大力士康泰尔等故事。宣传中国人民不畏强暴维护国家尊严的事迹，充满了爱国的激情，使广大华侨深受感染。

为了振奋华侨的爱国心，国术馆武术队在各地作了精彩的表演。其中温敬铭的醉拳常常赢得满堂彩，李锡恩和张文广的大刀进枪配合得天衣无缝，几十年后仍为老同学所津津乐道。国体专校的篮球队也在各地进行了47场比赛，胜45场，平1场，负1场（在马尼拉）。

一场又一场的表演比赛，一次又一次的宴请，武术队和篮球队被各界爱国侨胞如众星捧月似的接来接去，产生了强烈的反响。有的华侨将自己的儿女送回祖国，进入国术馆和国体专校学习；有的学校和部门要求派国术教员去。临别时，侨胞们又举行了盛大的欢送宴会，各界人士捐款不少，依依惜别。

中央国术馆暨国立体育专科学校访问团的南洋之行，获得极大成功，享誉而归。后来每每提到这次南洋之行，张之江就感动不已，感到华侨的爱国之心是民族振兴的极大希望，同时对陈嘉庚的深情厚谊铭感不忘。

1936 年 1-4 月，张之江出访南洋诸国留影。中间拄拐杖者为张之江。

五、之江力荐 首秀奥运

1936年，第11届奥运会在德国柏林举行，中央国术馆馆长张之江提议：我国应该派武术运动员参加大会表演武术，其目的就是借奥运会机会推广介绍武术，把武术推向世界，发扬国宝。

消息传出后，全国武术高手都报名参加预选。主持预选选拔赛的有张之江、考试院院长戴季陶、中国体育协会主席沈嗣良等，德国驻沪领事克劳特出席观看。经过十几天角逐，最后选出7人，中央国术馆被选上四人，分别是最优秀学生张文广（原为北京体育学院教授，全国武术协会副主席）、温敬铭（原为武汉体育学院教授）、傅淑云（女，原台湾国术馆工作）和刘玉华（女，原为武汉体育学院教授）。这标志着古老的中国武术第一次走上了国际体坛。

中国武术代表团由总领队王正廷、总干事沈嗣良率队参加第11届奥运会。

中国武术队代表中国在柏林兴登堡体育馆表演时，首先表演了集体太极操，然后由张文广表演"少林拳"，温敬铭表演"绵拳"，傅淑云表演"昆吾剑"和"达摩剑"。都获得巨大成功。

尤其是国术馆女将傅淑云表演的达摩剑，震撼了全场德国观众，引起德国元首希特勒的注意，他几次站起来鼓掌，称赞不已。

希特勒是那届奥运会总裁判长，他对坐在他身边的奥运会执行主席李德华博士说："没想到这些矮小的东方女子武艺这么好，真了不起。"指示摄影队特别要拍摄，制成录像带保留下来。

会后希特勒接见了中国武术代表团全体人员，连连称赞。

德意志日报评论文章："中国武术，技艺精湛，技巧卓绝，富有艺术性，舞蹈性，武艺已达到炉火纯青，出神入化之境界。"

当地的其他报纸称赞武术有三大价值：体育价值、攻防价值、艺术价值。舆论界更称："中国国术具有艺术、舞蹈、奋斗三大特色，反映了中华民族悠久历史文化及尚武精神。"

奥委会特别赠给傅淑云等人金盾奖章，奥委会还托代表团带来了一枚金光闪闪的带有五连环会标的奥林匹克纪念章，授予中国武术事业的积极提倡者张之江。对这枚纪念章，张之江非常珍爱，30年来始终把它带在身边，如今虽然金章不在了，家里还保留有那个金章的盒子。

除了奥运会表演，为了宣扬中国武术，还做了5场会外表演。归国途中，代表团还在印度孟买，新加坡停留做了武术表演。

事隔一年后，德国决定给各国对奥林匹克事业有贡献的人士授予奥林匹克勋章，由于张之江所提倡的中国武术在奥林匹克运动会上的出色表现，德国奥委会决定授予张之江奥林匹克勋章。

1937年6月17日，德国驻华使馆参赞费诗尔在德国驻南京大使馆亲自将两座勋章奖给张之江和褚民谊，并发表了热情洋溢的讲话，称赞张之江是中国体育界的领袖，中国派出庞大体育代表团参加1936年奥运会是张之江提倡的功劳，肯定张之江对奥林匹克体育运动的贡献。

1988年，严庆禧教授（薛笃弼先生之长婿）从西德讲学归来，带回一份由德国奥委会秘书长瓦尔特·特罗格尔亲笔签名的文件，证明张之江曾于1936年被授予奥林匹克纪念奖章。

它强有力说明，张之江是将中国武术推向国际体坛的第一人。

张之江在提倡国术和推进我国国术事业发展做出了重大贡献，在国内外产生了巨大影响。

改革开放后，张之江家乡建立了沧州文化主题公园，在园中的武术文化园为张之江将军雕塑了半身铜像，以纪念他对中国武术的贡献。

六、提倡武术　保家卫国

多年来，张之江在全国弘扬推广武术，成立中央国术馆，不但使中国武术走向世界，而且在日后抵抗日本帝国主义侵略战争中起到极其明显和重要的作用。

对于武术的实际军事作用和时代价值，张之江早就有了清醒的认识和预见性，他在1930年9月18日，国术馆竞武场落成典礼上讲话时，就明确讲过武术在未来反侵略战争中重要作用。

在谈到某些人反对武术，轻视武术作用时，张之江说：（某些人）"大概是没有认清国术的时代价值，我们要知道中国的唯一死敌，就是世界帝国主义者，中国的唯一出路，只有打倒世界帝国主义者，要打倒它，须得有种种准备，别的不讲，单讲军事准备，军事的分门别类，有许许多多，战术上的白兵战，尤其占一个重要位置。

本人这一次东渡考察，参观他们的（即日本军队）劈刺演习，其熟练实在令人吃惊。我国的国术，总理（孙中山）曾经说过，它的效用，在面前五尺地决胜负的时候，有绝大的价值。假使我们视它为等闲的东西，不努力地去提倡，甚至批评提倡国术，是反时代，开倒车，万一中国一旦与帝国主义者，作殊死战的时候，白兵相接，不但不能打倒他们，反被他们打倒。"

张之江一直到处演讲，强调全民练武对国防和反侵略战争的重要性。

九一八事变后，1931年12月13日在南京励志社演讲时，他专门阐述全民练武的重要性。他说："倘国民之国术训练成功，加入军队，则肉搏战，近战、白刃相接，可增加强大战斗力。留在后方，则出入相友，守望相助，堪负警界保卫之任，至其大利尤在于以谙习国术之民众卫乡土而腾出全部军队任国防，通储强健雄勇之丁壮，以备征募，即无异寓兵于民潜蓄实力。一旦动员，全国皆兵，欲救中国，舍斯莫属"。"然非普及国术，弗能致此。此国术可救国之说也。弱民百万谓之无民。"

再次阐述全民练武的重要意义和在未来反侵略战争中所起的重要作用，也就是增强全民体质，提高民间百姓的普遍军事能力，以利于日后反侵略战争中增强白刃战、近战、肉搏战的能力。张之江运用他丰富的历史和时事知识，旁征博引，证明白刃战的在现代战争中的重要性。他举例说："抑知日俄之战，武士道白刃战居显著之功。欧洲战争，最后胜负，每决于白刃格斗。即鄙人从军有年，自辛亥以还，向以打倒军阀，完成革命为职志，如摧洪运，讨复辟及北伐诸役历经剧战。而个人经验，每次最后胜利，十之八九，多得力于有国术技能之军队。再以最近马占山主席，在黑省与敌寇之剧战，屡次以肉搏制胜，可见理想之空谈，不敌事实之证明。"

张之江是这么说，也是这么做的。他所统帅的西北军部队都极重视武术，凡西北军士兵均需通过"练拳""劈刀""刺枪""体操"四项主要科目。各 185

部队聘请武术教官训练部队，在军队排、连、营编制中组成各级大刀队，配备特制大刀和牛皮制刀套，来弥补近战武器的缺陷，以大刀冲锋陷阵，用以解决西北军缺少武器弹药的问题，同时也形成了鲜明的西北军特色。

抗战开始后，由于原西北军部队，打响抗日第一枪的29军和其他部队，在白刃格斗中使用传统的武术器械——大刀，取得极显著效果，杀敌立功，使得社会各界对武术更是分外重视。

抗日战争中，中国军队所使用的国产步枪中正式枪身短，而日军38式步枪枪身长；一般中国军队缺乏武术训练，或者说体育锻炼，身体虚弱，而日军训练有素。由于这两个原因，当中国军队与日军展开肉搏战时，往往吃亏很大。一般国军与日军在白刃战方面有很大的差距，好几个人还敌不过一个日本兵，战场劣势尽显。

而使用大刀则大大弥补这一缺陷，杀的鬼子魂飞魄散。经过武术训练的部队，耐力和灵巧性，格斗能力也大大强于日军。

宋哲元29军，就是在七七卢沟桥首举抗战旗帜的部队，全军每人除步枪和手枪外，都身披一把大刀，人们称29军为大刀队。

抗日战争爆发后，中国军队，尤其是宋哲元29军和闻名天下的参加台儿庄战役的孙连仲的第二集团军等西北军，在战争中运用传统中国武术技能杀敌，大刀队大显神威，大杀日本侵略军，显示了中国武术在实战中，在现代化战争中的重大作用。抗日战争证明了张之江提倡武术，发扬和光大武术在反侵略战争中的实际作用，证实了张之江的英明预见和远见卓识。

抗战开始后，29军年方19岁的战士陈永德一人就杀死日军9名，缴获13支枪，威名大震。同年7月12日《世界日报》以"二十九军大刀杀日贼"的大幅标题报道："11日，日军200余名进攻大王庙，被宋（哲元）部大刀队迎头痛击……昨日（日军）围攻南苑，大刀队急向日军冲锋，相与肉搏，白刃下处，日军头颅落地，遂大获全胜……"，二十九军"大刀队"名扬天下，据报纸宣传29军大刀队曾一战消灭日寇千余名。

参加台儿庄战役的主力是孙连仲第二集团军，第二集团军是原26路军，是标准的西北军部队，张之江的老部队，战士们每人配备一把大刀。在著名的台儿庄的战役中，由于街巷狭窄，敌我双我阵地接近，距离短，日军重武器无法发挥作用，两军近战肉搏决胜负，大刀大显身手，发挥了极大的作用，每把大刀都血刃过敌寇，有一名战士用大刀手刃日寇达9人之多，大刀决定了最后胜负，起到了不可替代的重要作用。

著名作曲家麦新闻听29军大刀队事迹后非常激动，曾作曲《大刀进行曲》献给29军大刀队，这首歌迅速传遍全国，也由此激励起全中国人民抗战热情。

29军和第二集团军大刀队能够在战时有这样的表现和他们日常不懈的武术训练分不开，他们每天除了练习步兵操外，还练武术集体操，每天共练4套拳术、4套劈刀、4套刺枪术。

29军军长是宋哲元，宋哲元是追随张之江的多年老部下，知道西北军沿革的都知道29军是西北军的老部队，张之江的老部队。在16混成旅时代，张之江担任16混成旅2团团长，宋哲元就是2团2营营长。

1921年16混成旅入驻陕西后，扩充为11师，张之江任11师22旅旅长，宋哲元任该旅43团长。1926年南口战役时，张之江任国民军总司令和西北边防督办时，宋哲元则是西路军司令。29军是不折不扣西北军的嫡传血脉，张之江属下的部队。

宋哲元在喜峰口抗敌时，发威大战日本兵，主要依靠大刀队，这是西北军的传统。

由于大刀队在实战中作用显著，国军很多部队相继成立了大刀队，并且聘请了国术馆学员任教官，教习武术和刀剑术，在整个抗日战争过程中，西北军和国军各个部队的大刀队冲锋格斗，破阵杀贼，大显中华民族神威，使鬼子吃尽苦头。

张之江提倡的大刀和白刃战在抗日战争中起到了不可磨灭的重要作用，其功巍巍，流芳百世。

中央国术馆自1928年成立至1937年抗战爆发近10年间，共招收了5期学生，人数近500人。抗战爆发后，不少学员都投入抗战，分配到各部队中任武术教官，训练官兵武术和刀剑技能，对抗日战争的胜利，做出了应有的贡献。

抗战、内战结束后，分处两岸的武术教师，不少出身于中央国术馆。中央国术馆成立后，经历了中原大战和抗日战争等大战，风风雨雨，坎坎坷坷，走得极为艰难，遇到了很多常人无法想象的各种困难，但在张之江不懈的努力和坚持下，使国术馆持续了20年左右。抗日战争爆发后，国术馆几经迁移，但是张之江一直坚持办学，一直到1948年，由于经费不足，不得不关闭。

20多年来中央国术馆培养出许多优秀生，其中有的再经过国立体育专科学校深造，成为不但擅长武术且掌握体育技能的复合型体育人才，不少还留在国术馆任教。如张文广、李锡恩、何福生、马文奎、黄国祯、傅淑云（台湾地区）、张登魁、常东升（美国）、温敬铭。

经国术馆和国体培养出来的我国体育界名人和教授还有王英杰、唐宝玺、张长江、李震中、吴玉坤、吴文忠（台湾地区）、张震海（美国）、陈嘉琦等。还有在抗日战争期间走向延安、曾在国家体委工作过的朱德宝和吴江平。

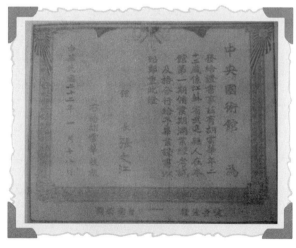

国术馆第一期毕业证书

抗日战争中，肩扛大刀准备上战场杀敌的国军士兵。

据不完全统计，建馆多年来，仅中央国术馆、国体专校培训过的学员即达4000多人。

爱国爱民的张之江将军和他一手创办的中央国术馆、国体专校为近现代中国武术事业的发展和中国反侵略战争做出了不可磨灭的贡献。

七、抗战胜利　再兴国术

抗战胜利后，1946年，张之江回到北碚，处理安排国术馆和国体专校的复原事宜，并接取全家老小返回南京。抗张胜利后，政府官员和各界人士争相回京，所有交通工具爆满，在重庆弄一张轮船票或飞机票都十分不易，他住在青年会的招待所里，归途遥遥无期。幸好冯玉祥得知他为舟旅无着而犯难，便热情邀张之江同船返宁。当时国民政府专门调拨一艘"民联"轮给冯玉祥，送冯玉祥和部分政府要人复原，除冯玉祥外，李济深、王宠惠、王葆真、田汉、安娥、徐悲鸿等政界首脑和知名人士都搭乘这艘船还都南京。时舱位已满，冯玉祥便命人特意安排张之江全家住在大餐间内，就这样复原到了南京。

回到南京，张之江便忙于为中央国术馆寻觅办公的地方。原址头条巷已毁于战火，新址谈何容易，他只得在自己家——游府西街廖家巷二号门口挂上"中央国术馆"的牌子，着手筹备恢复工作。

国体专校经研究后，决定复员到天津，因河北省、天津市的行政长官系张之江的故旧，如北平行营主任李宗仁系老友，河北省主席孙连仲是西北军老部下，他们一口答应尽力帮忙。于是，天津河北体育场被拨给国体专校作为校舍，复员工作进展的很顺利。

在胜利复员的基础上，张之江又充满了信心，不顾将近七旬高龄，风尘仆仆奔走于宁、津两地之间。

这时，张之江在南京的家不仅作为国术馆临时办公处，又成了西北军老兄弟们的集中地。冯玉祥常在张府召集西北军旧部集会，李鸣钟、鹿钟麟、薛笃弼、陈琢如、韩多峰、陈起、余心清、黄少谷等常应冯玉祥之召至张府会合，欢庆胜利，讨论时势。

回到南京不久，正值张之江六十五寿辰之日，适逢冯玉祥的大哥亦到南京看望自己的兄弟。于是，弟兄二人在那天兴致勃勃地和西北军旧部一起到张府欢聚祝寿，不但吃了寿面，还特别点名吃了张之江夫人用玉米面蒸的糕，然后众人合影留念。拍照时，冯玉祥亲自安排各人的位置，说："张先生站在当中，我和我大哥一边一个陪着寿星老"，大家欢欢喜喜地留下了一张难忘的照片，也是他们最后合拍的一张照片。不久，冯玉祥赴美考察水利，临行将"利他社"交给了张之江，托他代为照顾，正如1926年将国民军交给他统领一样，表现了对张之江的信托之情。冯玉祥赴美，张之江专程送他一起到了上海，在码头上依依惜别，想不到这竟是永别。

张之江是个闲不住的人，他在南京办的另一件事，便是筹办协和中学，以纪念生平知己李烈钧（字协和）。李烈钧是辛亥革命的先驱，他认识并了解张之江是在云南起义期间。当时，张之江代表冯玉祥会晤蔡锷于大州驿，在达成共同讨袁的协议中起了关键作用。此后，李烈钧每逢遇见张之江，就叫"大州驿！大州驿来了！"两人结成莫逆之交。在南口大战中，李烈钧作为广州国民政府的代表，襄赞指导国民军布置设防，建立坚实的阵地，有效地抵挡了军阀的围攻。后来张之江任禁烟委员会主席，李烈钧为禁烟委员会委员；张之江创立国术馆提倡武术，李烈钧大声疾呼为其后盾。他本人对武术也感兴趣，经常习武，甚至在有的场合，和张之江一见面就摆开了比武的架势。在抗战期间，两人更是共赴国难。1946年，李烈钧与世长辞，张之江悲恸异常，每每念及往事，长吁短叹，总想有所表示以寄托哀思。复员回到南京后，他收回了一度失去的房产，便决定开办协和中学以纪念老友，并将自己在南京的全部私产作为协和中学的校产。

八、之江思想　与时俱进

国民政府成立后，张之江担任了许多重要职务，具体有全国禁烟委员会主席，江苏绥靖督办，国民政府委员，立法院立法委员，军事参议会参议员，中央执行委员等等，利用这些职务的便利，张之江除了竭力宣扬抗日，弘扬武术，从这些方面强国御侮外，还非常重视科学治国。

当时有人说：张之江提倡武术，落伍时代，此话大错特错。张之江提倡武术是在那个特定的年代，有特殊的需求，人民是东亚病夫，需要强身健体。有强健的体魄才能与入侵者斗争。国家贫穷落后，没有先进武器，难以和侵略者抗衡，需要扬长避短，进行近战、白刃战痛击侵略者，武术中很多器械适合于白刃战和近战，正好可以解决问题。之江思想，有很强的实用性。

张之江思想很先进，既有实用性，又有预见性。一直走在时代前列，始终与时俱进，除了提倡武术以外，他非常重视科学治国，科学强国，抵御外侮。

在1931年11月举行的国民党第四次全国代表大会上，针对九一八事变后，日寇虎视眈眈亡我中华的野心，作为中央委员的张之江提出一个发展科学以利国防的专门提案。

在那次代表大会上，由张之江牵头，会同国府重臣上官云相、杨杰、梁冠英、钮永建、贺耀祖、马鸿逵、孙连仲、徐源泉、何键、朱绍良等25人提出了一个重要提案，名为《集中科学人才，奖励发明，以备攻守而利国防案》，内容如下：

一、中国历年从事科学人才为数不少，应令教育部、实业部两部调查，其成绩优异者，崇其待遇，集中于首都及各大都会。

二、中央须设立科学馆，各大都会遍设科学分馆，礼罗科学人才，从事于研究试验改进发明。

三、中央及各大都会应遍设完备之科学实验室，尽量供给国内科学家之实验研究。

四、凡国内科学家新发明，具有充分理由计划而无力制造试验者，政府应设法协助，不令其因试验失败而灰心，奖励诱进以底于成。

五、中央政府应悬重金并以荣誉奖励一切科学上之发明家，尤其注重于军事利器之制作及防御之新法。

六、中央军政部应对于科学研究特立一专司机关，广筹经费，罗致人才。除单独努力外，并与科学馆通力合作，共以筹攻备守为目标。

七、科学本无国界，其非本国人而愿以所学热心贡献者，政府尤当优予酬报，买收秘密而劝对方来。

提案人：张之江、王均、上官云相等25人。

时至今日，这种先进思想仍旧有其很大的现实意义。可以看出，张之江不但是一个军事家、外交家，还是一个具有远见卓识的政治家。

第十章

张之江与抗日战争

一、张之江反对内战　抵制中原大战

自从国民政府成立后，张之江就坚决主张，国家已经统一，不应再有内战。1930年蒋冯阎中原大战爆发之前，张之江竭力劝阻冯玉祥停止内战，一致对外。并派张树声去见冯玉祥，劝说冯玉祥停止战争，但是冯玉祥已经决心进行战争，一意孤行，不听张之江劝告。

最后战争结果果然如张之江所预料的，冯玉祥所领导的西北军大败，有着十几年光荣历史的西北军从此被消灭，结束了其叱咤风云的十几年的辉煌历史。西北军余部仅剩孙连仲26路军和宋哲元等部被编入中央军序列。

同室操戈还给外寇制造了机会，1930年中原大战大大削弱了中国军队的军事实力，让日本帝国主义看在眼里，喜在心头，很快就于1931年发动了九一八事变，吞并了东北，开始了全面侵略中国的步伐。

二、九一八事变后张之江率西北军旧部抗日

张之江是有名的爱国将军，一向坚决反对帝国主义对中国的侵略，特别主张抗日，被人们称为抗日将军。

从1918年16混成旅驻防常德时，张之江就坚决的抗日，当时他任16混成旅的团长，面对日军挑衅，他毫不犹豫地下令打击日军。

南口战役前夕，指挥国民军在大沽口，坚决回击日军挑衅。天津战役期间，他曾下令活埋两个为直鲁联军军阀做情报工作的日本间谍。

对于日本帝国和其他各个帝国主义亡我中华野心，张之江在历年征战过程中早看得清清楚楚，所以从南口战役结束后，一直呼吁停止内战，消除割据，国家统一，一致对外。

九一八事变发生后，当时任江苏绥靖督办的张之江于1931年9月23日，亲自出面，率领原西北军将领，向全国发表抗日声明，极为振奋人心。

声明说：

顷诵张副司令皓（十九日）电，谓日兵皓（十九日）在沈阳自由行动，占领城池，驱逐官吏，阻塞交通，杀害军民，攻击我军队及兵工厂等情，闻讯之下，气愤填膺，且有血气，应谋自救，失时不斗，永劫沉沦，谨陈三义，为国人告焉。一曰宜抱定决心作殊死战也：日兵强暴，实行侵略主义，推其原因，亦由吾国素抱和平主张，遇事退让，致引起帝国主义得寸进尺，为所欲为，而以待朝鲜人民之手段，加倍施诸我国，我国国民处亡国灭种，一发千钧之际，万无忍耐不抵抗之理，困兽犹斗，而况人乎？应毅然决然，采取拼命主义，奋斗到底，作殊死战。昔美利坚独立之战，初亦无胜算，徒以万众一心，同仇敌忾，造成巍巍之功。

况我此时军队有组织，政令有系统，一切设备远胜于美利坚之曩时耶？苟能同抱有敌无我之决心，何敌不摧？何坚不克？我国民其奋勇图之。二曰宜速息内争，团结一致。共御外侮也。加之天灾流行，浩劫空前，遍地哀鸿，嗷嗷待哺，稍具天良者，莫不知国家元气斫丧殆尽，不可再作萁豆之煎，以促危亡，故仇日救国第一要义，唯祈诸同志诸同胞立即捐除成见，消弭内乱，一致团结，共赴国难，时不我待，迟恐噬脐。三曰救国御敌须待自救，弗仅希图外援也，此次日兵进占沈阳、长春、安东各地，悍然违背凯洛克休战条约，其野蛮横暴，不可理喻。非独欺侮我国，抑且蔑弃公理公法。虽世界各国见此暴行，或有仗义执言，维护公理者。然我苟不自振，乃欲全仰他人之助，侥幸图存，宁有斯理？天助自助，古训宜闻。国家兴亡，匹夫有责，愿我同胞，急起奋斗，共救今日之大难。之江等从军数十年，受国厚恩，未报涓埃，今当大敌横乘，国难煎迫，情愿效死前驱，以与寇敌决生死，为民族求生存，枕戈待命，义无反顾，迫切陈辞，伏唯垂听。

张之江、孙连仲、梁冠英、高树勋、戴藩周、张占魁、张华棠、杨天斌、赵璞、李松琨、董振堂、季振同、池峰城、刘国明、郑廷珍、王修身、祝常德、时德学同叩。漾（二十三日）印。

在张之江的带动下，孙连仲、池峰城和张华棠等人日后都成了抗日名将。

张之江于同日，1931年9月23日，发出通电给东北军统帅张学良，愿率部奋斗，支援东北军，誓死抗日。

电文中说："急，北平张副司令汉公赐鉴，皓电敬悉，日兵暴行，劫我沈阳，官署军营，均为占领。闻讯之下，愤痛填膺，当激励所部。誓与奋斗，以雪此深仇大耻也……张之江叩焉。"

并于9月23日又电在野名流胡汉民，孙洪伊、李烈钧、黄郛等，联名电劝各方停止内斗，一致抗日。

其原电云："南京胡展堂先生，李任潮先生，上海孙伯兰先生，李协和先生，并转黄膺白先生，程颂云先生钧鉴，日寇不道，乘我患乱，劫我辽宁，杀我同胞，俘囚我官吏，毁坏我建筑，且加刃于我全国人民之颈，举凡国际之信义，公理人道，悉破坏不顾，暴横达于极点，危亡迫在眉睫，乃复逞意气之争，酣阋墙之斗，岂不知皮之不存，毛将安附，覆巢之下焉有完卵，鹬蚌相持未决，而日本帝国主义，已坐收渔人之利矣，思念前途不寒而栗，先生德望崇隆，万流景仰，楼崩栋折，覆压同遭，当此千钧一发之时，务乞联合劝告各方，发起和平救国会议，立息干戈，言归于好，一致对日，共挽沦胥。"

三、张之江游说宋哲元打响抗日第一枪

日本军占领东北后，又步步紧逼华北，华北危急，全中国危急。

宋哲元是张之江的多年的老部下，当时宋哲元29军正驻扎在北平，处在抗日第一线。如上文所说，从16混成旅一直到南口战役期间，宋哲元都是张之

江直属部下，又是最可靠、最忠实的亲密战友。宋对张非常敬佩，凡事唯命是从，他俩不仅是领导与部下关系，而且还结为金兰之交。相互的感情相当深厚。

1937年5月，宋哲元将军任华北政务委员会委员长兼河北省主席时，日本帝国主义在北平阴谋向宋哲元拉拢腐蚀期间，中央政府没有做好战争准备，知道在这个时候与日军开战完全没有胜利把握，希望宋哲元继续与日军虚与委蛇，以便争取时间。

蒋介石知道张之江是宋哲元和张自忠等将领的老长官，蒋介石认为只有张之江最适合去华北劳军，慰问宋哲元，转达中央政府拖延时间的意思。于是特派张之江为代表去北平游说宋哲元，主要内容是："对日本开战目前时机不成熟，最好和平解决，一切条件由宋哲元自行决定……"。

张之江接到这个命令后，非常喜悦，感到这正好是个机会和宋哲元见面，鼓励他坚决抗日。于是张之江接受了这个使命，欣然代表蒋介石前往北平。

张之江到达北平时，正是日本帝国主义和宋哲元进行谈判的紧张时期，局势很紧张。

张之江与宋哲元见面了，阔别多年的老弟兄再次会面，格外亲切，张之江把蒋介石的命令，交给宋哲元看后问道："兄弟（指宋）你对这个命令做何感想？对日寇侵略华北的兽行如何看法？你抵抗不抵抗？"宋哲元说："我听大哥（指张）的指示。"张之江说："日寇这次侵华抱有很大野心，意图是把整个中国吞掉，我们能做亡国奴吗！？'九一八'的血泪尚未干，现在又蚕食华北，日寇的侵略野心已经很明显了。我们是掌握兵权的军人，枪杆子在我们手里，我们不抵抗谁去抵抗？难道叫老百姓去抗日吗！？……"这一席话宋哲元听了很受感动。宋哲元将军表示："我们全军将领的想法都和大哥的想法一样，都是一致主张抗日的。"

接着说："大哥请放心，我们一定坚持抗战到底，不打跑日本鬼子绝不罢休！"最后张之江和宋哲元告别时，互相握着手说："一言为定，我听你的好

1937年，张之江代表国民政府赴北平、天津，动员老部下宋哲元和张自忠等人抗日时，与夫人子女及宋哲元、宋妻的合影。右一为张之江妻庞淑芳、右二为张之江、右三为宋哲元、右四为宋妻。前排右一为张之江女儿张润苏、右二为张之江儿子张润常。

198　　1937年，张之江代表国民政府赴北平、天津，动员宋哲元等老部下抗日时，在天津与宋哲元，张自忠合影。左为宋哲元，中为张之江，右为张自忠。

消息。"

张之江返回南京后，约半个月之久，仍不见平津抗战消息。他很不放心，便准备了五百部"四书注解"袖珍本派部下押运到天津送给宋哲元。表面是送给宋哲元的礼物，实际上是刺探宋哲元抗日的动静。宋哲元见到这批书后，心中早已明白来意，非常高兴和感谢。

第二天来人接到宋哲元的请帖，请他到市政府吃饭，当代表到市府大餐厅时，发现参加这次宴会的客人多数是日本人，有穿军装的，有穿西服的，张的代表感到愕然。宴会开始入席，恰巧代表与张自忠将军（任天津市市长）坐在一起，便忍不住问张："怎么今天的客人都是日本人？"张自忠对代表耳语说："先别问，吃完饭咱们先走，到外面再说。"于是张未等散席，先离开餐厅。张自忠将军说："今天是最后一天谈判，肯定是决裂的"张又告诉代表说："一个星期左右抗日战争就要爆发，天津必定大乱。"

张之江的代表回到南京后，把送书的经过报告了张之江。张闻讯后，马上给宋哲元、张自忠、冯治安、刘汝明等人拍了电报，预祝他们抗战必胜。

电报拍出八天后，果然七七卢沟桥事变爆发了，张之江的这一行动，点燃了抗日战争的烈火。

除了鼓动宋哲元抗日外，张之江还做了其他西北军的工作，如韩复榘消极抗日被扣押后，国民政府担心韩部不稳，特意派张之江到韩部做安抚鼓励工作，鼓励老部下顾全大局，不计恩怨，不保实力，坚决抗日。

四、参加台儿庄战役

"七七"事变在卢沟桥打响了第一枪，那是从西北军最得力将军宋哲元部队吉星文团长开始的。当时全国各大城市的报纸都登了这一震惊世界的头号消息。这也是张之江在1936年9月赴北平与宋哲元将军联系游说所达到的目的。

全国因此都动员起来了，国民政府开始全国总动员进行抗战，蒋介石以军事委员会委员长的身份公布了全国划分了八大战区，并且每大战区都有他委派的战区司令长官，而各个战区下属部队都是来自四面八方。

当时国民党第五战区司令长官李宗仁是张之江的老友，又熟知张的抗日主张，而李宗仁领导的第五战区的部队多半是原西北军的老部队，如张自忠、刘汝明、冯治安、孙连仲、池峰城、韩复榘等。李宗仁是桂系军事人才，对西北军的将领的性格和特点，以及各个部队的情况不太了解。李为了便于部署和指挥，向蒋介石提出建议，特聘张之江为第五战区高等顾问。

上前线抗战是张之江的夙愿，接到这个任命他立刻抛下国术馆和国体所有工作，欣然前往台儿庄参与策划对日作战，参加抗日战争。在第五战区作战部队将领，都是张之江的原西北军老部下，这些将领和部队的作战能力、特长和性格特点，张之江脑子里都有数，这些将领对老长官张之江一向是尊敬佩服的，所以张之江在这里参与部署指挥，是最恰当不过了。

张之江到前线后，检阅旧部，发表演讲，鼓舞士气，一有空闲，就骑马到前线视察，亲身参与和策划了著名的台儿庄战役。

有几次，张之江在前线逗留时间长了，被李宗仁知道，怕有危险，立即派参谋上前线把他劝回司令部。

抗日战争开始后，除了全面的阵地战外。面对武器装备和训练水平远超中国军队的日军，游击战术也有一定辅助作用。特别是在青纱帐里的游击战，日军武器装备无法正常发挥运用，难以发挥作用，而中国军队熟门熟路，突袭偷袭，进退自如，可以发挥劣势武器的长处。

张之江即将这个战术，向第五战区及军事委员会作战部提出建议，第五战区采纳张之江建议，随即通知老百姓："军民配合作战，粮食成熟后，仅收谷穗不收谷秆（如高粱、玉米等），这样可以延长'青纱帐'时间，有利于多杀伤敌人"。由于这个建议被采纳，在台儿庄战役过程中起到不小作用，张之江为台儿庄大捷立下了汗马功劳。

台儿庄战役胜利后，张才返回重庆，料理国体校务，临别时李宗仁赠给张之江卡车一辆，以示慰劳和感谢。

在台儿庄大战前，张之江的老部下，台儿庄战役的主力军，孙连仲的30军31师师长池峰城给张之江写信，要国术体育人才二十人，准备组织战地服务团。张之江当即由国立体专抽调周文煜、高长明、胡振英、高兆埔、朱德宝、焦世忠、卜恩富、杨主爱（女）、肖培及（女）、黄曼衍（女）等二十人赴台儿庄战地服务。这个服务团初到台儿庄时，担任国术体育教练工作，帮助训练部队。等到对日寇展开激战时，他们全部投入战斗，在前线担任后勤、医护、运输任务。如杨主爱（女）从阵地上背着伤病员回到医疗站进行抢救，其他人也在枪林弹雨中运粮弹，传达命令，人人积极主动，抱着不怕苦不怕死的精神参加战斗，受到前线总指挥池峰城的赞扬。他们在抗日战争中立了功，他们在战场上表现的这种奋斗精神，给全军抗日战士们留下了深刻印象。全体人员一直坚持到台儿庄抗战大捷后，才回到国体。

五、全国军队督训团督训官

回到重庆后，张之江又加入了全国军队督训团任督训官，督训抗日部队。

1939年7月，军事委员会副委员长兼全国军队督训长官冯玉祥，率领督训团张之江督训官多人，莅临宜昌校阅江防军、即第二十六军、第七十五军、第九十四军三个军，鼓舞抗日部队士气。长江上游江防司令兼94军军长郭忏和185师师长方天指定杨伯涛553团为受校阅的重点部队，接受全国军队督训团的全面校阅。（杨伯涛是国军有名的抗战英雄，后来曾任国军王牌军18军军长。）

督训团团长冯玉祥先给受阅部队训话，训话结束后，张之江等各位督训官，分组到553团进行校阅：检阅分射击、刺枪、战斗演习、工事构筑等项科目。张之江和蔼可亲，校阅一丝不苟，仔细认真。检阅结束后，最后由督训官张之江主持分发奖品。

官兵获奖者200多人，每人得胶鞋一双，甚为实惠。张之江上台亲自呼名授奖，授奖完毕后，张之江没有沿台梯步下，而是从台上一跃而下。令全场官兵异常惊讶！团长杨伯涛赶紧趋前问候，张之江微微一笑，不当一回事。其他督训官告知："这没有什么事，先生擅长武术，有时不自觉地发挥出来。"使全体官兵极为钦佩。

1940年7月，张之江被保送进陆军大学将官班特五期学习最新的军事技术和理论，时时刻刻准备再上战场，与日寇决一死战。在那个班级里，张之江是年龄最大的，李以匡是年龄最小的，两人从此结下深厚友情。

抗日战争过程中，张之江自始至终，竭尽所能为抗战事业做出了自己最大的贡献，无愧于爱国将领这个光荣称号。

鉴于建立民国，消灭军阀和抗战期间张之江所做的一系列贡献，国民政府于抗战胜利后的1946年，晋升张之江为陆军上将，这样张之江一生荣膺过两次陆军上将，一次是北洋政府陆军上将；一次是国民政府陆军上将。一生获得过两任陆军上将衔的，在民国历史上都是罕见的。

张之江 将军传

Biography of Zhang Zhijiang

第十一章

张之江与基督教

一、"信行救国"基督治军

说到基督教，张之江可算是西北军中信教第一人。张之江的前半生，戎马倥偬，奔走革命；他的后半生，提倡武术，强种救国。他的精神支柱是对基督教的虔诚信仰。

张之江早年受到义和团反洋教的影响，对外国传教士欺凌中国老百姓有强烈的反感，曾激烈反对基督教。他后来之信教，是受冯玉祥的启蒙。冯玉祥因信仰宗教而得名"基督将军"，常德练兵期间，冯玉祥把基督教精神引入军中，张之江是最早受洗入教的军官。

冯玉祥以基督教教义要求全军将士，如不吸烟、不赌博、不纳妾等。并向一些高级将领传播教义。在其影响下，张之江开始研究圣经。他非常崇敬耶稣舍己救人的牺牲精神，接触了另一个新天地。他以自己的悟性去领略圣经中的道理，觉得十分奥秘，其味无穷。从此，张之江自号"保罗"，认为自己像保罗一样，最终因信得救。每天早晚两次祈祷，早锻炼而后读经，成为他的必修课。他也要求自己的部下唱赞美诗、读圣经、做礼拜，并发给每人一本小小的《新约全书》。

冯玉祥将军在军中称张之江为"大主教"，张之江曾修造大教堂一所，每逢礼拜日，宣道其中，实行军教主义，并自称为"真救世军"。他常常引用圣经《马太福音》12章18节至21节、《诗篇》145篇14节、146篇7节至9节，来形容耶稣是革命的导师，基督教不是帝国主义的走狗，并作结论说；"我穷究基督教的教义，是革命的策源地，像那'爱人如己舍己救人'等要义，尤是革命者所必需要的精神。"

张之江常常利用做礼拜的机会，对听众作长时间讲话，主要论点，大体上可分两类：一类是他阐述基督教与中国儒家学说是相通的。他说，基督教认为上帝是天地之间的大主宰，是万有之主，万富之源，富贵在天，天鉴在上，天网恢恢等等。只有尽人事，听天命，才是人间正道。

冯玉祥元帅和张之江将军以及另外两个将军家庭照片，他们两个家庭以及另外两个将军家庭，每周六上午都聚会做家庭礼拜。最后排左二为张之江，左三为冯玉祥。

他学习英国资产阶级革命家克伦威尔训练新模范军的做法，在作战之前，祷告唱诗："千万基督雄师，为耶稣力战。"使人们觉得，西北军是上帝保佑的队伍，尊神爱人惩邪恶。

士兵们在就餐前，也祷告感恩。

在这种精神力量的鼓舞下、感召下，部队作战十分勇敢，同军阀作战往往以少胜多，胜多负少。可见，张之江是以宗教热忱寄托于自己的事业上，而非超尘出世。

任何军队，如果没有精神支柱，是难以激发起士兵的决死精神的。以基督教精神武装的国民军，战斗力特别强，其中有训练和指挥缘故，基督教精神武装也是决定性因素之一。

在张之江指挥南口战役期间，有一次当战斗最激烈的时候，某阵地的国民军500名官兵被直鲁联军俘虏，对方长官命令被俘士兵排列成一行，自第一人问起："愿意投降否？"被问士兵毅然回答；"不降。"马上就被枪决。然后再

国民军士兵餐前感恩，这恐怕是世界上唯一的餐前感恩的军队。

问第二人是否愿意投降，仍然回答："不投降。"于是又被杀，最后500人全部被杀，没有一个说投降的。500被俘虏的官兵，宁愿死，没有一个投降的，这不但是中国历史上的奇迹，也是世界历史上的奇迹，世界上几乎没有一支军队能够做到。见李泰棻《国民军史稿》299页。这完全是长期在军中实行基督教教育所起的作用，所产生的一个奇迹。可见以教治军，以基督教治军是有其巨大的作用的。

由于张之江笃信基督教，在任察哈尔都统期间，国民军组织成立西北基督教协会，张之江被任命为主席，陈崇桂牧师为总干事、浦化人、余心清等为干事。

张之江笃信基督教超过冯玉祥，在冯玉祥不再信基督教后，张之江仍然坚信不疑，贯彻终生。

有时教会请他讲道，张之江也欣然接受。他一方面讲圣经，另一方面结合实际提倡"信行救国"，认为基督徒应该用信心和行为成为人们的表率，拯救积弱多难的祖国。他的讲道充满了生气勃勃的新意。他有时在礼拜堂带领大家祷告，呼吁上帝惩罚德、意、日法西斯，拯救备受煎熬的民众，要求耶稣的真理早日降临人间，将和平安宁赐给全人类。他的祷告是那么真诚，充满激情，往往使在场的人感动得欷歔落泪。

上海基督教青年会、南京基督教会以及武汉、北京、天津等大中城市，都请他去传教。据教徒反映，张之江的演讲，深入浅出，一般教徒易懂，连牧师听了都赞叹和钦佩。

1936 年，张之江在吴县圣经会会员大会演讲。前排右七为张之江。

1935年张之江赴美国考察体育时，受到美国基督教会和世界圣经总会的接待欢迎，设宴慰劳并作演讲。该两总会组织聘请张之江为名誉会员。

二、广交朋友，见证基督

张之江将军作为军界名人，他广泛在政治界、军界、教育界、体育界等交　207

张之江贺寿书轴

张之江 (1882—1966)，河北盐山人，陆军上将，为"基督将军"冯玉祥部下，基督教徒，时任南京中央国术馆馆长。

Congratulation calligraphy scroll by Zhang Zhijiang
Zhang Zhijiang(1882-1966), born in Yanshan of Hebei Province, an army general under "Christian General" Feng Yuxiang. He was also a Christian and was then the Head Librarian of Central Chinese Martial Arts Institute in Nanking.

这是张之江任中央国术馆馆长时给美国大使司徒雷登的贺寿联。

朋友，如蔡元培、孔祥熙、于右任、钮永建、张树声等，利用自己特殊的身份来见证基督。他与美国前驻华大使司徒雷登交情特别深，1948年司徒雷登72岁生日之际，张之江自撰七律书法作品贺送，内容如下："杭州地灵诞英贤，良友爱华几代传。道学渊博经世用，作育英才岂万千。中美文化赖沟通，真理正义仗宏宣。教泽广布恩德遍，表彰基督作光盐。驻华使节展伟抱，邦交增进睦敦盘。抗建复兴劳赞助，和平奔走力周旋。国际形势多险恶，尚望先党祷主前。义人所蒙悦纳，祝君长寿荣帝天。"这幅贺寿书法作品，现在仍藏于杭州司徒雷登故居里。

张之江将军的丰功伟绩早已载入史册。但他的信仰生活和信仰追求，可以作为一个美好的见证造就我们。

三、施舍比受更为有福

"将财宝聚集在天上，胜如积在地上，你们若是将爱心和善行给了自己身旁最小的弟兄，就是给了我了。"这是圣经里耶稣教导门徒的话。张之江信仰真诚，表里一致，常按圣经上耶稣的教训，帮助穷困弱小的弟兄，爱人如己。

1925年11月间，就是在天津战役前夕，张之江曾自费花三万元印行圣经，给全军一人一本，广为赠送，传播福音。圣经印的非常讲究，道林纸、皮面。金边，并有大、中、小三种。大、中两种包括旧约和新约全书，小的只限于新约全书。圣经封面上有张之江的亲笔题字："此乃天下之大经也"，上款"民国十四年"，下款为"张之江保罗敬赠"。他每至一处做礼拜或讲道，都带一部分圣经送给信徒。

这是张之江自费花三万元所印三万本圣经，并在封面题字。

张之江每天清晨早锻炼后读经，从不间断。他认为重要之处，第一次用蓝笔画圈，第二遍用红笔画圈，第三遍则用绿色墨水画圈，圈圈点点，另加眉批，可见用心专注。一次，这本圣经被外国牧师毕范宇见到，惊叹不止，遂向张之江索去，带回美国，广为宣传："一位中国的将军，笃信基督，每日查经至再至三，认真阅读，反复圈点，竟至如此用心，十分感人!"

外国刊物上也报道了张之江虔诚信教的事迹。美国的美华圣经会为此特聘请他为圣经会的理事。这是一个荣誉称号，张之江是第一个有此荣誉的中国人。

张之江坚信圣经上所说的："施比受更为有福。"只要有慈善机构或教会前来募捐，他常慷慨解囊。在扬州任江苏绥靖督办期间，一次当地教会向他募捐，他就捐助了1000元。这件事当时并没让他的夫人知道，因为他的家庭生活一向非常俭朴，力戒奢侈，家中妇女均着布衣布裙。甚至张之江官至总司令、督办，除发的军装外，他的衣裤、长衫、皮袍等均由其夫人亲手缝制，很少假手他人，此情为当时亲友所共知。教会用他所捐的这笔巨款在当地兴办医院、学堂，一位牧师为之感谢上帝恩典不已。在一次谈话中，该牧师当着张夫人的面提起此事，使张夫人听后甚感震惊，难以理解。张之江便向夫人讲基督徒应该爱人如己，与人为善，为别人多做好事，内心才得平安，"将财宝聚集在天上，胜如积在地上"。经过开导，他的夫人也接受了这种崇高的理想。

四、"我就讲抗日救国"

抗战初期，张之江被李宗仁接到徐州担任高等军事顾问，后随之转至广西桂林，再去香港。在这期间，香港教会慕名前去请他讲道，他欣然同意了。在问起讲什么题目时，有这样一段对话：

"请问张先生讲什么题目？"牧师问。

"我讲抗日救国。"张之江答。

"哎呀！张先生，香港这里是英国当局，讲圣经没问题，讲抗日恐怕不大方便吧！"牧师面有难色。

"没有什么不方便，现在日本人要让我们亡国灭种，凡是中国人都应当抗日。我是中国人，要我讲就讲这个，若是英国当局不许讲，那我就什么也不讲。"

牧师见他神情凛然，不好再说什么，只得约好先讲3天，然后再定。张之江在就去教堂宣传抗日救国的道理。最初牧师担心人们不要听，谁知教徒听了他的讲道都很兴奋，他们热爱祖国的情感也被激发起来，产生了共鸣。后来听众越来越多，甚至不得不在教堂走廊上加座。散了会，人们仍不肯走，围着张之江，感谢他讲了这样好的道理。3天讲完后，教徒们又要求再加一星期。结果讲了10天，听众还提出续讲的要求。

张之江是一个虔诚的基督徒，他以自己独特的方式去相信、去宣传他所认为的真理。他以基督博爱的精神对人，以忠诚的心对事，纯真不贰，终生不渝。

五、张之江信教爱国

张之江信教和爱国从不矛盾，如果教会活动和行为影响到国家安全，张之江也毫不手软。1926年"三一八"以后，直奉反动军阀，为了剿杀革命力量，结成了讨赤反动联盟，向国民军发起围攻，4月，在直奉联军的进攻下，国民军被迫撤出天津和北京，退守南口，此时张家口则成为国民军革命力量的大本营。

在张家口边上的西湾子，当时有一座比利时人办的天主教堂，实际成了比利时的领地。外国传教士在中国传教，大多从边远地方，偏僻地带搞起，这样便于他们搞独立王国，这一带整个是教堂的土地。这个教堂有武装力量，人员由教徒组成，武器装备精良，有足够的武器弹药，形成了一个外国在中国的独立王国，无视了中国的主权。

后来共产党征询了吉鸿昌意见，希望拔除这个外国飞地，吉鸿昌当时官阶很低，是下级军官，还没资格见张之江。他建议通过察哈尔民政厅长孙源和张之江谈。孙与张之江谈，张之江完全支持，同意把这个武装据点拔掉。

张之江派了两营人，带了两挺机关枪，几十支步枪，由吉鸿昌率领去包围教堂。包围教堂后，就派一部分人下山去跟比利时人交涉，让他们把主教请出来谈话，谈的主要意思是要他们把武器全部拿出来。并告诉他们，教堂收藏武器，组织武装，不符合我们国家的要求，我们不允许外国人在中国的土地上搞这样一块"飞地"，也就是国中之国。当时提出的条件是：先交出武器，然后把土地退还给西湾子地老百姓。主教表示不好答复这个问题。国民军代表就说：先把这个教堂封了。他们说那好吧，于是便把教堂贴了封条，并没收了教堂的全部武器弹药，用大车把这些武器弹药运进张家口，放在上堡远来庄公园的马路旁边展览。

张之江是爱国爱民的基督教徒，1931年九一八事变后，张之江不但在政界、军界大声呼吁抗日救国，还在上海联合学界名人黎照寰和商界名人赵晋卿两位信徒一起发起组织了一个爱国基督教团体，名为《信行救国团》。提倡信心与行为一致的爱国行动，利用教会影响，组织教徒行动起来抗日救国，发动全社会各界人士投身到抗日战争中来。

黎照寰先生曾任孙中山先生的秘书，后任上海交通大学校长，是公谊会在华负责人。赵晋卿先生抗战前是上海商界名人，曾是全国浸礼宗的负责人。

他们三位军界、学界、商界的名人，同是基督信徒，为了抗日救国走到一起联手作战，是基督徒、是宗教界爱国的一段佳话。

六、交友真诚贵知心

张之江重感情，讲义气，待人宽厚热情，一生中朋友很多，相交也深。如西北军高级将领中多为他义结金兰、同甘共苦的好兄弟，以后宗教界、武术界都交了一些好友；甚至曾经和他在战场上交战过的张作霖、吴佩孚、李景林等，过后对他仍很尊重，离开烽火弥天的战场，不计前嫌握手言欢。各人都尽力支持张之江，表示了对他的信任和友情。

冯玉祥送给张之江的屏条、对联和中堂，典型地反映了他们之间的真挚情谊。

（1）"老革命，老学生，老少年，老青年"

这是抗日战争时期张之江进入陆军大学将官班特五期（在山洞）学习时，冯玉祥书赠的。

（2）"骑驴，骑驴，把倭寇赶出中国去"，还画了一位骑驴的老者。

这是冯玉祥住在重庆歌乐山时书赠的。

（3）"代我统全军，担当大任

佩兄诚热血，泣涕陈情"

这副对联反映了张之江统率全军大战南口的历史，冯玉祥曾书赠过两次。

（4）"梅竹松祝寿图"，有诗有画：

"一株不老松

一枝梅花红

又有竹长青

问问此三友

是作何象征

其意有所指

正是之江兄

之江兄不老翁

小弟们祝你

眼不花耳不聋

腿不软牙不疼

身体健康

跑路轻松

领着向前进

收复东四省

努力复努力

打倒倭东京

梅竹松梅竹松

之江兄之江兄

我们祝祷您

永远是年轻"

下面签名者有：冯玉祥、张树声、李鸣钟、鹿钟麟、薛笃弼、李炘、李兴中、秦德纯、韩多峰。

这祝寿的横幅，是1942年张之江去重庆康庄看望冯玉祥，讲起那年是他的

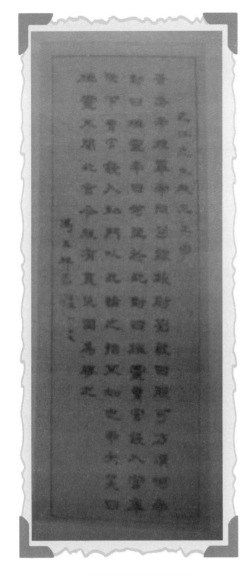

1945年冯玉祥书赠张之江的墨迹。

60岁生日，冯玉祥兴致勃勃地召集在重庆的西北军旧部，于百龄餐厅为张之江祝寿，在画有松竹梅的素笺上挥笔写下了祝寿辞，随后其他各位顺序签名。后来有人看了祝词后，还陆续签上名的就难以记清了。

（5）寓意其中的一幅题词：

"之江先生我兄正字

晋武帝礼毕帝问司隶校尉刘毅曰朕可方汉何帝

对曰桓灵帝曰何至于此对曰桓灵卖官钱入官库

陛下卖官钱入私门以此论之殆不如也帝大笑曰

桓灵不闻此言今朕有直臣固为胜之"

这是冯玉祥生前送给张之江的最后一幅墨宝。

张之江曾说："冯先生读书中看到这一段，深有感触，曾和我谈论晋武帝和刘毅谈话时，希望听到奉承赞美之词。谁知刘毅拿他和汉朝亡国之君相比，大为扫兴，可他还是有度量，认为刘毅敢于直言，这是很难得的，一个国君遇到一位直臣很不容易。冯先生把这段写下来送给我，是不言而喻的。他认为我就是刘毅式的人物。虽然有时我和先生的意见不一致，他终究还是了解我的。"

第十二章

新中国成立后的张之江

一、中共中央　特邀参政

1948年，当解放战争节节胜利的时候，张之江带着全家又到了上海。这时，他正面临着一次关键性的抉择。他之所以没有去台湾，有他自己的考虑，也有着对国家未来的信心，这从他和钮永建的对话中可以看出。

钮永建是国民党的资深元老，和张之江交往数十年，相知较深。张之江离开军界后，筹建国术馆，发起禁烟，均得其鼎力支持。抗战期间，国民党当局不重视武术，留难经费，钮永建担任了国术馆副馆长，曾以他的声望来维持国术馆，申请搬迁费及经费。1941—1942年间，张之江进入陆军大学将官班特五期学习深造，钮永建送给他一副对联，上书：

"卅年天道，廿年国术，求民族得救，

四十作帅，六十入学，创军界新型。"

这是对张之江为国为民、自强不息精神所做的概括。

张之江全家由京至沪后，就住在钮永建处。不久，钮永建准备去台湾，临走前和张之江谈了一次话。

"督办，我和内人就要走了，请问你的行止？"钮永建问。

"惕生大哥，我不走了。抗战八年我已走了太多的路程，那是和日本鬼子打，非走不行。现在情形完全不同，我没有反过共，更没有做过有愧于国家民族的事。再说，我也没能力走了。"张之江答。

"我实在也不想再离开家乡。只是蒋先生现在失败了，我不能在这种时候离开他。督办，你是不同的，你还有国术馆、国体专校都得照顾，加之你的政声很好，留下来不会有什么问题，何况冯先生已经不在了。"钮永建表明心迹，也充分理解张之江的选择。

"是啊！人生如梦，我们在世本如作客旅，想不到冯先生去得那么突然，只有主耶稣永远与我们同在，他指引我的道路。今后天各一方，大哥大嫂多多保重，恕兄弟我不能追随左右了。"张之江不无感慨地说。

"督办保重，愿上帝赐福给你和你的全家。让我们在上帝面前一起祈祷吧！"钮永建建议，他也是位虔诚的基督徒。

于是，两位老友低下头来祷告，为彼此祈福。

从这次惜别对话中可见，张之江对内战和抗日战争分得很清楚：抗日战争是关系民族生死存亡的战争，必须坚持到底；而内战是兄弟阋墙，从内心讲他不希望内战爆发。抗战胜利后，他对接收大员的贪污劫掠深恶痛绝。加之物价飞涨，民不聊生，他对国民党失去了信心。这期间他常和家人提起，他和西北军内的大多数苏联顾问及共产党员始终相处很好，在最紧张的时刻，他还以礼相待，放走了几个共产党员，认为他们是有为的好青年。经过再三考虑，他和

1957 年，张之江与龙云、陈铭枢等合影。

在沪的西北军老友李鸣钟、薛笃弼商量好，决定留下不走了。

新中国建立时，张之江已年近古稀。他住在上海，仍保持着有规律的生活，早起锻炼做操、读经祈祷，每天坚持写大字，临摹碑帖，并常到艺苑真赏社去观赏字画，见到喜爱的就买些回来。晚饭后他出去散步，约一小时方回，身体清健，精神矍铄。

1954年，中共中央统战部发来一份专电，特邀张之江为全国政协委员，以爱国民主人士身份至北京参加第二届全国政治协商会议第一次会议。

在北京，张之江见到了许多老友故交，如李济深、张治中、邵力子、龙云、何香凝、李德全、余心清、浦化人、骆介子、高树勋、陈琢如、邓哲熙、过之纲、吴景南等，相见畅叙别情，展望未来。张治中将军告诉他："这次提你为全国政协委员，大概是毛主席亲自点名的。他曾向我打听过你，我说南京一别不知你在何处。毛主席又向傅作义打听过你，傅也讲不清。最后问到龙云，龙云说你在上海。主席说：他还在，有人说他不在了（意即去世）。这才由统战部发电报把你请来了。"张之江听后，内心十分感动。

在京期间，何香凝先生亲切会见了张之江，并送给他一本画集。李济深将军特地请他去吃饭，还约了不少老友作陪，请张之江坐在首席。冯玉祥夫人李德全更是带了儿孙去看望张之江，叫孩子们喊"张爷爷"！张之江还去拜望了他所尊敬的孙夫人宋庆龄。

尤其使他感受特深的是，中共中央领袖毛泽东、周恩来、朱德分别在不同场合和他会晤，作了亲切交谈，他体会到中共最高领导层对他的了解和关怀。

二、周总理趋访探视

会议前，周恩来总理前往北京饭店看望张之江。

那天，张之江刚用完早点回到房间，忽见饭店服务员："张老，总理来看您了!"张之江来不及出迎，周总理已进来了，一见面，就亲切地问候："张老你好啊！这儿怎么样？睡得好吗？晚上冷不冷？"张之江连忙请周总理坐下。周总理将座椅拉得离张之江很近，娓娓而谈，问起张之江近况、家人的生活、经济来源等。周总理还讲起他从前在天津上学时曾听过张之江的演讲，称他为老前辈。这大概是指当年张之江应张伯苓校长之约，去南开中学演讲的事。张之江内心敬佩周总理的记忆力，连忙回答："总理啊，可不敢当。"

周总理问起西北军在上海还有哪些人。张之江告诉他，本来还有李鸣钟和薛笃弼，解放初李鸣钟便病故了，现在还有薛笃弼在上海。周总理说："怎么把子良漏掉了！真对不起，张老回上海代我问候子良，一定要请他来。可惜晓东（李鸣钟）去世早了点，不然都要请来北京开会，商讨国家大事。你们几位老弟兄仍在一起多好！"张之江深感总理的人情味，暗想，周总理连两位老弟的号都叫得出来，可见他用心之细，而且说的话也正是自己心里想的，真是体贴入微，感人至深。

周总理又问起"国术界还有哪些能人？"张之江郑重地介绍了王子平。王子平是沧州的武术家，自幼刻苦练功，怀有一身绝技，张之江对他十分器重，在宣传国术的演讲中常常提到王子平打倒俄国大力士康泰尔的故事。王子平就是在打倒康泰尔后，投到张之江军中报效国家的。张之江委他以大刀队队长之职，平时训练队员，操练刀法；白刃战拼刺刀时，大刀队便显出威风，冲锋陷阵，建立功勋。国术馆建立后，张之江请王子平担任少林门主任，此后王子平常年住上海。抗战胜利，张之江又请他担任中央国术馆的副馆长。新中国成立后，王子平常去看望张之江。张之江曾书赠一副对联给王：

华夏英雄，大侠有数
天方俊杰，国士无双

这是张之江送给王子平的最后一副对联，也是对他一生侠义及武术造诣的高度评价。当周总理询问时，张之江便对他讲起当年王子平拳打俄国大力士及战胜日本九段柔道高手的事，并特别强调王子平不愿和自己同胞比武斗勇，提到了他的武德及爱国情操。张之江还告诉周总理，目前王子平仍在上海。后来周总理访问缅甸时，庞大的代表团中就有王子平和他的女儿王菊蓉。

在交谈中，周总理还有意请张之江把家搬到北京来，说起要给他准备一套房子，在北京开会活动等较方便。张之江说："得回上海和家里人研究研究再说。"周总理完全尊重张之江的意思，说："张老，以你的决定为主，在上海也一样，今后每年来开一次会，大家见见面，生活就不用愁了。下次带老爱人一块来，到北京来看看嘛！"并说："这么大年纪，叫爱人习惯吗？"张之江说："向来没叫过，都是叫内人、家里的。"说罢都笑起来。周总理又说："老爱人以后可以摆脱家务和孩子们，陪你到北京来开会。秤杆离不了秤砣，老头离不了老婆嘛！"于是大家欢笑而别。张之江回家后，一字不漏地把周总理亲切感人的话语讲给家人听。全家听了，如沐春风，暖入心田。

三、朱老总约谈往事

朱德总司令当年在云南起义中，是和张之江站在一起反对袁世凯称帝的。这次，他特地用车把张之江接到中南海勤政殿，在小茶几上摆着几个盆子，装着橘子、糖果、点心、花生等，待客的味儿很浓。

朱德稳重谦虚，话不多，但很诚恳。分宾主坐定后，两人回忆起云南起义的往事，青年壮志，兴兵讨伐帝制的义举历历在目。张之江讲起他当年和刘云峰、蔡锷将军会见的情景。朱德说道："我们打听到云峰先生一直在四川。新中国成立后，我们在北京为他准备了一套房子，派人去接他来养老，安度晚年。可惜是他已不在人世了。"讲到这里，他们同感时光流逝。朱德叮嘱："张老年高，应善自珍重，有什么困难只管开口，找总理就行。"张之江表示感谢，和朱德互道珍重而别。

　朱德总司令一席话，给张之江的印象极深，他曾感慨地说："共产党功过恩怨分明，谁对革命做过贡献；他们都清清楚楚，不会忘记的。"

在北京，张之江还去拜会过董必武，讲起在重庆参政会的共事，感谢董必武当时在许多事情上对他的支持，共同缅怀过去的友好情谊。

四、毛主席亲笔致函

在进京开会期间，老友故旧，中央领导，该见的都见到了，张之江极感欣慰，遗憾的是未能同毛泽东主席单独晤谈，只是在全国政协欢宴全体委员时见过一面。当时毛主席在中央典礼局局长礼宾司司长余心清的陪同下，逐一和委员们见面。走到张之江面前时，余心清高声报名"张之江老先生"。毛主席停下脚步，和张之江握手，并上下打量着张之江说："张先生，你很好，很好啊！"张之江回答："主席好！"他抱着与毛泽东单独晤谈的希望给主席写了一封信，未见回音，大会闭幕后回到了上海。

1955年春季，上海市委专门派人送来一个大信封，由张之江盖章收下。他拆开大信封一看，里面还有一个信封，直写着几个大字：

张之江先生

毛寄

抽出信纸，原来是毛泽东主席亲笔写给张之江的信，内容如下：

之江委员：

惠书早已收到。本想约谈，因循未果。近日查询，知先生已返上海，只好待之将来了。先生热忱爱国，如有所见，尚望随时赐教。顺致敬意。

毛泽东一九五五年二月十一日　　221

一个在旧社会生活了六十多年的老人，能得到党和国家领导人的尊重和奖誉，张之江感到欣慰，对他的功过业绩，中共中央是十分清楚的。

新中国建立后，百废俱兴，武术这一长期受到冷落的国粹也犹如枯木逢春。

20世纪50年代初，主持武术方面工作的张轸同志一到上海，就驱车前往探望张之江，虚心求教。张之江兴奋之余，毫无保留地提供了几点建议：重视武术的研究整理工作，举行全国规模的武术交流大会，设立类似武术研究院的研究机构专门集中力量负担这一任务；尊重武术界的专家，培养新人，使中国武术瑰宝后继有人，发扬光大。

1956年秋，国家体委在北京召开了首次全国性的武术会演，聘请张之江为总裁判长。他欣然前往参加。在大会的开幕式上，贺龙元帅向到会的武术界同仁大声宣布："告诉大家一个好消息，这次大会我们请武术界老前辈张之江先生做总裁判长，今天他也到会了！"说完和张之江紧紧握手并高高举起。与会者长久欢呼鼓掌，情绪极为热烈。贺龙特地在大会上介绍张之江，使他出乎意料，感动得热泪盈眶，连连向四周拱手致意。表达他对大家的问候和感谢。贺龙对他这位武术界老前辈的肯定，说明中共中央对他的一生是了解的。

1957年，张之江在参加全国政协会议时，专门就武术问题做了发言，题为《不要忽视国术的研究整理工作》。他在发言中谈道：

"……在后半生，我曾费了三十多年的时间和精力来提倡中国武术，借以报效国家和人民，……中国武术是中华民族几千年来最主要的体育活动方式，在民族健康上、民族自卫上以及在民族医药治疗上，都曾发生过很大作用和效果。……我认为，目前研究整理中国武术工作，首先必须设一研究机构，如中国武术研究院，或中国武术研究馆。同时我也感觉到，对散处在社会上的武术界人士的团结教育、改造问题，也是一个迫切主要的问题。我们国家必须对这些人进行爱国主义和社会主义的思想教育工作，帮助他们逐步提高政治觉悟和思想水平，帮助他们逐步化除宗派门户之见，使内家、外家、少林、武当不再有此疆彼界之分和老死不相往来之歧视。帮助他们建立考试制度，彻底革除已往'打擂台'、好勇斗狠、互争雄长的狭隘作风。"

他还在发言中表示，有必要时愿为研究整理武术这一宝贵的民族文化遗产而努力。张之江在晚年始终保持着对中国武术的一贯主张和积极的献身态度。

五、幸福的晚年生活

参加全国政协会议后，中共中央每月寄来生活津贴，张之江生活安定，心情愉快。他由李济深、张治中介绍，参加了中国国民党革命委员会，并被选为中央委员。每年去北京开会，那是他最感兴趣的活动，许多亲朋老友都会在这期间和他见面叙旧。此外，多半时间他仍住在上海，兴致勃勃地参加各种会议活动，如视察工厂和有关单位，逢劳动节、中秋节、国庆节、春节等盛大观礼联欢庆祝活动，他都在被邀请之列，每次由市委派专车接送。特别是在辛亥革命五十周年时，他应邀参加了上海市的纪念大会，还作为辛亥革命老人被安排在主席台上就座，然后在市政协参加了辛亥老人座谈会，受到市委领导的尊重、宴请，兴奋不已。

还值得提到的一件事是，1955年夏季，刘义山（周总理身边的工作人员）奉周总理之命来沪，特地为张之江在战期间（1941—1942年）于重庆山洞陆军大学特五期学习时曾将八路军的一批弹药寄存转送而致谢忱。这件事只有张之江本人知道，家中妻子儿女一概不知，当刘义山来到并讲出这段历史往事后，全家才知此事。刘义山在张府度过了一个下午，和张之江全家一一见面，为张老拍照，详细了解了生活近况，再次转达周恩来总理嘱咐张老安享晚年的关怀之情。送别刘义山之后，张之江感动地说："共产党恩怨分明，周总理细心周到，这事我并没拿它当成大事，只是为了抗日，做了个中国人应做的事，算得了什么呢！总理还放在心上，特地派人来谢，真是愧不敢当！"

除了经常的会谈活动以外，张之江在家里的时间比起过去是明显的多了。可以这么说，1954年以后，他过着儿孙绕膝、安享晚年的舒心日子。

多少年来，张之江家里人口众多，不但养着一些亲戚，还总是抚育着几个子侄，为他早逝的姐姐还有弟弟、堂弟、表弟等培养下一代，供他们读书、习武。故他每次办完公事回家，耳边不仅听到儿女们叫爸爸，还会听到甥侄们喊舅舅、大爷（伯父）的声音。晚饭时，全家围坐在大圆桌旁，其乐融融。他往往利用这时了解大家的学习成绩，有时利用星期日的清晨检查他们的武术。

甥侄们长大成人后分散在各地，儿女们高校毕业后又相继分配到了东北，这时张之江感到前所未有的寂寞。一次，他看到报上登载着政府照顾辛亥革命参加者的规定条例，便忍不住向中央教育部写了一封信，说明自己参加辛亥滦州起义的身份，如今年逾古稀身边乏人照料，希望政府落实政策将小女儿润苏调回上海工作。中央教育部很快转饬东北教育局通知本溪教育局，将本溪师范教师张润苏调回上海，以照顾辛亥革命老人张之江。当她带着小女儿乐经重

张之江与妻庞淑芳、子润常、女润苏（怀抱乐经）的合影。

新回到上海时，年迈的张之江惊喜交集，他想不到自己的愿望这么快就变为现实。老人听着女儿讲述调沪经过，看着躺在沙发上才两个多月的小孙女，左右端详孩子红扑扑的小脸蛋，眼眶里充盈着欣喜时泪花，从此他不再寂寞了。

以后女婿和儿子分别从东北陆续调回，家里的孩子从一个到三个，孙女也从武汉回来了，每次吃饭又是圆圆一桌热热闹闹的。饭前，张之江仍一如既往，带领全家祷告，感谢上帝赐给物质粮食，还祈求赐给精神食粮，服务社会，有益于人类。小乐经聪明伶俐，自幼学习钢琴，遇上张之江高兴时，就叫乐经："今天我们大家唱谢饭歌，咱们的小贝贝（乐经小名）弹琴，大家一起唱。"于是全家和着琴声唱起了"一粥一饭，来之不易……"。1958年，小外孙乐刚出世，这时张之江已77岁。他闻讯赶到医院去看望女儿，并给新生儿起名为乐刚。继四个孙女之后，这个男孩是很得两位老人家宠爱的。乐刚两个月时随妈妈上班，寄放在学校的托儿所，早出晚归。只去了三天，爷爷就舍不得了，含泪说："这么点儿大的孩子，跟着妈妈风里来雨里去的，别去了吧！还是在家，麻烦奶奶相帮照看着吧！"于是家中又增加了一个保姆，孩子便留在家中了。遇上拍全家照，小孙子都是在爷爷身边、膝前。每逢下雨响雷时，乐刚胆小害怕，张之江就把孩子放在两腿之间，用两臂护着："刚刚，别怕，有爷爷在，不怕！"孩子便安静下来。在家中，张之江把他的慈祥爱心都给了孩子们。

1956年，张之江在赴京参加全国性武术会演交流会期间，因连日兴奋和劳累，生起病来，开始是小便不通。他被送入医院特别病房，给他看病的是著名泌尿科专家吴阶平教授，诊断为前列腺肥大，必须开刀。吴教授亲自坐在病床旁讲解病情，谈诊治方案，耐心地做思想工作。张之江完全信赖这位专家，在他主持下，成功地做完了手术。组织上又发电报将张之江的儿子女婿自东北、上海接至北京照顾看护，一切顺利。不想出院才一星期，盲肠炎又发作，张之江再一次入院手术，结果在医院住了两个月，直至春节前才匆匆出院，返回上海休养。这两次手术，使张之江元气大伤，体力精神大不如前。

四年后，78岁的张之江又一次住院，治小肠疝气，手术进行得很顺利。此后，市委统战部每年安排他去华东医院作全身健康检查，发现他患有高血压、冠心病、心力衰竭等老年人的慢性病。医生每次细心为他诊治，并嘱咐注意事项。

1963年全国政协会议召开时，市委统战部特意通知张之江的女儿陪伴父亲一同赴京，随侍左右照顾生活起居。这是他最后一次去北京开会。以后，他因健康关系不得不少参加一些会议活动，在家看看书，养养花，逗弄小外孙，偶尔也接待来看望他的亲友。

1966年2月，张之江因女儿赴青浦农村参加"四清"运动而感寂寞，恍然若有所失。一天早晨，他在下楼时不小心绊了一跤，蹲坐在楼梯上，无力站起来，经夫人发觉，将他搀扶至书房休息。午饭时，他即感不适，汤水不能送入口中，遂由夫人打电话告知市委统战部。组织上立即派专车将张之江送入华东医院，经诊断为脑溢血，发出病危通知。此时他的女儿刚刚抵达农村大队，得组织通知急速返沪，和其他亲属守护在侧，十余日后父亲病情稍稍稳定才再度回青浦。张之江在医院住了三个月，其间一度好转，后肺炎并发。5月11日晚，女儿结束"四清"自青浦返沪，兄妹齐至医院探望父亲。12日上午，张之江精神很好，中午还吃了两碗稀饭，不料突然心力衰竭，经医生千方百计抢救无效，溘然长逝。

5月15日，张之江追悼会在万国殡仪馆举行。当年在西北军共患难的好友薛笃弼，不顾疾病缠身，拄着手杖前去吊唁，他在张之江遗体前徘徊再三，不忍离去，最后恋恋不舍地说："大哥，我走了！"遂向张之江遗体行三鞠躬礼，含泪别去。挚友之间最后诀别的情景，令人难忘。

张之江将军的风采人生，将永远长留在我们心中。

张之江 将军传

Biography of Zhang Zhijiang

附　录

一、张之江生平文章

1. 《张之江生平简史》

窃之江籍隶河北省盐山县城北留老人庄，家世贫农，自幼稚时随先祖父韵泉公侍读，课余之暇，常听受讲解班超投笔、木兰从军与太平天国故事，以及甲午中日战役丧师辱国事迹，并亲身经历、亲眼目睹庚子年八国联军对于中国之侵凌侮辱，以致割地赔款种种不平等条约之产生，因之熏陶感触，刺激甚深，革命情绪油然发生，不可遏止。

（一）毅然投笔从戎，矢志武装革命

1901年志愿应募于北洋常备军右镇充当骑兵。庚戌年入国民党籍，毕生实行孙中山先生主义与政策。之江在已往武装革命过程中，履行孙中山先生主张自始至终与共产党为并肩革命之友党。

（二）参加辛亥革命誓师于滦州，响应武汉起义

1911年由孙文先生之主张策动张绍曾、吴禄祯、冯玉祥同志等之领导发难于京东滦州，斯役之江任北洋军政府滦州方面军骑兵总指挥，因该方面处于满清政府肘腋之下，一经发觉，即倾其全力多方围攻，革命军虽经前仆后继之浴血苦战，结果卒被数倍于我之清兵围歼，革命军全部牺牲殉难，诸先烈如王金铭、施从云、白雅雨、戴锡九、张振甲、孙谏声同志等暨主要干部百余人，死事之惨烈不亚于黄花岗七十二烈士，之江侥幸身免，在满清军严密捕缉中逃亡沪滨，参加北伐，多方策进，卒至推翻满清，完成共和初步。

（三）参加云南起义，讨伐洪宪帝制

1914年，复与冯玉祥同志同工，充其部属，翊赞相辅有年。次年，参加云南起义，斯役之江曾任护国军四川讨逆挺进军狙击兵团司令，驰援蔡锷、李烈钧同奉等于败军之际。"在川南纳溪宜宾之线"与蔡锷同志晤面于大州驿（纳溪县以南）之际，后方已两星期失却联系，因弹药缺乏，火线多用纸炮恐吓敌人，情况至为恶劣。冯玉祥同志所部强悍善战著称，万人起义加入，影响至为巨大，因而致革命军全局士气大振，转危为安，积极促成四川独立，彻底击破袁逆数倍于我之精锐，元凶毙命，帝制推翻，结果再造共和得以顺利完成。

（四）北京廊坊起义，讨伐张勋复辟

1917年，张勋背叛共和图谋复辟，利用军阀余孽势力盘踞北京，召集督军团会议，假名君主立宪，拥戴废帝溥仪。冯玉祥同志因权奸忌嫉，已先期调任离职，驻居正定。之江闻悉政变，当即邀集主要干部同志等开一紧急会议，全体共同决议如次：

1. 通电反对复辟，誓师讨伐叛逆；

2. 派遣代表赴正定，迎冯玉祥同志迅速回任；

3. 立即部署作战，出兵讨逆。

之江任讨逆军第一路前敌总指挥，在京津间的铁路线万庄附近接触后痛歼逆军，连战皆捷，直捣燕京，结果为复辟而召集之督军团作鸟兽散，张勋连同废帝溥仪相率逃亡，遂告终结。

（五）为完成北伐战争，彻底肃清封建势力，孤军辗转奋斗，铲除军阀余孽

1. 1922年河南郑州之役，讨伐河南督军赵倜，赵为袁世凯政府所漏网之余孽，当时联络张作霖希图巩固自己地位。斯役系依照北伐原定计划，兼应河南全省人民之请，适在同时，尤须分兵北向，迎击东北军张作霖之侵袭，以致郑州防务兵力单薄，竟为赵倜所乘，倾其数倍于我之军力夜袭郑州。我军竭尽全力迎头痛击，浴血苦战，势已难支，幸有陕西省胡笠僧、邓宝珊同志等友军之增援，前仆后继，鏖战兼旬，我军约期举行总攻击，结果将赵倜军全部击溃，

跟踪追剿，歼灭殆尽，豫省全境，彻底肃清。

2. 1924年天津杨村之役，讨伐吴佩孚。会师于京津间之杨村，鏖战兼旬，痛歼其主力，结果伊之作战大部队携械投诚来归，余多溃散逃逸。

3. 1925年津沽杨村之役，讨伐张作霖、李景林等，斯役张李等动员河北山东各省军队及东北军之主要部队，如李景林、张宗昌、褚玉璞等所部，倾其全力来犯，会师于津沽，大战于杨村，鏖战月余，卒将军阀联军大部击破，溃不成军，残余概向山东省及榆关方面逃窜。

服务以上各役，之江俱任西北军前敌总指挥。

4. 1926年北京南口之役，对抗张作霖、阎锡山、吴佩孚、李景林等。斯役之江任西北军总司令兼国民军第一军军长，布防于察绥边区，大战于南口要塞，以寡敌众，鏖战半载，再接再厉，苦战连年，迭次痛歼张、阎、吴、李等之联合军，卒因敌众我寡，兼以粮弹缺乏，难以久持，迫不得已而放弃察绥，转进秦陇。

（六）解除军职，挺倡民族体育及创立禁烟委员会

1. 1928年创立中央国术馆"社会教育机构"，因鉴于中国人民一般体魄之衰弱，愈趋愈下，尤其是近代以来积极低落，最显著者为我国选手参加世界历届运动大会成绩之低落，引为全民族之奇耻大辱，爰本兴亡有责之义，亟思借此有以补救之。

2. 1928年创立禁烟委员会。因鉴于英帝国主义在满清时代曾对于中国施行毒化侵略而引起之鸦片战争，招致不平等条约之丧权辱国与不良嗜好之流毒社会，势非认真拒毒彻底禁绝不可，故联合全国拒毒会罗运炎同志等创立禁烟委员会，并拟定6月3日为追颂首义焚烧英帝运来的大宗鸦片林则徐先进之纪念日。

3. 1933年创立国术体育专科学校。在提倡民族体育的过程中，基于教学经验，感觉到：欲期养成社会群众自卫卫国之技能，非仅化除武术宗派界域，尤须力谋中西学术之沟通，缔造中华民族体育之新纪元，企图全人民生理之改善，倡导文化武化并驾齐驱之增进。

附注：目前家景及生活状况

解放之后，常以未能即时为国家人民职务引为歉疚，盖以之江个人非仅年迈衰朽，且有宿疾缠绵，以致志愿未逮，憾莫大焉。

但子侄辈俱受人民政府教育训练，培植任用，大小先后均皆献身国家，服务人民。

润宗侄服务于第二野战军第四兵团第十五军四十四师一百三十二团充任指导员。

润庭侄现在北京中央人民政府方面服务电机工程。

润萍侄现在服务于东北辽阳纺织厂。

润常儿现在任职于中央建筑工程部服务于东北工区。

润苏儿现在任职于中央教育部，服务于辽宁省本溪市师范学校。

生活经济状况：

平素生活所赖以供给维持者，全靠南京住宅（游府西街16号）余屋及上海住宅（四川北路多伦路东方村9号）余屋所得之租金勉维现状。自南京住宅发生问题后，近年以来专恃上海余屋（宅基面积约一亩四分许，房屋十余间）所得租金百余单位，全家大小七口食用外，连同应缴纳之房捐地税等支用，深感所入不敷支出，不得已陆续变卖旧有之物品，借资挹注，在经济艰窘状况下，唯有尽量俭省极度节约，艰苦撑持，所铭感无既者，幸蒙我政府垂念照顾，屡承派员慰问，并赐予馈赠，得以勉维现状。

张之江一九五二年于上海

2. 《参加云南起义讨伐洪宪帝制》

1915年因袁世凯叛国称帝，云南宣布独立声罪致讨。余原充四川将军府参议，特由冯公调任来此，佐理军务。斯时蔡锷（松坡）同志率兵入川。其部队编制为护国军第一军，实际兵力仅有三个梯团。每梯团以四营步兵为基干，并附属有特种兵。率烈钧（协和）同志率第二军继之为第二线，其编制与第一军相同。而袁逆入川军队为三个师三个混成旅，俱皆精锐，兵力数额大于护国军约十倍，颇有众寡悬殊之势。在宜宾纳溪之线，革命军屡受创伤颇形不利。余甚焦虑，为今之计唯有策动冯公玉祥全部应援护国军，如此蔡锷同志实力既增声势自壮，且对袁逆所部作釜底抽薪之计，一举两得，战局当随以好转。此外尤应积极促成四川省宣告独立，再造共和可能急转。腹案如斯，曾建议冯公承表同意。进驻宜宾后，先遣蒋参谋长鸿遇偕同宜宾教会美籍罗教士为代表，前往横江与第一梯团长刘云峰接洽，结果不得要领。冯公颇失望，并闻滇军有反攻企图，故仍积极备战。余意万万不能重演，以致一误再误，向冯公痛陈亟须毅然响应云南起义讨伐袁逆，目前当务之急要在积极援助蔡军，并谓蒋君本人固忠实亦为刘之同乡同学，究非革命同志不能心心相印，必须选派革命同志为代表再往接洽，倘或人选问题别无合宜者，余愿赴横江一行。冯公深然此说，仍拟请罗教士偕往。余婉辞曰彼此系革命同志，勿庸外人做伴，偕同第一梯团副官伍彪（百锐）周志前往即可。乃雇肩舆两乘，即日下午三时许由宜宾旅司令部出发，驰赴横江。

（一）效毛遂自荐兼程赴横江晤刘云峰同志

本日晚八时许抵达第一梯团本部，与刘云峰同志相晤，纯诚感召，一见如故。邀集该梯团支队长邓泰中杨蓁同志及主要干部聚首一堂，餐叙畅谈，约至十一时握别。云峰同志原拟招待住宿翌晨再作归计，余辞谢曰值此局势紧张时期，我们为革命工作须要开快车夜以继日兼程并进，即请其代雇小船一艘回宜宾。余与云峰同志相约绝对协力进行革命，并告以余回宜宾后必即趋晤蔡总司令（松坡）遂握别。船行一夜，拂晓已达宜宾。冯公见余归甚欣慰，余告以接洽经过，极端赞许。余又力陈我军须积极与护国军总司令蔡锷取得密切联系，整个计划的重点须尽先促成四川省独立，作战方略势须以所属全部实力应援之。冯公极表同意，倍承嘉许，并力促余即赴纳溪县一行，代表冯公访问蔡松坡将军。余欣然应命，复偕伍彪同志雇肩舆出发。

（二）衔命赴纳溪趋访护国军总司令蔡锷同志

由宜宾至纳溪计约五日可达，战地范围居民率相逃避，所过之处如入无人之境。中途遥见一人迎面而来，逐渐近至能辨清，系一外籍人士。余谓百锐曰，汝判断此人是干什么的，伊说哪晓得。余曰我揣度此系一负有使命者。及至晤对，彼此寒暄数语，乃宜宾县城之英籍唐教士也。彼受冯之托，由蔡总司令处接洽归来。余等亦以实情相告，并询有无信件带回。该教士由衣袋出蔡公致冯公之信。百锐说咱们可否看看，唐虽无言而面有难色。余即以戏言解之曰，信中的话我已经晓得不必看了，即将信交唐作别。百锐询问究竟，余曰信的分量甚轻决无多话，其内容可一言以蔽之"不得要领"，将来我们归时可以质证。余以为外国人对于中国国情多隔膜，彼此意旨实难畅达，故为斯论。行至距纳溪县约百里地，得确息滇军近受逆军第七师压迫已向以南地区转移阵地，乃改变路线方向加速进行，次日上午达纳溪以南七十里之大州驿护国军总司令部行营。

（三）大州驿河畔行营与蔡锷同志相晤谈

握手时见松坡形容消瘦风尘辛劳，斯时大局战况至为惨淡，前线兵力单薄，后方接济渺茫，通讯联系已中断逾两周。见《蔡松坡军中遗墨》记录，因弹械缺乏后援不济，屡受曹锟张敬尧围攻，情势万分险恶，迫不得已乃在烟筒中燃放爆竹，以掩敌人之耳目，而一面向梁诉述苦衷，一面责唐不应坐视云云。松坡此时前遭劲敌压迫，后感携二之忧，孤军奋战死拼苦撑，弹尽援绝补给无望，其艰困危殆概可想见，宜松坡之倍行劳顿也。余此次优表冯公访问，约以精兵万余援助，此非徒托空言者可比，实与松坡一最大慰藉，可谓攸关全局安危之转捩点也（协和同志在世每与余相晤时均以大州驿呼之，盖纪念其重要性也）。谈话约两小时许，又共餐畅叙，关于冯焕公所部革命历史实力装备组织训练极致扼要详尽，并谓此后一切革命行动作战方略，当悉听松坡领导节制指挥。伊亦将起义护国革命大计与当前进行步骤畅倾靡遗，并言及目前先决问题须积极促成四川独立，此点若早实现，必致事半功倍。此与余所见不谋而合，甚为愉快。即预定川南巡阅使陈铭竹同志与余偕行，除代表松坡答访冯公外，并预计余偕陈由宜宾联袂赴成都，协力和衷积极策进促成四川省独立。冯公所部预拟暂编为护国军四川讨逆挺进军，必要时移防成都。所谈种种征得焕章同志同意，即可按照步骤进行。松坡并立即致冯公亲笔一信大八行约二十页。启程前，伍彪同志持巨封套一大包送交余，当谓百锐曰：这封信与路遇唐教士带的那信是不同的，这信才真值得一看。同发一笑。百锐曰蔡总司令极赞许你的热诚和见解，并谓自古燕赵多慷慨悲歌之士，这位张先生真可算一个。行装整妥即向松坡告辞，偕陈、伍两同志由大州驿启程，约第五日下午抵达宜宾。陈铭竹同志代表答访，并交松坡信。冯公阅毕极为兴奋，同意松坡一切主张计划，绝对照办。便又谈及途中路遇唐教士的那封信，冯公云：你判断得很对，真不得要领。付之一笑。宜宾宿夜，翌日整装启程。

（四）衔命偕陈铭竹同志起身赴成都

翌晨出发，兼程行进约三昼夜达成都。立即向陈宧将军痛陈目前趋势，以大义相劝驾，促直接间接多方设计为护国救民请命。夜以继日奔走，竭尽最大努力。此举深得湖北刘一清之赞助。约两星期得陈宧将军同意，毅然将四川独立电报发出。

（五）四川省通电正式宣告独立

冯公所部暂编为护国军四川讨逆挺进军移防成都第一梯团进驻宜宾，并由挺进军抽调强有力之一部编为狙击兵团，任余为该团司令，积极部署，待命出发。川省独立通电拍发后，袁逆下令陈宧撤职查办，遗缺以四川陆军第一师师长周骏接充。周骏附逆叛国效忠洪宪，受逆命后亲率所部由重庆出动，向成都进犯。

（六）奉命率护国讨逆挺进军狙击兵团由成都出发

启程之日承全省会悬灯结彩锣鼓鞭炮及各界群众出郊欢送，出征讨逆将士因大鼓舞以倍增踊跃奔赴前敌。我军抵达龙泉驿时，正与周骏部队相遇，立即予以迎头痛击。逆军不支，纷纷溃退。旋即奉令，暂驻龙泉驿布防待命。翌日接后方送来新闻，载袁世凯逝世消息，悉用红色字排版，标题"袁世凯天夺其魄""袁世凯竟遭天谴"等字样。彼时精神意志感受莫大欣慰，足证有意竟成之古语不我欺也，再造共和胚胎民主基于此矣。

四川省独立袁逆活气死

共和庆再造奠定民主基

附注：

冯公玉祥所部原为辛亥滦州起义革命同志的集体。其编制为陆军第十六混成旅所属步兵两团另有补充兵一团、炮兵一营（野山炮十八门）、机关枪一营（捷克式廿四挺）、迫击炮一连（六门）、工兵一营（编制同步兵），原属三十九旅之第二团复编并于本旅，所以名虽一混成旅，数额在万余人以上。

张之江著。

3. 《张之江回忆录》（未竟稿）

（注：这篇回忆录是张之江在80岁时撰写的，是篇未竟稿。）

（一）策动滦州革命 响应武昌起义

辛亥年，随军秋操大演习，陆军第二十镇由奉天新民屯开拔，经过山海关师次滦州，正值武昌起义。当偕王金铭、施从云、冯玉祥、张振扬、张树声、郭凤山、龚柏龄、周文海、石敬亭、李德盛诸同志决定在滦州起义，响应武昌。复经清廷派军机大臣吴禄贞驰至滦州宣抚，经吴禄贞一番慷慨恳挚的鼓励和策勉，革命情绪益增浓厚，多数同志主张积极发动，成败与否非所预计。继由孙中山先生代表白雅雨同志衔命抵此宣慰鼓励一切。是时在召集之大会中，公推冯玉祥同志为滦州方面军之总参谋长兼临时召集大会之主席，王金铭为滦州起义军之都督，施从云为滦州方面军之总司令，余为骑兵指挥官。

雷庄一役固予清兵一重创，以助革命军之声势而寒清廷之胆，但在清廷肘腋之下，后续重兵如卢永祥、王怀庆等部陆续增调。源源接济，革命孤军苦战，毕竟众寡悬殊，结果王金铭、施从云、白雅雨等数十同志惨遭汉奸王怀庆等包围杀害，所有爱国革命同志以身殉国，舍生取义矣。

张之江脱险重围，化装逃亡上海，企图参加北伐。滦州革命军受挫后，清廷下令严缉逃亡的革命分子。余只身化装，头置假发辫，戴瓜皮帽，换着商人服装，携带简单行李，潜赴秦皇岛。斯时各地清兵侦缉革命分子极严，犹如天罗地网难得逃脱。甫入旅店稍息，清兵继而踪至，照例检查追究一番。去后，余看光景必须快走，迟缓则祸患莫测，当即付钱与茶房，请其代购船票赴烟台或上海均可。回报云，烟台船已开走，仅有驶沪之船（别号"大肚子"），但客位已满，停止售票。遂婉言请托茶房向船上通融，自购芦席一张，铺置于煤仓炭堆上。旋即接洽妥协，偕茶房帮携行李上船。抵码头时，目睹清廷守兵提刀持枪盘查森严，余行李共计三件，内尚有兵学书、制服等件，携行时，竟未计及关卡之检查，心中默念早知有这些手续，决不携带此项物件，但时势迫切无可如何。当即由负责者斥令一声检查，向余示意问道："哪是你的？"余用手指明。有喊"放下"。余心中感觉今日恐难度过此关矣，只好听天有命而已。码头上负责人（或系领袖）头戴红缨帽，身穿开系袍，随从提刀者二人，向余个人盘诘后又说："打开你的行李。"斯时余故作镇静："我行李中并无私货，你要检查请你自己打吧！"检查人即将余之长捆的一件动手开解（斯时余默祷上天恩佑，行李中多系革命逃亡之证），唯一生死关头，只在转瞬之间。余目睹检查人解至尚余最后中间一扣时，斯人竟仰面稍停，若有所思，继而用足踢蹴行李，向余示意曰："去吧！"余即呼帮助人曰："扛起快上船！"以后引入煤仓，坐在特设之苇席上，多付小账给旅店帮助余之茶房，欢欣接受，感谢别去。

回忆经过秦皇岛轮船码头受检查之情景，居然能转危为安，演变到此，亦觉不幸中之大幸也。虽然坐卧煤堆，比较钢丝沙发还显宝贵，还更知足。即将行李解开，随意坐卧，船未开时尚可偏安。余静思久之，感觉上帝之恩佑，高妙莫测，终身没齿不能忘也，否则何堪设想。及船开行后，船受风浪震撼，煤堆因而坍塌，卧铺逐渐被煤掩盖无余。虽屡经扫除，煤屑终至于扫不胜扫，非仅整个铺位陷入煤堆，所有人、物尽成黑漆一团，余之全体大有酷似黑人面貌矣！只因舱内空气污浊，尚能常出舱面呼吸新鲜空气。

偶见一人头戴四块瓦的毡帽，身穿商人衣履，细视良久认清是滦州电报局局长顾某，系一忠实革命同志，在酝酿起义过程中，余曾数度负情报责任，检查过邮电，与顾君接洽数次，伊颇热诚相助，亦为清廷严缉分子，化装逃亡。船上巧遇，伊始作垂首萎靡状态，余注视良久，辨得十分清楚，确系顾君无疑。余姑戏之，至伊背后双手抱住说："我可得着你了。"伊吃一惊，余遂放手说："是我，认识我吧？"伊即认清，遂即握手言欢，彼此畅谈个人经过。余河北省人，初次赴沪，竟巧遇一无锡籍的革命同志，精神上颇觉欣慰。

抵沪时下船后，同寓二洋泾桥长春栈。翌晨，顾买报阅见载有关滦州起义之革命军被清兵包围剿灭，甚少漏网者，滦州电报局局长顾某亦被惨杀之说。顾由床上奋然跃起，以报载示余曰："请你看看这消息。"伊表示急欲归家一行，诚恐伊家中人对于此息有所见闻，惦念不置，立即向余告辞，余亦无可如何。途遇良友深以为幸，匆匆作别，怅望无似。

余当向上海沪军都督上书，叙述滦州革命起义经过，并坚决请缨，志愿参加北伐为革命服务。旋经该府批示："千里来投，大义昭然，着人事科存记，听候任用"云云。旅店住候有日，川资行将告罄，既无消息，只好北返。即经青岛、济南，便道遄归故乡一行。斯时适逢清廷退位，共和告成之消患传来矣。

（二）调解晋绥龃龉和肃清惯匪

冯玉祥同志现任北京政府拱卫军备补团第一营营长，余到京与冯晤面后，即入陆军将校研究所，对于军事学术又下了功夫研究一番，如远战、近战、火器战、白兵战、古代兵经等等。1912年调充绥远将军府参谋，与老同学张树声同工于晋北东路司令部。树声个性直爽率真，因与晋省派来之魏参谋意见不合，发生龃龉，致起冲突。魏参谋含怒回晋，该方面竟借此事诬控树声以阻挠裁兵之罪名于北京军政执法处。旋接该处电调树声去京审讯，临行之际余恳嘱树声对于晋方捏控罪名，万不可承认。去京后约两周里，接到树声来信云，业已认供七条，反复详审，罪情严重，足以致死而有余矣。

盖晋方与绥远张将军因事权关系，往往发生摩擦，酿成纠纷者往往有之。晋方竟欲借故置树声于死地，姑给张绍曾将军以难堪，泄其积怨之愤恨。余深思熟虑，觉得此案之正义得伸昭雪与否，公谊私情所关甚大，势须积极策进设计挽救。认定挽救此案之主要关键，系于余个人之设计扭转，责无旁贷，义不容辞。策划既定，决计由隆盛庄防地驰赴绥远一行，谒晤张将军面陈一切。斯时京绥路火车仅达阳皋县，距绥远尚有二百余里，一般行程至少又需三天，究用何法比较最快，就是骑快马而已。近来正值剿匪所得之战利品，得到快马一匹（甘草黄色，龟背大鬃尾，别号"盖草地"又名"大尾巴狼"），并备代价伍拾两，陈司令评价。由防地距绥远三百余里，预计一日行程从容可达。

虽然当初入伍即在骑兵科受训练，专门学习已有十余年的经验，像这样的快马是我平生第一次遇见（原系股匪首领所有，代价甚巨，经过围剿歼灭遂得此马），其步伐交换与寻常的快步（即颠马）、跑步的马大不相同，完全是正式的大走，它的四条腿只做两条腿用，左面两条腿为一组，右面两条腿为一组，只分左右，不分先后，走起来只有左右跃进，并无先后空隙，其速度之快可能与摩托车并驾齐驱。上午六时出发，下午约三时到达绥远，抵将军府时，围观此马者甚众。

当谒张将军，面陈此案胜负关系，并建议挽救办法，请陈司令代表赴京一行向某某疏通疏通等等，俱蒙准如所请。张将军当即亲笔致书于东路陈司令希义，书毕付余携带，星夜驰归，将信函面达陈司令，备述张将军推重之意，诚恳陈说树声之事关系种种，希望伊火速去京，并建议到京之后进行方法与步骤。陈司令对于我所建议与计策深以为然，立即向张将军去电请假赴京，并保荐余代理东路司令。旋奉复电所请均予照准。陈司令到京后疏通结果，真相是非大白，诬控死罪得以减免，树声全案彻底昭雪理直而告终结。

在代理晋北东路司令官任内，奉绥远将军府密令，兼应地方人民之控告，请求惩办抚匪百余名。原系陈司令官希义经手所收抚之积匪，按彼时新制，编成一大连，原意冀其悔罪改过，弃恶向善。讵意收编之后，仍不改伊等之匪行，绑架勒索劫掠，时有所闻，致使察绥边区一带民不聊生。本司令部与绥远将军府均接有地方人民之控告与呈诉，当奉将军府严格密令，饬即认真查办严惩，除恶务尽，务净匪源云云。

综合边区地方人民先后控诉各案，均经彻查明确，再慎重考虑，衡之法理，依据人民呼吁请求除暴安良，责无旁贷，当即召集营长以上主官会议，决为整饬国家纪纲，遵行上级命令，应允地方人民之请求，决定实行严惩，以伸法纪而安善良。当拟定于4月1日乘点名发饷之际，一律拿办，就地正法。届期如议办理，并电复绥远将军府备案。因此之故，察绥蒙疆边区一带盗匪大为敛迹。在余负责期间所辖边区一带人民，咸能安居乐业，颇有路不拾遗之景象。在丰镇县、隆盛庄地方，人民五十岁以上者概能记忆之。

（三）参加云南起义讨伐洪宪帝制

1915年袁世凯叛国称帝，云南宣布独立，声罪致讨。余适充四川将军府参议，因与冯玉祥同志参加辛亥革命滦州起义同患难关系，特应陈宦将军调邀来川南赞襄军务。斯时蔡锷（松坡），总司令率兵入川，其部队编制为护国军第一军，实际兵力仅有三个梯团，每梯团以四营步兵为基于（并附有特种兵）；李烈钧（协和）同志率第二军继之，为第二线，其编制与第一军大略相同。而袁逆入川部队为三个整师（第三、第七、第八），三个混成旅（第十六、第十五、第三十九），号称北洋精锐，兵力数额大于护国军数倍，颇有众寡悬殊之势。冯玉祥所部为第十六混成旅，实际兵力为步兵二团，炮兵一营，机关枪一营，工兵一营，主要干部多为辛亥滦州起义之革命同志，名虽一混成旅，实力约万余人。当时部署在宜宾、纳溪之线。关于革命军一般战况颇形不利，为扭转革命全局计，唯有策动冯玉祥部队起义响应护国军，如此革命军声势既壮，实力又增，且对袁逆作釜底抽薪之计，一举两得，战局可能好转，促进革命早日成功。双管齐下的问题，尤应积极促成四川省宣告独立。果能早日实现，再造共和势必急转直下。本此企图与冯玉祥同志熟筹久矣，冯深表同意。

驻宜宾时，冯曾遣参谋长蒋鸿遇偕同宜宾教会美籍教士为代表，前往横江与第一梯团长刘云峰同志接洽，结果不得要领而还。再蒋参谋长鸿遇为人固属长厚，又为刘云峰同志的同乡同学，但究非革命同志，隔靴搔痒，绝对谈不着心情，难以得到要领，必须重新选派真正革命同志为代表，再向刘云峰同志接洽。人选问题如一时想不到合宜者，余效毛遂自荐愿赴横江一行。冯同志深以为然，当即拟仍烦罗教士偕同前往。余婉辞曰：彼此系革命同志，当然可能直接畅谈，绝对勿庸外人做伴，当即偕同第一梯团派来之联络副官伍彪（百锐）同志前往。觅雇肩舆两乘（双班轿夫），即日下午3时许，由宜宾旅司令部出发驰赴横江。

是日晚约8时许抵达横江第一梯团本部与刘云峰同志相晤，纯诚感召，一见如故，当即邀集该团支队长邓泰中、杨蓁同志等及少校以上主要干部，聚首一堂，餐叙畅谈约至十一时许。刘云峰同志原拟招待余住宿梯团部，翌晨再作归计。余云值此革命工作紧张时际，我们为革命服务处处需要开快车，夜以继日兼程并进，即请其代雇小船一只放下水回宜宾。余代表冯玉祥旅长与刘梯团长约定，绝对积极协力，促使革命进展，并告以余回宜宾后决定即趋晤蔡锷总司令，遂握别。船行一夜，拂晓已达宜宾，冯同志见余归颇欣慰，当告以接洽经过，极端赞许。并侦悉滇军有反攻企图，仍积极备战。余之意愿万万不能重演误会，即向冯同志力陈亟须毅然响应革命军，正式宣告起义，讨伐叛国称帝之袁逆，目前当务之急要在以所部实力积极援助松坡直辖之革命军。余又力陈本军须积极与护国军总司令

蔡锷（松坡）同志取得密切联系，整个计划中之重要环节，须尽先促成四川省宣告独立，作战方略誓以所属全部实力应援革命军。冯极表同意，并力促余即赴纳溪一行，代表冯同志访晤蔡锷总司令。余欣然应命，复偕伍彪（百锐）同志雇乘肩舆即日出发。

宜宾距纳溪预计约五日行程可达，彼时因经过途程概系战地范围，居民率多逃避，所过之处如入无人之境。中途遥远时，见有一人迎面而来，逐渐接近始而认清系一外国人。余谓百锐曰："汝判断人是干什么的？"伊说："哪里晓得。"余曰："依我揣测此系一负有使命者。"遂停息意有所待而询之。及至接近晤对，彼此寒暄数语，得悉此人乃宜宾县城之英籍唐教士也，彼受冯玉祥同志之托往蔡锷总司令处接洽归来，余等亦以实情告，并询其有无信件带回。伊即由衣袋取出蔡致冯之信。伍同志说："咱们可否看看。"唐面颇现难色，余即以戏言解之曰："信中的话我已晓得，不必看了。"原信交付唐手，立即作别，各奔前程。当向伍百锐说明究竟，那封信的分量很轻，极简单无多话，一言以蔽之"不得要领。"余所揣想者，唐教士既非亲信，又系外国人，对于中：国革命事情大多隔膜，彼此意见颇难尽情畅达，故敢断定其"不得要领"。行至距纳溪县尚有一日行程地方，得确息革命因受逆军张敬尧第七师之压迫，已向以南地区转移阵地，我俩立即变更路线，沿着侦悉之新方向兼程进

行次日上午到达纳溪以南七十里之大洲驿护国军总司令部行营。

在川南大洲驿革命军行营与蔡锷总司令相晤谈握手时，当即代表冯玉祥同志诚恳慰候并关怀一切。见松坡形容清瘦，颇具风尘辛劳状。斯时革命全局状况倍形惨淡，因前线兵力单薄，战况显著不利，后方接济极为渺茫，通讯联系已中断将近两周，以弹械缺乏后援不济，屡屡遭到逆军曹锟、张敬尧等进攻，情势至为险恶。为维持火线保全声势计，迫不得已乃在铁筒中燃放鞭炮，以掩惑敌方之耳目。一面向梁启超诉说苦衷，一面责唐继尧不应坐视。松坡军之现状，前逢数倍于我之劲敌，后方联系断续不明，孤军奋战死拼苦撑，颇有补给无望弹尽援绝之势，其艰苦危殆概可想见，宜松坡之面容备形劳顿也。

余此次代表冯玉祥同志访晤松坡，竟以号称北洋善战之劲旅实力应援，绝非徒托空言者可比，实与松坡及革命全军一最大之慰藉与鼓舞，可谓攸关革命全局危而复兴之转捩点也。李烈钧（协和）同志在世时，每逢与余相晤面时，不称名号，均以"大洲驿"呼之，盖纪念余与松坡相晤地点之重要性也。余与松坡畅谈多时，并共进午餐，关于冯同志为人及其革命历史，所部实力装备、组织训练，极致扼要详尽；关于今后革命行动，作战方略，在革命战争中，悉唯松坡之马首是瞻。松坡亦将起义经过，护国革命大计，目前应当进行步骤，畅叙靡遗。目前先决问题须积极促成四川独立，此点能早日实现，革命胜利必致事半功倍。此与冯同志所见不谋而合，甚觉愉快，即选派川南巡阅使陈铭竹同志与余偕行。

此行，陈铭竹同志除代表松坡答访冯同志外，并预计余偕陈同志、由宜宾联袂赴成都，协同努力积极策进促成四川省宣告独立。冯同志所部决拟暂编为护国军四川讨逆挺进军，必要时移防成都。所谈种种征得焕章（冯字）同志同意，即可逐步加速进行。蔡总司令立即给冯同志亲笔信一件，大八行十数页。在归程前，伍彪同志持来巨封一大包送交于余，他说："汝可先看看。"余当谓百锐曰："这封信比在途中所遇唐教士带的那信分量是大不相同的，所以那信看不看无关紧要，这封信才真值得看一看。"同发一笑。伍同志说："蔡总司令极赞许你的热诚和意见，并谓自古燕赵多慷慨悲歌之士，他说你可真算一个。"行装整妥即向蔡总司令告辞，偕陈、伍两同志由大洲驿起程，约第五日下午抵达宜宾，陈铭竹代表答访面晤冯同志，余将蔡总司令之亲笔信面交。冯同志详细阅毕，极感兴奋，关于松坡一切计划主张完全同意，绝对照办。余遂谈及途中路遇唐教士的那信，冯公云，你判断得很对，实在不错，付之一笑。宜宾住宿一夜，预整行装，以便翌日起程。

翌晨偕陈铭竹同志起身赴成都，兼程行进，约三昼夜到达成都，立即向陈宦将军痛陈革命趋势，以大义相敦劝，促其当机立断，提前响应蔡锷总司令，直接间接多方设计为护国救民请命，早日宣告四川省独立。于斯夜以继日多方奔走，竭尽平生最大之努力，深得湖北刘一清同志之赞助（刘亦曾参加辛亥革命之老同志，与陈将军有僚属关系）。经各方面之督促劝进，约两星期之时日，竟得陈宦将军同意，毅然决然将四川独立电报发出，正式宣告四川省完全独立。袁逆立即下令将四川将军陈宦撤职查办，遗缺以四川陆军第一师师长周骏接充。冯同志所部暂编为四川讨逆挺进军，由宜宾移防进驻成都，第一梯团进驻宜宾，并由挺进军抽调强有力之一部编为狙击兵团，任余为该团司令，积极部署待命出发。周骏利禄熏心，甘愿附逆，效忠洪宪，背叛共和，受逆命后，由重庆出动向成都进犯。余奉命率护国讨逆挺进军狙击兵团由成都出发。起程之日，承全省会悬灯结彩，锣鼓喧天，鞭炮响彻街巷，各界人民万余步出郊外欢送出征讨逆，将士因大受鼓励，倍增踊跃赴敌之兴奋。我兵团抵达龙泉驿时，正与周骏部队相遭遇，立即迎头予以猛烈之痛击，逆军不支纷纷溃退，旋即奉令暂在龙泉驿布防待命。翌日接到后方送来后方报刊载袁世凯逝世消息，系用红色字排版，标题大书"袁世凯天夺其魄""袁世凯竟遭天谴"等字样。凡我革命同志精神意志感受莫大欣慰，益证"有志竟成"之古语不我欺也。再造共和，胚胎民主，基于此矣（四川省独立，袁逆活气死，共和庆再造，奠定民主基）。

〔附注〕冯同志玉祥所部原为辛亥滦州起义革命同志的集团，原编制为陆军第十六混成旅，所属步兵两团，另有补充兵一团，炮兵一营（山野炮十八门），机关枪一营（捷克式二十四挺），迫击炮一连（六门），工兵一营（编制同步兵）。原属第三十九旅之步兵第二团复编并于本旅，所以名虽一混成旅，数额约万人以上。

（四）廊坊起义讨伐张勋复辟

1917年7月1日张勋复辟。冯同志因遭掌权者之嫉妒，先期已调往正定担任巡防统领，遗缺以杨桂堂继任。冯离职之日，旧部均感愤恨不平。闻张勋复辟，北京已挂龙旗，全部官兵尽皆喜形于色，人人决心起义讨伐张勋复辟，立即派遣代表赴正定欢迎冯同志归还复任。一面紧急措施召集连长以上主要军官联席会议积极准备，本营任讨逆先锋（骑兵）领导出发向丰台、万庄方向前进；一面与同时起义之陆军第八师联系，由马厂开来，立即以京汉铁路为标准划分战区，以专责成。铁路以东由本旅负责，铁路以西由第八师负责。在此时际杨桂堂旅长奔走京津间，长时未归本旅，乘此时机毅然发动起义作用，专待冯同志玉祥归来，攻势防御完成，可能不误机宜，立即将讨伐张勋复辟通电发出。是日下午接得确息，张勋方面派定五列兵车开赴廊坊。

得此消息，立即出兵准备迎头痛击，并选择有利于我方之良好阵地，破坏铁路拆去铁轨，一俟敌之先头列车出轨，包围缴械歼灭战之种种准备计划完成，骑兵全部先行出发占领阵地，按照预定计划，积极完成一切必需之各项工作。是日入夜更深十二时，侦悉敌兵已在万庄下车，当即准备进攻万庄。

翌日上午八时，冯玉祥同志已由正定归来，立即报告经过，将阵地概况遍历一周。旋张绍曾将军亦只身到此，关心革命前途，倍加鼓励慰勉。于是攻击目标改向万庄。关于动员准备更加详尽，高级干部会议决定于次日拂晓进攻万庄。

翌日拂晓根据划分战区，偕陆军第八师并肩指向万庄进攻，约十一时与敌接触。张勋所部号称辫子兵，清廷时代之发辫迄未剪掉，留作忠君之记号。激战约一小时许全线纷纷溃退，迄至夜晚跟踪追击，已越过丰台、黄村之线。张勋即于是夜逃匿荷兰使馆。迨战斗部队逼进京城内外时，始由混乱状态逐渐趋向安宁矣。

（五）郑州歼灭赵倜夜袭军

民国十一年（1922年）4月下旬，（本旅二十二旅）驻防郑州，赵倜乘虚夜袭，予以反击歼灭战。

北洋军阀赵倜督豫以来，与其胞弟赵三麻子狼狈为奸，鱼肉百姓，民不聊生，贪污横行，罪恶多端。迟迟未及声罪致讨者，并非姑息养奸，实以时机未至有所等待。本旅为陕西督军冯玉祥所属之一部，驻防郑州犹如赵倜眼中之钉、心腹之患。此次侦悉余之实力尚缺半数（宋哲元团留陕未来），考虑久之，以为有机可乘，决定选拔精锐实行夜袭，以作先发制人之计，所谓出我意外攻我无备。是日正值冯督军玉祥查防到郑州，并有靳云鹗同驻郑州，名虽一旅，兵力不足，因其驻郑较久，以东道主自居，预备西餐为冯督军洗尘，并邀余作陪。正在行将入座之际，见靳旅长面色仓皇，匆匆自外来找询冯督军何在，余仅告以冯之地址，未便询其所以。及靳与冯晤面后，冯马上要地图展开，按图研究敌人相距不过二十里内外，立即划分战区，铁路以南由余负责，铁路以北由王笑予旅长负责，靳云鹗驻郑州城策应各方，按照地图指导。完毕，不暇吃饭，冯督军立即告辞回陕督运援兵，余等均即按照划分战区发布紧急集合命令，快速出发，沿陇海铁路线东进达到郑州东南二里岗时，与敌遭遇。激战约半夜，迨黎明时余之正面因敌众我寡，势已不支纷纷退却，敌之炮弹超过余之上空向我后方击打，余之正面受伤官兵陆续撤运，见有机关枪连全部退回，余问该连长刘兆凤说："你要向哪里去？"他说："我向旅长这里来要听你说。"余答应说："好，全连向后转，六架机关枪大间隔布置新阵地，无目标不放枪，目标不显明不放枪。"这么一转变，敌人不知虚实，未敢进逼，居然支持至下午约三时许，陕军邓宝珊部驰援到达，增加到我方兵力最薄弱处，全线比较稳定多了。

激战六昼夜，旷日持久究非良策，速战速决是为得计。在危急险要关头，曾一度接到靳旅长电话问我这里怎么样，我说我这里还可以支持，他说他那里岌岌可危，现在宋哲元团长已经来到，最要紧的宋团长决不能向你那里去，黄河北岸敌情很紧急。我一听既然如此，势须顾全大局，即在电话请宋团长接电话，告以此后归靳旅长指挥。宋接到此命令，立即按照新命向黄河以北之敌开进迎头痛击。敌受创甚巨，缴获枪支不少，立即决计全线总攻。

实行总攻之日，预定在拂晓以前大举进袭，跃出战壕冲锋陷阵，侧重使用白兵，转瞬之间敌阵全线瓦解崩溃。紧接下令跟踪追击，越过中牟县进抵开封，对于省会大施肃清。

（六）惩处察哈尔前任都统张锡元之变兵

1924年12月15日，前任都统张锡元部队因北京政府发表任命张之江为察哈尔都统之令，立即兵变。在那时代此项事司空见惯，并不以为稀奇，养成背叛作乱、割据分裂之惯例，因此酿成祸国殃民之惨剧，罪恶滔天目不忍睹。自袁世凯当权叛国以还，代代相沿，效尤成风。但西北军向以爱民护国自任，对此叛国作乱之恶风气，能不疾视痛恨乎。遂决心为国家整纪纲，为人民伸正义，吊民伐罪，除暴安良，职责所在义不容辞。当即向冯督办玉祥说明此意，请调列车运兵，亲自带领开赴张家口。冯督办立即应允余之请求，即传令给宋哲元旅长，向其所部下令紧急集合，在西直门站台上车开赴张家口，宋即遵照办理。兵车装好后向冯督办电话告辞，列车即指向张家口。驶行途中即下令给宋旅长面授机宜，如敌方毫无备战状态，我方即在张垣市外南端约半数下车，将全市封锁包围，在可通行处设盘查哨，比较重要路口设军士盘查哨，遇有形迹可疑者送上级指挥部，原则许进不许出。

是日下午约三时，列车抵达张垣，即照预定计划办理。列车驶往市内，只见变兵抢劫之物堆集商店及居民院中，火焰熊熊尚未熄灭。快速查清前任部队驻在地点，立即派遣所要之兵力分别把守，限时将兵器弹药捆缴指定地址，由负责人检守清楚给付收据，并由商会领导人组织保管委员会。除将随行人员派往各方面机构服务外，即将剩余人员按照预定组织都统署办公厅。

斯时全商会及各界代表群众数十人来求见，允之。见面时尽皆号啕大哭，多被变兵烧劫一空诉冤诉苦。余即恳切大大安慰之，并说明余之速来不是为抢官做，乃一是为国家整饬纪纲，二是为安抚被灾难之人民，所以兵贵神速，迅雷不及掩耳的用意在此；如果我要迟迟不来，变兵一抢一跑，恐怕就爱莫能助了。现在所抢劫的东西，我敢保他们一点也拿不走，外面派兵紧密包围，内面组织保管委员会，每人须将自己被劫去的东西开列清单，必要时失主本人持单去领，必有人按着你的丢失点交发还，绝不能有多大损失的。他们听了我这番话，得到安慰不小。

在这段经过时期，直接间接得到多方面消息。此次变兵抢掠烧劫似乎有计划，分区分段预防重复，避免冲突，并且长官佩着值日带子亲临现场指挥的，并未闻有制止拦阻者，由此可以判定他们犯上作乱，纵兵殃民的罪过无可逃避，罪恶昭彰严重，势须依法惩处，方足以平公愤，解群怨。对于此案有关法律事件，援照陆军简明军律，依法处罪。所谓"治乱世用重典"，彻底昭雪地方人民之冤屈也。当即召集营长以上之主官，宣布伊等纵兵殃民，烧杀劫掠，死有余辜之罪状，检点清楚绑赴刑场，就地枪决，明正典刑。

所有抢劫人民之财物，统由戒严司令部协同商会组织之处理委员会，严于管理，并布告市民各区段各户口据实按照损失之财物开列失单报据认领。各该部队所有之武器弹药一律交由戒严司令部点收管理，俱报备案。前任都统所辖各部队士兵，按照其籍贯远近分别发给路费，遣散回籍。

（七）建筑张家口清河大桥

张家口群山环绕，形势类似盆地，由市内通大镜门有河流一道，与通衢交叉点原有旧式桥梁一座，涵洞窄狭，排水查太小，每逢山洪暴发势必溢出两岸，居民住房及财产物资多被洗劫冲去，往往每次损失有数百万之巨者。历来负有地方之责的，沿着旧社会之恶劣习惯之谬论（官不修衙，客不修栈），向来对此极冷淡，既不负责又不关心。而此军的做法向以爱祖国爱人民自任，对此损害人民生命之大患，当然责无旁贷，力求根本解决。当即抱定给地方人民永除水患之设计，马上邀请一位专门工程司偕同，由市内沿着河岸步行通大镜门，往返走了个来回，余与工程司同意决定欲期一劳永逸根绝水患，必须拆除旧式桥梁，改建新式铁桥。余曰："我们既然想出办法，就要认真实行。"当即邀集各界领导人开会，组成张家口建筑拆梁委员会，负筹备促进之责，马上测定建桥地点等。募建桥费用，于斯发起募捐，集腋成裘。

余给各方去信，得到奉天张作霖的复信，捐助国币拾万元。按预算约计建桥基余已逾半数，未几，已筹募足用之数，整个铁桥全部由山东省买来的，据传云出售者竟欲居奇，要价颇大，省议会有友人深知张垣无钱，完全苦干穷干，为地方人民除灾害造福利，多加美言，始允以三万多国币购来，迄今对于山东省议会说好话的良友感念不已。有了主要材料，立即破土动工，各级监工者及全体工人，均皆兴奋欢腾，积极跃进，立志决定在限期内竣工。

果然在预计日程三天内胜利完成。由建桥委员会接收检验，剪彩使用。全市大为庆祝（锣鼓喧天，燃鞭结彩），由建桥委员会议定，此桥命名曰清河桥，含有纪念倡首人及捐助巨款人（俱姓张）之微意，委员会并促请余书清河桥三个字，允其所请，并签名盖章。此桥建成之后奠安迄今，无一次水患发生。地方社会人民厚德，福利幸运，永存不朽，慰甚。

旧社会风俗习尚多有偏差，后任对于前任之建设，往往不顾其有关现代社会人民之需要与否，概疏忽于保管爱惜，亟易遭受意外之摧残破坏。1930年余服务于江苏时期，突有张家口商会代表来见，相晤据云，清河桥上三个字的牌子居然遗失，寻找不着，请余再写三个字，以便制牌再悬桥上。余询之曰："桥梁如何？"伊曰："桥梁尚称完整。"余婉言曰："既然如此不必再写，只要桥梁完整，有无牌子不关紧要，请你大大原谅我吧。你回去向大家说，虽然我现在相距甚远，我爱惜那个桥梁的心情比任何人都诚恳，因那是我以极高度热情，为给地方人民根绝水患创建起来的一个建筑物，无论再写不再写，原则上我对于此桥总是爱惜维护到底的。"经过如此畅谈，卒能得到张垣代表之谅解，欢洽忻幸握手作别。

　这一建筑物虽然平常，但与地方人民之福利、灾害攸关甚巨，往往有知道此桥来历之老友，游历张垣经过此拊时，必特别注意及之，如通信致候，必叙述此桥现状，迄至现今为止，仍然完整如昔。原有安徽省友人，曾任都统署实业厅厅长，现任山西省林业厅厅长吴觉民同志，往岁因公经过张垣，通信叙及清河桥，全体完整如昔，余亲笔题的清河桥三个字，又承组织方面新增油漆一遍，愈加明显。当初我们在这里栽种的树木，现在都很壮大了。我接读他这信，诵读一遍，得到安慰不小。我想那清河桥三个字牌子，一度失踪寻觅不得，结果并未毁坏，隔了很长时间，居然又找着了，失而复得，等于"完璧归赵"，慰甚，慰甚。

（八）杨村鏖兵对于李景林之歼灭战

1925年（民国十四年）12月

李景林为东北军之矫健者，为张作霖之左右臂，既兵权在握又兼直隶省督办，傲气凌人，自命不凡。在军阀混战直奉交锋之际，吴佩孚深受其制压，于是益逞其骄纵之气焰，企图称霸中原，蓄心已非一日。西北军向来爱护祖国主持正义，与此相反者，不附和亦不苟同。李景林之贪污行为，适为革命之对象，北伐之目标。李景林所恃者，除奉天张作霖之大本营以外，更有山东张宗昌、褚玉璞等之强邻攻守相助，狼狈为奸，虎视嚣张之气不可一世。

此次因按西北军之赤诚爱国铲除贪暴，遭李景林之嫉视久矣，处心积虑必欲去之而后快。此次勾结张作霖、张宗昌等共同组合十数万之众，在李景林掌握指挥之下，竟以"讨伐赤化"相号召，大兴问罪之师，由天津指向张家口，节节开动备战进攻。余即接受命令任前敌总指挥，紧急动员星夜出师迎敌。在京汉线（按：现在的津京线）杨村遭遇大战，展开激战，兼日相持不下，前线状况异常紧张，维持现状多恃左右调整，纵横互应，后援既感枯竭，更迫于前线各将领之告急。遽而发现火车一列由西北开来，逐渐接近，以望远镜视之，仅火车头一辆，尚未到时，余即揣想必有重要使命传递而来，及至接近，车上下来一人（高级参谋），持有冯总司令手令一道，接受拆阅后，系冯亲笔写的，是总退却的命令，并以笔锋画成箭头，指示某师某旅应退向某地点等。按战阵一般规律，对于上级命令，只有遵照实行，毫无通融商榷余地。

余个人看法及当前战阵的实况，深思考虑，此项总退却的命令绝对不能实行。腹案既经决定，即刻召集高级将领联席会议，如李鸣钟、宋哲元、孙连仲、韩多峰、刘骥、熊斌及团长以上诸将领等，开一紧急会议。到齐后即出示冯总司令之手令，大众环阅一周，面面相觑，并无一人发言。余问曰："对于总司令之手令各位有何意见可以发表？"大家同声相应地说："我们听总指挥的。"余答曰："各位既然听我的，很好。"即将个人意见、敌我状况态势，简切详要地说明一番。"总之，我的意见与退却命令大相径庭，我们应当决心总攻击，绝对胜算很有把握，大家以为如何？"大家齐声赞同。余接着说："我向总司令在电话上报告报告，听听总司令有什么答复指示。"大家都以为然。余于是要张家口军用电话请总司令亲自说话，冯已来到，余说："总司令吗？"他说："是。"余说："总司令的手令业已接到，按目前一般战况研究，不能实行，请总司令原谅，我们决定最快地举行总攻击，熟筹胜算确有把握，请总司令放心。"他说："我距前线较远，所见所闻多难确实，完全按照你的报告照办，照办。"余即应声说："这就算是总司令最后的更正和决定，我们完全接受遵照实行。"又问："司令尚有话说吗？"他说："没有啦！"余说"请休息。"即告辞向召集会议之将领说明与冯总司令电话经过，立即决定今夜拂晓前举行总攻击，爰照实际状况，敌我前线相距甚近，需要特别规划之点如下：

①一枪一炮一弹不准放；②对于杀敌完全使用白兵（大刀与刺刀组合并用）；③冲锋陷阵力求无声（偷袭势，出其不意，攻其无备）。除在会议时对各将领说明必要外，会议完毕，每颁布总攻击令，必须经过余一一亲眼看过方可发出，以防疏忽遗漏。按照预定时间与敌接触后，先后来电话，陆续占领敌方战壕，转瞬之间敌方全线瓦解，溃不成军，跟踪追击，令下天津以南约二十里内外附近，择地集结待命。总指挥部立即乘火车移转到天津中州会馆。

天津各界选派代表群集中州会馆内庆祝西北军大捷。全市悬灯结彩，锣鼓喧天，备极一时之盛（中外人都有）。将近万余人集合到中州会馆向余祝贺，余代表冯总司令及西北军全体感谢大家的盛意，实不敢当再拜致谢。依我看来，这一次的战祸起源，是非谁属，势须要弄清白了。动机是李景林以"讨赤"相号召逞兵，找着要打我们，不是我们找李景林要打他，这是彰明较著显而易见的。无论胜负谁属，都是整个国家人民的损失，斫丧中华民族的元气，试想因征讨杀伐，产生出许许多多的孤儿寡妇。战败固属孽由自作，战胜亦不必耀武扬威，歌功颂德。总而言之，同室操戈虽胜不武，有何庆祝之可言。我们最希望的此后不要再发生这样的祸乱，我想到我们古圣先贤的遗训，实在有些愧对。老子说过："兵者，不祥之器，非君子之器。佳兵不祥，有道者不处战胜，以丧礼处之。"孟子曰："善战者，服上刑。"我竟得古圣先贤的遗训，语重心长寓意甚深，痛戒穷兵黩武，警告兵凶战危，这是我自幼领受的教训。我个人竟服兵役，讲战阵，专门的研究厮杀、冲锋的学术，试问我对于古圣先贤是不是大有愧疚？说着说着，悲从中来，痛哭失声，愧对祖国，愧对祖先，感谢各位，感谢大家。全会大众均皆感泣涕零，悲喜交加地团聚拱手拜别。

二、蔡元培为张之江书《东游随想录》作序

张之江先生，国术大家也，为中央国术馆之发起人。游日本时，对于柔道及劈刺术与国术有密切关系者，观察特详，且于日本人教授柔道无自私之习，尤三致意焉，宜也，然而先生所注意者，不止是在国际运动大会中，见日本人游泳、野球、拳斗、长距离竞走等之擅长，慨然于国术与各项运动之不可不兼习，足以见先生之博大而尤不止此。先生对于日本之文化，如简易宿所、公共食堂以及提倡国货之成绩，既皆扼其要点而尤着眼于保存吾国古代文化之一端，盖先生救国之策，虽于输入欧化与中兴国粹两方并无偏废，而要以国粹之中兴为尤要，提倡国术之动机亦由于此，读此录者，幸勿河汉其言。

民国二十年七月三十日蔡元培

三、骆介子文《张之江革命事功纪》

（一）张之江原为西北军宿将，和冯玉祥为同盟兄弟，交谊笃厚。1926年，当冯玉祥受张作霖、阎锡山、吴佩孚围困张家口，冯氏前往苏联，冀得援助，进行反击。乃将军事大权授予张之江进行抵抗。冯氏离去不久，发生了南口大战，张之江率同李鸣钟、鹿钟麟、宋哲元、刘汝明等坚守南口，抗拒强大敌人，以寡敌众，以弱抗强，形势危殆。当此之际，孙中山先生倡导第一次国共合作，成立的国民政府正创建革命根据地于广州，一时各方英俊云集百粤，旦旦誓师，行将北伐。既见张之江困守张家口，必须派遣大员前往襄助。特派李烈钧、钮永建二人，文武兼资，驰往张家口进行声援。张之江获得了广州国民政府之援助，精神振奋，勇往直前，抗拒三大敌人，直达半年之久。这一武装革命救国事业，甚为当时全国人民所赞仰。而张之江勇战张家口，配合北伐军在两湖战场上胜利进军，当时视为盛事，历史上永载光荣之一页。

（二）1927年，蒋介石在南京建立国民政府时，邀请各方代表人物参加政权，张之江亦在被邀请之列。但张之江久慕林则徐严禁鸦片之光荣史迹，到达南京后，即提出严行禁烟之愿望，并有李烈钧、钮永建二人为之襄助。于是国民政府即任命张之江、薛笃弼、李烈钧、钮永建、马寅初、张树声、罗运炎、钟可讬等十余人为禁烟委员，并以张之江为委员长。一时禁姻之风，震撼全国，深得全国人民之赞助。讵知施禁未久，忽有上海警备司令熊式辉公然出面与张之江为敌，反抗禁烟，报纸宣扬，争论不已。张氏知形格势禁，不可有为，乃即提出辞职，挂冠而去。一场热烈禁烟气氛，就此冰消瓦解。国人不胜惋惜，非仅张氏一人哀感而已。

张之江到达南京除主张严禁鸦片外，并积提提倡国术创办中央国术馆。一时全国武术人才闻风响应，汇集于南京，协同张氏发扬武术强身保国之愿望。

数十年中，中国武术确已得到很大发展。张氏并且创办国术体育专科学校，发扬中国武术和国际体育相得益彰之效用。张氏从一统兵大帅转为体育大师，数十年中，在国术体育上尽心竭力，做出许多成绩，国人至为钦佩。此外，张氏曾率领武术大队，亲赴南洋各地巡回表演，爱国侨领陈嘉庚对于张氏此举甚为尊重，特亲自陪同张氏到马来亚、新加坡各地进行表演，使华侨社会深知提倡武术不仅强健身体，尤为保卫国家之重要措施。爱国侨胞及其后裔大都称颂当年张氏在海外宣扬武术之壮举。

（三）张之江访问欧美各国，宣扬中国武术之功能与效用；同时考察西洋体育之发展与设施。他在美国重要城市和地区如纽约、华盛顿、旧金山洛杉矶等地参观访问，亲见美国在体育事业上，多方发展，力求进步；在体育场所和设施上，更见日新月异，表现其不断发展进取之精神。他认为此次考察，获益匪浅，殊有足供借鉴之处。当他转往西欧考察时，尤其是伦敦看到英国在体育事业上，亦颇前进。据云，他在英国和在美国一样受到在座西方人士之要求，现身说法，表演中国武术之精髓及其保障健康之作用。欧美人士甚为赞佩。据我国当时驻英大使郭泰祺说："中国武术传授几千年，张氏能将其精华向西方人士表演，赢得多方赞佩，这是难能可贵之事。"我回国后，曾将郭氏之言转告之江先生，他回答说："爱国之心，驱使而已，岂有他哉！"

张氏访问西欧后，经由地中海驰往埃及观光，首先见到埃及金字塔，规模宏伟，徘徊瞻望，赞颂不已。当其归来时，即语人曰："埃及古老国家，有其特殊悠久之文化，终可获得独立与自由。"眼观今日之埃及，自由独立，发展壮大，已在国际上发挥其和平先进作用。足见张氏对于国际问题之观察与论断，亦多符合历史车轮不断地向前推进的规律。

（四）张之江拒绝赴台，归向北京。这是他自行决定政治上最高之归向。毛主席、周总理对于张氏居留上海，归向人民政府，深为尊重，一再函电慰问，并发表为政协委员，请其早日莅京，共商国是。张之江欣然应命，迅即晋京，参加政治协商会议，提供诸多良好意见，有助于建国之大政方针。

张氏莅京后，特驰往向日老友朱德总司令和董必武副主席家表示敬意。朱总司令谈到当年在四川泸州时之重要会晤，对于革命救国前途，殊有重大意义。张氏对于此次晤面，商谈诸事，记忆犹新，深佩朱总之高瞻远瞩，立下丰功伟绩，无任钦迟。董必武老对于张氏当年在重庆和南京所表之公正立场和开明态度，亦多表示赞赏。张氏欣然答曰："我虽年迈，备受重视，敢不多方竭力，以期有所报效！"张氏此后经常莅京，参加各项会议，提供不少宝贵意见，甚得各方之尊重。

民革中央领导李济深、张治中、邵力子等均与张氏有多年交谊。张氏莅京参加政治协商会议，他们大都表示热烈赞赏，并分别设宴款待，表示亲切慰问。他们并请张氏参加民革，张氏欣然应命。这时，我在民革中央担任宣传部之副职，亦有机缘参加历次会谈，备见张公一贯忠诚，报效党国，诚令人不胜感佩。回想我与张公交往数十年，情谊殊深。一日张公在京率同爱女润苏亲临舍下访问，谆谆教诲，不弃寒微，此情此景，历一世而不可忘。

谨缀斯文，并赋五律一首，以表追怀赞颂之微意。

追赞张之江先生

一代名宿将，当年广誉闻。

服膺新中国，报效永忠诚。

有女终承教，怀亲继善行。

巍巍赞长者，侃侃而纵论。

骆介子

1989年11月20日

（骆介子先生为国务院参事、民革中央监察委员）

……

四、张之江女儿张润苏回忆文章《点点滴滴父女情》

父亲的行事为人、道德品格，在他工作过的地方和熟悉的人们中间，留下了极为深刻的印象。我是他最钟爱的小女儿，更是得天独厚、常沐雨露。父亲的关怀、爱护和要求，对我来说，时间越久，越觉珍贵。这里记下其中点滴。

注重教子关心学习

平常父亲在家的时间很少，总见他来去匆匆，只有在晚饭后，偶尔和家人团坐，此时他就要考考我们的功课：问几道数学题，背一段课文，读几句外语……如果答得出，他就拍拍我们的头，托托下巴，笑着说："好孩子！有出息。"我小时候，时常享受这样的福气。当父亲温暖的手轻轻拍着我的头时，我内心充满了自豪，这是最高的奖赏。

循循善诱引导好学

父亲有空也会给我讲故事，每个故事都包含着他良苦的用心。这些故事保留在我的记忆里，至今难忘。

我小时有个教名，叫马利亚。父亲说叫："叫马利亚的不止一个，耶稣的母亲，是圣母马利亚，因生了救世主，而受到全世界信徒的尊敬。还有一个是专门爱听耶稣讲道的马利亚。马大和马利亚是姐妹两个，一次，耶稣到了他们家里，马大为接待耶稣忙碌不停，马利亚则坐在耶稣身旁静静地听他讲道。马大叫马利亚帮忙，耶稣对她说：'马大！马大!你为很多事思虑烦扰，但是不可少的只有一件，马利亚已经选择那上好的福分，是不能夺去的。'"接着父亲话锋一转，问我：

"耶稣所讲那上好的福分，指的是什么？"

"耶稣是指马利亚爱听讲道。"我想了想回答说。

"孩子!你愿做哪个马利亚？是圣母？还是爱听讲道理的？"

"爸爸!我愿做爱听讲道理的马利亚。"

我又感到父亲温暖的手爱抚着我的小脑袋。

鼓励大胆

我是家里最小的一个,经常在大人们的照顾庇护下活动,胆子也小。一些堂哥、表兄们都喜欢逗我玩,吓唬我,哥哥也尽会讲些鬼故事给我听,讲得有声有色。我既要听,又害怕,最后甚至听到一点动静或门帘飘动就大声尖叫。父亲见我如此胆小,也给我讲了一个鬼故事

他首先说:"邪不敢侵正,一正压百邪,以后你害怕时,就多想想,我做得正,行得正,什么也不怕。"于是转入正题:

"从前有个人,姓张,充满侠义之心,专爱打抱不平,胆子很大。有一个客栈闹鬼,远近闻名,胆小的根本不敢去,不得已住在里面的过往客商,都是集体来去,夜间不敢出门。这位张生偏要一个人住在里面,晚间出去,果然见一小鬼,腐在廊檐下面,头很大,长着一对大眼睛。张生一点也不怕,走到小鬼跟前也蹲下来,对着小鬼看,并说:'小鬼,小鬼,你好大眼'。小鬼回说:'天官! 天官!你好大胆'。说完倏忽不见了。这不是一正压百邪吗?人胆子大了,鬼就不敢来侵犯你。后来,这位张生果然封为天官,你看是不是胆大福大?"

当时我似懂非懂地点点头,以后遇到害怕时,内心默念一正压百邪,胆子也真的大了一点。

培育情操

父亲常常对我们讲经说道,不止一次赞美孔子的得意门生颜回:

"孔子是大教育家,弟子有七十二贤,他最器重的是颜回。常夸奖颜回家境贫困,吃的粗茶淡饭,居住在陋巷,别人就会难以忍受这样的苦,可颜回依然很快乐,真是贤德之人啊!"另外又讲道:"颜回听孔子讲学,一声不响,好像很笨。及至事后观察他的所作所为,完全按照孔子的教导行事,他真是大智若愚啊!"

从这些故事中我体会到聪明人应将所学用于实践，而非空谈。我也渐渐懂得了物质贫困不足惧，怕的是饱食终日，无所用心，精神上的贫乏才是可怕的。

环境陶冶

家中客厅里常常挂着父亲的朋友送给他的对联、字画，如冯玉祥、于右任、戴传贤、钮永建、张善孖等书赠的。抗日战争前，南京家里客厅曾挂过吴佩孚的对联。父亲特地讲起过："吴佩孚是我战场上的敌手，但过后他仍佩服我，送给我这副对联。"在抗日战争期间虽到处迁徙，但在客厅里父亲总要悬挂一些碑石上拓下来的对联，给我印象最深的是：

"乐道人之善，莫扬己所长"

"施恩慎勿念，受施慎勿忘"

此外，朱柏庐治家格言，如："一粥一饭，当思来之不易；半丝半缕，恒念物力维艰"，成了指导我生活的警句。张之江晚年常引用宋代一名相之语告诫其女张润苏："人之性行，各有短长，与之交友，须常常念其长，不顾其短，方可久处。"这些格言，使我终身受益。

爱好音乐

父亲很喜欢音乐，也注重音乐教学的作用。他自己小时家贫，不可能研究音乐，可是他在建国术馆、国体专校后，处处重视音乐教学，如《国术歌》、《早起歌》、《国体校歌》等都是他作的词，然后请专家谱曲，教给学生。

他最爱听的歌是《满江红》和《大刀向鬼子们的头上砍去》。他请武术专家将这两首歌分别谱成一套拳术和一套刀法，教学生随着音乐节奏练拳舞刀，登台表演。在抗日战争期间，这是最受观众欢迎的保留节目，激励着学生们收复失地、英勇杀敌的爱国主义情感，也反映了父亲强烈的爱国思想。

他也喜欢唱赞美诗，《基督精兵歌》是他最爱唱的："耶稣基督精兵，征战向前行，十字架为旗号，先路导我程。"可见他性格中充满着奋发进取的精神。

抗战期间，我们全家乘车辗转迁徙于桂林、贵县、龙州之间，在车上，我们兄妹引吭高歌："啦啦啦!啦啦啦!快立战功。啦啦啦!啦啦啦!好个英雄，五虎将逞威风，努力进攻，踢个中，踢个中，踢个中，前后防如铁壁不落虚空，向前冲! 向前冲! 向前冲!"清脆响亮的童音，减少了旅途中的沉闷和疲惫。"这个歌好听，有精神，是什么歌啊"父亲问。"爸爸! 是啦啦队员唱的，是球赛时啦啦队员之歌，老师教的。"我们抢着回答。"好!再唱一遍。"我们又唱了一遍。每唱完歌，父亲就为我们鼓掌。于是，一首接一首，《打回老家去》、《大刀进行曲》……我们越唱越起劲。路途也好像缩短了。

在抗日期间，父亲也有最怕听的歌。那是在昆明，当时我们在园通小学读书，一次，我们做完功课，唱起了抗日救亡三部曲《松花江上》："我的家在东北松花江上，那里有森林煤矿，还有那漫山遍野的大豆高粱。我的家在东北松花江上，那里有我的同胞，还有那衰老的爹娘! 九一八，九一八，从那个悲惨的时候，九一八，九一八，从那个悲惨的时候，脱离了我的家乡……"忽见母亲走过来，摆摆手叫我们不要唱了，压低声音对我们说："孩子们，别唱了! 你爸爸在屋里哭得伤心，他想起了东三省的沦陷和东北乡亲们正受日本鬼子奴役的苦!快别唱了!"我们向来没听说过爸爸也会哭，听见母亲这样讲，吓得停住了。从此，再也不敢唱这支引起父亲伤感的歌。

一生爱好

骑马、读书、习字、练武、栽花、种树，是父亲生活中的爱好。

父亲是骑兵出身，擅长骑马，在军队里以勇于制服烈马著称。经父亲制服后成为名马、并被父亲冠以美称的有几匹，叫作"白玉顶""灰耗子""盖草地"（又称"草上飞"）。一天大清早，父亲骑着"盖草地"出去蹓蹓，正好一列火车奔驰而过。"盖草地"一见火车超过了自己，被激怒了，它昂首长嘶，加快速度，和火车展开了竞赛，奔驰如飞，居然和火车并驾齐驱，车上的旅客都看呆了。

读书是父亲的又一嗜好。我还记得父亲和我们一同学习英文的情景。在昆明时，父亲请一位姓丁的女传教士为我们兄妹讲授英语。有时他也抽出时间来听课，和我们一起听讲跟读。这位丁女士见到这样有地位的老将军如此谦虚好学，不由得肃然起敬。

在父亲进入山洞陆军大学特五期学习时，已年届六旬。冯玉祥将军曾有一封长长的信给他，其中有一句话："好学不倦，我不如之江兄"，对父亲的学习精神大加表扬。

父亲的字写得雄健有力。他经常临摹汉礼器碑以隶书见长。在正常情况下，他每日晚间必写大字，运气提神，专心致志。不少亲朋好友都请他写字，而他总是有求必应。在北京郊区滦州起义纪念塔前的基石上，还保留着他写的"舍生取义"四个大字。

种花栽树也是父亲的一大爱好。他常想退休后居于山林，种花植树，其乐悠悠。我们虽经常搬迁，但父亲每至一处，便在庭院周围种植花草树木，从不使之荒芜。他在每日早操中，编有一段歌词："抗进凯旋灌圃苗，屈躬抑肘慰足劳，俯视寰宇运诸掌，臂通虚实步逍遥。"他期待抗战胜利后回到故土，可以灌溉苗圃，锻炼身心，返回大自然，逍遥自在以终天年，这正是他的内心写照。

张润苏

五、张之江生平年表

1882年农历七月二十一	出生于河北盐山县（现河北黄骅市）
1890—1896年	随祖父读书
1897—1899年	赴关外学生意
1901年	离乡从戎，入武卫右军（总统袁世凯）先锋中路马队当兵。
1905年6月	所部编入新军第5镇（统制吴长纯），升任马队第5标第2营正目。
1906年下半年至1907年上半年，进北洋讲武堂骑兵科学习三个月。	
1907年8月	北洋讲武堂学习结束后，所部编入第1混成协（协统王振畿），任马队第5标第2营正目
1908年6月	考入东三省讲武堂第一期骑兵科学习。
1909年1月	6个月后讲武堂毕业，升任马队第5标第2营哨长。
1910年9月	所部编入第20镇（统制陈宧）马队第20标，升任左队队官。
1912年1月3日	参加辛亥革命滦州起义，出任北方军政府（大都督王金铭）骑兵司令，旋因起义失败离部避居。
1913年	投奔原二十镇统制张绍曾，任晋北东路司令部二等参谋，驻隆盛庄。12月21日授陆军骑兵少校并加骑兵中校衔。
1914年8月	调任第4混成旅（旅长伍祥桢）二等参谋官。
1914年11月	随四川督军陈宧入川，任川督行署上尉参谋
1915年	在成都邂逅老战友冯玉祥，老战友重聚。
1916年1月	投奔16混成旅，出任三等参谋官。
3月25日	晋授陆军骑兵中校并加骑兵上校衔。

3月30日	晋授陆军骑兵上校并加少将衔。
	蔡锷护国军最困难时刻，说服第16混成旅响应支持蔡锷，反对袁世凯称帝。游说四川督军陈宦反对帝制，促成四川独立，二造共和立下卓越功勋。
1916年5月	第16混成旅改编为四川护国军第五师。张之江任护国军第五师第三团团长，狙击兵团司令，击败保皇军周骏，保证革命成功。
1916年8月	护5师改称十六混成旅，张任骑兵第一营营长，驻廊坊。
1917年7月	张勋复辟，之江任讨逆军第一路前敌总指挥，率骑兵营，在京津间的铁路线万庄附近接触后痛歼逆军，连战皆捷，直捣北京。三造共和，功勋卓著。
1917年10月9日	因粉碎张勋复辟，因功获颁四等文虎章。
1918年2月	升任第16混成旅炮兵团团长。
2月15日	段祺瑞政府免除冯玉祥16混成旅旅长职务，委任张之江接替旅长。张之江坚辞不受。并亲自去见曹锟，请曹锟出面调停。
6月	第16混成旅奉命进攻占领常德后，张改任第16混成旅第2团团长驻防期间，严惩挑衅日军，维护中国军队尊严，因功获三等嘉禾章。
7月29日	晋升为北洋政府陆军少将
1918年6月—1920年6月	两年间，16混成旅驻防常德，精练部队，旅辖4个步兵团，一个炮兵团。张之江任步2团团长，下辖三个营，1营长宋哲元，2营长宋庆霖，3营长李云龙、韩占元。

1919年10月10日	获颁三等文虎章
1920年	
7月	初移驻武汉。
11月	移驻河南信阳。
1921年	
5—6月	随第16混成旅进攻陕西陈树藩，16混成旅分3个纵队进攻，张之江为第2纵队，由华阴绕秦岭出奇兵直捣西安，大败陈军主力于灞桥，为彻底击败陈树藩，占领陕西，立下战功。
8月	第16混成旅扩编为第11师，张因功升任22旅旅长。按北洋军编制，一个步兵旅辖两个团。张之江第22旅辖第43团，团长宋哲元；第44团，团长刘郁芬。
同月	于西安讲武堂包围陕西靖国军第一路司令郭坚，完成诱杀郭坚的任务，为民除害。
同月	去凤翔，作为总检阅使视察郭坚旧部党拐子部。
12月16日	因功获颁二等嘉禾章
1922年4月	随军出关参加第一次直奉战争，冯军主力开往前线作战，张率两个营驻守后方郑州。
5月	河南督军赵倜叛乱，赵杰率80个营进攻郑州，宝德全率10个营从后路包抄，张之江率两营抵挡敌军4万，以寡敌众，血战7天7夜，直到援军到达一起反攻，立下民国史上奇功。战后不久被授予"洸威将军"。
8月	冯玉祥用没收赵倜家产先扩充了6个团，然后又编为三个混成旅。
10月4日	张之江因为战胜赵倜有功，再次升任为陆军第七混

263

	成旅（辖三团）旅长。
11月	随大军进驻北京，驻地通州，苦练军队。20日晋升北洋政府陆军中将。
1923年	继续驻防通州练兵，第七混成旅辖三个团，第一团团长葛金章、第二团团长刘玉山、第三团为混成团，团长韩多峰。旅部和1、3两团驻西仓、2团驻东仓。
4月19日	获颁二等文虎章。
1924年	
6月12日	获颁五狮军刀一柄；
9月	第二次直奉战争中任第三军第一路司令，担任先锋出征。
10月	参与北京政变，班师回天津。
11月初	于天津外围杨村击败吴佩孚军的反扑，俘虏吴军第一混成旅旅长潘鸿钧及其残部以及26师和暂编第一混成旅残部共约四五千人。

然后攻占天津，又收编直系败军归降者万余人，缴

获大量武器、弹药、物资。

因功被任命为第5师师长。

12月	察哈尔都统张锡元部在张家口兵变，纵兵抢掠烧杀，北洋政府任命张之江为察哈尔都统率部赶赴张家口，镇压兵变。

收编察哈尔第一混成旅、骑兵第一、第二旅入国民

军，大大扩张了国民军的实力。

12月18日	任察哈尔都统兼陆军第五师师长，

下辖暂编第五混成旅，旅长刘玉山。

中央陆军第七混成旅，旅长葛金章。

中央第四混成旅，旅长宋玉珍。

共3个旅。

1925年

努力建设察哈尔，造福地方，建造了有名的清河铁

桥。是年任善后会议议员。

5月1日	北洋政府加张之江陆军上将衔。
年末	率3个旅驻丰台，准备出关支援郭松龄，因国民二、三军进逼李景林而闹翻，奉冯玉祥命令，转而进攻李景林。
12月初	张之江担任攻津总指挥，进攻李景林部，经过18天浴血奋战，消灭李景林部，于25日占领天津。
12月29日	奉冯玉祥命令，于廊坊截杀亲日分子徐树铮。
1926年1月9日	任西北边防督办兼察哈尔都统、国民军总司令兼第一军军长，驻张家口。下辖12个步兵师，2个骑兵师，又卫队1旅，炮兵2旅，总兵力达15万多。
4—8月	张之江将西北军全军整编为9个军又2个骑兵集团，指挥著名的南口战役，浴血奋战4个多月，南口战役为北伐革命成功之关键，张之江为中国革命做出巨大贡献。
9月	改任西北边防公署一等二级督办。
1927年	
4月	改任国民革命军第二集团军一等二级前敌总执法。
7月6日	兼任国民政府军事委员会委员。
8月27日	调任河南剿匪总司令部一等二级总司令。
1928年	

2月	任河南剿匪总司令部上将总司令。
3月27日	任国民革命军总司令部高级参谋团上将主任。
4月	任中央国术研究馆馆长。
7月	任全国禁烟委员会主席、国货银行筹备委员。
1929年	任首都建设委员会委员。
1930年	
11月3日	辞全国禁烟委员会主席职务。任江苏绥靖督办公署上将督办（辖第25路军），驻扬州。
1931年	
1月1日	获颁二等宝鼎勋章。
9月26日	九一八事变发生后，张之江领衔率领原西北军将领数十名在《中央日报》通电全国抗日，署名者有：张之江、孙连仲、梁冠英、高树勋、戴藩周、张占魁、张华棠、杨天斌、赵璞、李松琨、董振堂、季振同、池峰城、刘国明、郑廷珍、王修身、祝常德、时德学等。
9月29日	电广州汪精卫、唐生智、孙科、白崇禧、李宗仁等人，呼吁他们：

捐弃政见、团结一气，共御外侮。

1932年	
6月25日	任国民政府军事参议院上将参议兼中央国术研究院院长。
1933年	任中央国术体育专科学校校长。
1935年	赴国外考察西洋体育事业。
1936年1月22日	国民政府叙任张之江为陆军中将。

1—4月	出访南洋，宣扬武术。
7月9日	获得国民革命军誓师十周年纪念勋章。
9月26日	加上将衔。
1936年底	获奥林匹克纪念章。
1937年5月	任国府特派代表去北平说服老部下，29军军长宋哲元坚决抗日。
1937年8月	任第五战区司令部高等军事顾问，驻徐州，参与台儿庄战役。
1939年	任全国军队督训团督训官，前往抗日前线宜昌校阅江防军第26、75、94军。
1940年7月	保送进陆军大学将官班特五期深造。
1941—1942年	任第二、三届国民参政会参政员。
1942年7月	陆大毕业后仍任原职。
1945年5月	当选国民党第六届中央执行委员。任第四届国民参政会参政员。
10月10日	获胜利勋章。
1946年	
1月11日	获忠勤勋章。
7月31日	晋任陆军上将。

是年任制宪国民大会代表。

1947年	任党团合并后的国民党第六届中央执行委员。
1948年5月	任南京政府立法院立法委员。
1954年12月-1957年	任第二届全国政协特邀委员。
1956年2月-1966年	任中国国民党革命委员会中央委员。
1959-1966年	任第三、第四届全国政协委员。
1966年5月12日	病逝于上海华东医院。

六、本书参考书目与资料

第一部分　档案馆资料

台湾"国史"馆馆藏档案。

台湾国民党党史馆馆藏档案。

中国第二历史档案馆馆藏档案。

俄罗斯现代史文献保管与研究中心文献

第二部分　"台湾版"书籍如下

书名出版社作者

1.《秦德纯回忆录》传记文学出版社 秦德纯

2.《孙连仲回忆录》孙连仲

3.《海天慨往》德华出版社 傅瑞瑗

4.《细说西北军》德华出版社 陈森甫

5.《西北军建军史》陈森甫

6.《模范军阀冯玉祥》万象图书股份有限公司 张家昀

7.《民初时期的阎锡山：民国元年至十六年》"国立"台湾大学文学院
曾华璧

8.《石敬亭将军口述年谱》"中央研究院"近代史研究所沈云龙，谢文孙

9.《刘汝明回忆录》传记文学出版社刘汝明

10.《徐永昌将军求己斋回忆录》传记文学出版社徐永昌

11.《最近三十年中国政治史》台湾学生书局 李剑农

12.《冯玉祥传》（上集、下集）传记文学出版社 简又文

13.《西北从军记》传记文学出版社 简又文

14.《俄蒙回忆录》文海出版社 毛以亨

第三部分　大陆版（含民国书籍）书籍如下

书名出版社作者

15.《张之江传略》学林出版社 张润苏

16.《国民军史稿》文海出版社 李泰棻

17.《张之江回忆录》天津文史资料选辑（第49辑）

18. 冯玉祥回忆录《我的生活》黑龙江人民出版社 冯玉祥

19.《冯玉祥的一生》浙江教育出版社 薛立敦

20.《冯玉祥年谱》齐鲁书社 蒋铁生

21.《中华民国大事记》（第一、二册）中国文史出版社

22.《文史资料存稿选编：晚清北洋/军事派系》中国文史出版社

23.《最近三十年中国军事史》上海太平洋书店 文公直

24.《民国军事近纪》商务印书馆 丁文江

25.《文史资料选辑》合订本（第十八册）中国文史出版社

26.《杨伯涛回忆录》中国文史出版社 杨伯涛

27.《郭松龄反奉》辽宁人民出版社

28.《冯玉祥军事要电丛编》（第三编）北平东方学社民国史料编辑社

29.《跟随冯玉祥二十余年》山东人民出版社 王赞亭

30.《沧州文史资料》（第二集）河北人民出版社文史资料研究委员会编

31.《孙中山年谱》中华书局

32.《邓宝珊将军》文史资料出版社

33.《北洋军阀统治时期的兵变》江苏人民出版社

34.《西北军志略》宋哲元

35.《张家口文史资料》（第28、29、34辑）张家口市政协文史资料委员会 陈志升

《张家口文史资料：察哈尔纪事特辑》张家口市政协文史资料委员会

36.《陆军第十六混成旅民国八、九两年纪实》上海商务印书馆

37.《国民军与南口大战》（上、下）中国文史出版社昌平政协文史委员会

38.《沧州武林精英列传》河北人民出版社 申明人

39.《冯玉祥日记》江苏古籍出版社 冯玉祥

40.《国民军史纲》人民出版社 刘敬忠，田伯伏

41.《天津文史资料选辑》（第42辑）天津人民出版社

42.《冯玉祥与北京政变》河北人民出版社 张洪祥，杨琪

43.《王修身忆往事》王修身

44.《中华民国时期军政职官志》甘肃人民出版社 郭卿友

45.《雄县文史资料》（第1辑）政协雄县委员会文史资料组

46.《冯上将军传》陈崇桂

47.《冯玉祥训令丛编》（上、下）

48.《安徽文史资料》（第二十辑）安徽人民出版社

49.《西北军将领录》中国广播电视出版社 杨保森、任方明。

50.《冯玉祥国民军研究》人民出版社 刘敬忠

51.《在冯玉祥将军身边十五年》陕西人民出版社

52.《黄骅县文史资料》（第一辑）河北人民出版社

53.《中华民国史资料丛稿：奉系军阀密电》中华书局辽宁省档案馆编

54.《西北军集团军政秘档》中国文史出版社 文闻

55.《北洋军阀统治时期史话》三联书店 陶菊隐

56.《民国军政要人归宿》上海书店出版社 傅德华、胡毅华

57.《冯玉祥与国民军》中国社会科学出版社[苏]维·马·普里马科夫

58.《上将雄风》作家出版社 赵吉琴

59.《包头文史资料选编》（第五辑）包头委员会

60.《中华民国史资料丛稿大事记》中华书局社科院近代史研究所
第10\11\12辑

61.《陕西文史资料精编第五卷军事派别》（上、中）陕西人民出版社

62. 《韩复榘传》山东人民出版社 吕俊伟

63. 《回忆冯玉祥将军》北岳文艺出版社 丘权政

64. 《爱国将军冯玉祥》河南人民出版社 郭绪印，陈兴唐

65. 《宋聿修回忆录》

66. 《中华民国史资料丛稿人物传记》第21辑中华书局

67. 《连环腿击法》华联出版社 张之江

68. 《永不止息》江苏省基督教协会出版社 毛吟槎

69. 《冯玉祥将军》北京出版社 高兴亚

70. 《西北军名将李鸣钟》甘肃人民出版社 李凡荣

71. 《国术考试要览》林森

72. 《河南文史资料》（第三辑）

73. 《冯玉祥传》安徽人民出版社 孟醒仁、曹书升

74. 《河北师范大学体育学院志》河北人民出版社 赵斌

75. 《国共两党与西北军》解放军出版社 吴恒长

76. 《冯玉祥》中国文史出版社 孟进喜、孟婧

77. 《河北历史名人传》河北人民出版社

78. 《民国军人志》中国广播电视出版社

79. 《沧州武术志》河北人民出版社

80. 《张之江武术言论集》

81. 《西北军将领》河南人民出版社

82. 《河北文史集萃》河北人民出版社

83. 《冯玉祥在陕西》陕西人民出版社

有些出版物，由于时代和资料限制，错误百出，观点带有明显政治宣传性，基本没有参考价值。如王宗华、刘曼容《国民军史》，就不在引用范围内。

84．《"中央日报"》

85．北京《晨报》

86．杂志《上海基督教》（2011年第一期）

87．杂志《天风》（2011年第二期）

张之江 将军传

·Biography of Zhang Zhijiang

后 记

　　在我母亲张润苏多年来的鼓励和督促下，外祖父《张之江将军传》终于完成了，没有她老人家的谆谆教诲，我是无法想象能够克服那么多困难和艰辛而坚持到最后的，今天我如释重负，因为我终于对得起外祖父和他所做的事业，对得起他对我的一片爱心，对得起我母亲一片苦心了。

　　不论书的质量如何，都是我二十多年资料和书籍的积累，两年多辛苦耕耘所产生的一个结果。这么多年来，我走遍了海峡两岸很多图书馆和档案馆，买了无数有关的民国历史书籍，几十年如一日坚持研究考证，厘清了张之江人生所做的一切，今天记在书里，留在青史，是非功过，留给读者和后人去看。

　　该说的都说了，该做的都做了，故此是好是坏，是毁是誉，都无关紧要了。

　　有人说：给自己前辈作传最难，其实并不难，只要忠于历史，实事求是，不文过饰非，不美化粉饰。言出有据，事必考证，字字推敲，就不用有此担心，本书就是秉承这个原则而著的，二十年磨一剑，一剑出鞘。

　　多年来由于各种各样原因，很多历史人物被美化或丑化，被扭曲或拔高，被光大或遮盖，都应归咎于那个年代，那种特殊情况。

　　如今民主和法制回归，宽松的自由学术气氛重新树立，大量资料档案面世。那么该拨乱反正的，该正本清源的，该还历史本来面目的，都是时候了。

　　有幸等到这么一个伟大的时代，我们都是幸运的，我的外祖父张之江也是幸运的，他的在天之灵可以安息了。

　　在本书付梓成文之际，我要借此机会，感谢民革上海市委主委高小玫为本书题书名，感谢民革上海市委副主委李栋梁先生为本书筹划，提出宝贵建议，感谢台湾史学教授叶泉宏先生为本书校对审核，感谢民国军史青年专家胡博为本书提供资料，感谢民革市委何真女士为本书联系出版，感谢长宁区委马建军先生为本书校对排版，感谢内人对本人的支持，她多次为本书提出宝贵意见和帮忙查找资料。

还要感谢团结出版社为本书精心编辑、校对、排版，在此衷心感谢各位领导和朋友。

历史的一个部分会和你们的努力一起随着本书而青史留名的。

万乐刚

2014年12月16日